김신 장로와 함께 읽는

# 복 음 서

도서출판 카리타스

김신 장로와 함께 읽는 **복음서**

초판인쇄 2025년 8월 22일
편저 김신

펴낸이 박수정
펴낸곳 도서출판 카리타스
주소 부산광역시 동구 중앙대로 298 부산 YWCA 303호
전화 051)462-5495
홈페이지 www.enkorea.kr
등록번호 제 2006-000002호
ISBN 978-89-97087-97-6

※잘못된 책은 구입하신 곳에서 교환해 드립니다.
※이 책의 저작권은 저자에게 있으므로 무단 복제를 금합니다.

김신 장로와 함께 읽는

# 복 음 서

## | 머리말

많은 사람이 성경을 읽지만,
주변에는 읽기 어렵고 이해가 되지 않는다고 말하는 사람이 많다.

최소한 2000년 전에 기록된 성경을
이 세대 사람이 이해한다는 것 자체가 어려운 일이다.
거기에 더하여 한글로 번역된 성경에서 단어와 문장과 표현이
부정확하거나 어색한것도 이해를 어렵게 한다.

후자의 문제를 해결하려고 시도한 분들이 많이 있다.
저도 같은 문제의식을 가지고
누구나 성경을 쉽게 읽고 이해할 수 있었으면 좋겠다고 생각하였다.
그래서 개역한글성경의 문장을 제가 이해하는 대로 표현하고,
또 가독성을 높이려고 문장을 고치고 다듬어 보았다.

우선 개역한글성경의 4복음서를 가지고 작업을 시작하였다.
장이 바뀌면 쪽을 바꾸고,
단락마다 줄을 띄우고 제목을 달았다.
문장이 길면 줄을 바꾸어 짧게 만들었다.
마침표, 쉼표, 따옴표 등 문장부호를 달아,
문장의 맺고 끊음을 확실히 하였다.
주어와 목적어를 보충하기도 하였다.
표준어와 문법에 맞지 않는 문장이나 단어를 조금 고쳤다.

이해하기 쉽도록 원래 내용을 약간 각색하기도 하였다.

이 책을 읽은 분의 입에서
"어, 성경이 읽어지네" 하는 말이 튀어나오면 좋겠다.

이 책을 통해 성경을 가까이 하고
삼위일체 하나님을 더 알아가기를 소원한다.

2025. 더운 여름에
부산에서 김신 쓰다.

# 마태복음

# 제1장

## 예수그리스도의 족보

1 아브라함과 다윗의 자손 예수 그리스도의 족보는 이러하다.
2 아브라함이 이삭을, 이삭은 야곱을, 야곱은 유다와 그의 형제들을,
3 유다는 다말에게서 베레스와 세라를, 베레스는 헤스론을,
   헤스론은 람을,
4 람은 아미나답을, 아미나답은 나손을, 나손은 살몬을,
5 살몬은 라합에게서 보아스를, 보아스는 룻에게서 오벳을,
   오벳은 이새를,
6 이새는 다윗왕을 낳았다.
   다윗은 우리아의 아내에게서 솔로몬을,
7 솔로몬은 르호보암을, 르호보암은 아비야를, 아비야는 아사를,
8 아사는 여호사밧을, 여호사밧은 요람을, 요람은 웃시야를,
9 웃시야는 요담을, 요담은 아하스를, 아하스는 히스기야를,
10 히스기야는 므낫세를, 므낫세는 아몬을, 아몬은 요시야를,
11 바벨론으로 잡혀갈 때에 요시야는 여고냐와 그의 형제들을 낳았다.
12 바벨론으로 사로잡혀간 후에
   여고냐는 스알디엘을, 스알디엘은 스룹바벨을,
13 스룹바벨은 아비훗을, 아비훗은 엘리아김을, 엘리아김은 아소르를,
14 아소르는 사독을, 사독은 아킴을, 아킴은 엘리웃을,
15 엘리웃은 엘르아살을, 엘르아살은 맛단을, 맛단은 야곱을,
16 야곱은 마리아의 남편 요셉을 낳았다.
   마리아에게서 그리스도라 하는 예수가 태어났다.
17 그러므로 아브라함부터 다윗까지 14대,
   다윗부터 바벨론으로 사로잡혀 갈 때까지 14대,
   바벨론으로 사로잡혀 간 때부터 그리스도까지 14대가 된다.

**예수 그리스도의 탄생**

18 예수의 탄생은 이러하다.
 그 어머니 마리아가 요셉과 약혼하고,
 동거하기 전에 성령으로 잉태한 사실이 드러났다.
19 요셉은 의로운 사람이어서,
 이 일을 드러내지 않고 조용히 끊으려고 하였다.
20 그때 하나님의 천사가 꿈에 나타나 말했다.
 "다윗의 자손 요셉아!
 네 아내 마리아 데려오기를 두려워하지 마라.
 그 아이는 성령으로 잉태되었다.
21 그가 아들을 낳을 것이니, 그 이름을 예수라고 해라.
 그는 자기 백성을 그들의 죄에서 구원하실 자이다."
22 이 모든 일은 하나님께서 선지자를 통해 하신 말씀을 이루려 하심이
 었다.
23 '보라! 처녀가 잉태하여 아들을 낳을 것이요,
 그 이름을 임마누엘이라 할 것이다.'
 (임마누엘은 하나님이 우리와 함께 계신다는 뜻이다.)
24 요셉이 잠에서 깨어 주의 천사가 지시한 대로 그 아내를 데려왔다.
25 그러나 아들을 낳기까지 동침하지 않았고,
 아들을 낳은 후, 이름을 예수라고 지었다.

## 제2장

### 동방박사들의 경배

1 헤롯왕 때에 예수께서 유대 땅 베들레헴에서 태어나셨다.
　동방에서 박사들이 예루살렘에 와서 물었다.
2 "유대인의 왕으로 태어나신 분이 어디 계십니까?
　　우리가 동방에서 그분의 별을 보고, 그분께 경배하러 왔습니다."
3 헤롯 왕과 온 예루살렘 사람들이 이 말을 듣고 소동이 벌어졌다.
4 왕이 모든 대제사장과 백성의 서기관(율법학자)들을 모아놓고 물었다.
　"그리스도가 어디서 태어나시느냐?"
5 그들이 대답하였다.
　"유대 베들레헴입니다.
　　선지자가 이렇게 기록하였습니다.
6 '유대 땅 베들레헴아. 너는 유대 고을 중에서 가장 작지 않도다.
　　네게서 한 지도자가 나와 내 백성 이스라엘의 목자가 될 것이다.'"
7 헤롯이 가만히 박사들을 불러, 별이 나타난 시간을 자세히 묻고,
8 그들을 베들레헴으로 보내며 말했다.
　"베들레헴에 가서 아기에 대하여 자세히 알아보고.
　　찾으면 내게도 알려주시오. 나도 가서 그에게 경배하러 가겠소."
9 박사들이 왕의 말을 듣고 출발할 때
　동방에서 보던 그 별이 나타나 그들보다 앞서 인도하여 가다가,
　아기가 있는 곳 위에 멈추었다.
10 박사들이 별을 보고 매우 기뻐하고 또 기뻐하였다.
11 박사들이 집에 들어가, 아기와 그 어머니 마리아를 보고,
　아기에게 엎드려 경배하고,
　보물상자를 열어 황금과 유향과 몰약을 예물로 드렸다.
12 박사들은 꿈에 헤롯에게 돌아가지 말라는 지시를 받고,
　다른 길로 고국에 돌아갔다.

**이집트로 도피**

13 박사들이 떠난 후, 하나님의 천사가 꿈에 요셉에게 나타나 말했다.
  "헤롯이 아기를 찾아 죽이려고 한다.
    아기와 마리아를 데리고 이집트로 피하고,
    내가 네게 말할 때까지 거기서 살아라."
14 요셉이 일어나 밤중에 아기와 마리아를 데리고 이집트로 떠나
  헤롯이 죽을 때까지 거기서 살았다.
15 이렇게 하여 주께서 선지자를 통해 하신 말씀이 이루어졌다.
  '이집트에서 내 아들을 불렀다.'
16 헤롯이 박사들에게 속은 줄 알고 매우 화가 났다.
  그래서 사람을 보내어 베들레헴과 그 부근에 사는 두 살 아래 (박사들에게 자세히 물어본 시간을 기준으로) 사내아이들을 다 죽였다.
17 이에 선지자 예레미야가 하신 말씀이 이루어졌다.
18 "라마에서 슬퍼하며 크게 통곡하는 소리가 들린다.
    라헬이 그 자식들을 위해 통곡하는 소리다.
    라헬이 자식이 없어졌으므로 위로받기를 거절하였다."

**이집트에서 돌아오다**

19 헤롯이 죽은 후,
  주의 천사가 이집트에서 요셉에게 꿈에 나타나 말씀하셨다.
20 "일어나 아기와 그 어머니를 데리고 이스라엘 땅으로 가라.
    아기의 목숨을 찾던 자들이 죽었다."
21 요셉이 일어나 아기와 그 어머니를 데리고 이스라엘 땅으로 들어왔다.
22 그러나 아켈라오가 그 아버지 헤롯의 뒤를 이어 유대의 임금이 되었다는 소식을 듣고, 거기로 가기를 무서워하였다.
23 그러다가 꿈에 하나님의 지시를 받아 갈릴리 지방으로 가서
  나사렛이라는 동네에서 살았다.
  이로써 선지자가 예언하신 말씀이 이루어졌다.
  "그가 나사렛 사람이라 불릴 것이다."

# 제3장

## 세례 요한의 전파

1 그때 세례 요한이 나타나 유대 광야에서 전파하였다.
2 "회개해라! 천국이 가까이 왔다."
3 요한은 이사야 선지자를 통하여 말씀하신 그 사람이다.
 "광야에 외치는 자의 소리가 있다.
  '너희는 주의 길을 준비해라. 주께서 오실 길을 곧게 해라.'"
4 요한은 낙타 털옷을 입고, 허리에 가죽띠를 띠고,
 메뚜기와 석청(들꿀)을 먹고 살았다.
5 사람들이 예루살렘과 온 유대와 요단강 사방에서 나아와
6 요한에게 자기들의 죄를 자백하고, 요단강에서 세례를 받았다.
7 요한이 바리새인들과 사두개인들이 세례 베푸는 곳으로 오는 것을 보고 말했다.
 "독사의 자식들아!
 누가 너희에게 다가올 진노를 피하라고 가르치더냐?
8 너희는 회개에 합당한 열매를 맺고,
9 마음속으로 아브라함이 우리 조상이라고 생각하지 마라.
 내가 너희에게 말한다.
 하나님께서는 이 돌들로도 아브라함의 자손이 되게 하실 수 있다.
10 이미 도끼가 나무뿌리에 놓였다.
 좋은 열매를 맺지 않는 나무는 모두 찍어 불에 던질 것이다.
11 나는 너희에게 회개하라고 물로 세례를 주지만,
 내 뒤에 오시는 분은 나보다 능력이 많아서
 나는 그분의 신발을 들 자격도 없다.
 그분은 너희에게 성령과 불로 세례를 주실 것이다.
12 그분은 키를 들고 자기의 타작마당을 깨끗하게 하시고,
 알곡은 모아 창고에 넣고,
 쭉정이는 꺼지지 않는 불에 태우실 것이다."

**세례를 받다**

13 이때 예수께서 갈릴리에서 요단강에 오셔서,
　　요한에게 세례를 받으려 하셨다.
14 요한이 말렸다.
　　"제가 당신께 세례를 받아야 하는데, 당신이 어떻게 제게 오십니까?"
15 예수께서 대답하셨다.
　　"이제 허락해라.
　　　우리가 이와같이 하여 모든 의를 이루는 것이 합당하다."
　　이에 요한이 허락하였다.
16 예수께서 세례를 받으시고 곧 물에서 올라오실 때, 하늘이 열리고,
　　하나님의 성령이 비둘기같이 내려와 자기 위에 임하는 것을 보셨다.
17 그리고 하늘에서 소리가 들렸다.
　　"이는 내가 사랑하는 아들이요, 내가 기뻐하는 자다."

# 제4장

## 시험을 받다

1 그때 예수께서 성령에 이끌려 마귀의 시험을 받으러 광야로 가셨다.
2 40일 동안 밤낮으로 금식하셔서 배가 매우 고프셨다.
3 시험하는 자가 예수께 나아와 말했다.
 "당신이 만일 하나님의 아들이면,
 이 돌들에게 빵이 되라고 하시오."
4 예수께서 대답하셨다.
 "성경에 기록되어 있다.
 '사람이 빵으로만 사는 것이 아니라,
 하나님의 입에서 나오는 모든 말씀으로 산다.'"
5 그러자 마귀가 예수를 거룩한 성으로 데리고 가서,
 성전 꼭대기에 세우고 말했다.
6 "당신이 만일 하나님의 아들이면, 여기서 뛰어내리시오.
 성경에 기록되어 있소.
 '하나님이 너를 위해 천사들에게 명령하실 것이요.
 천사들이 손으로 너를 받들어
 발이 돌에 부딪히지 않게 하실 것이다.'"
7 예수께서 대답하셨다.
 "성경에 또 기록되어 있다.
 '주 너의 하나님을 시험하지 마라.'"
8 마귀가 예수를 아주 높은 산으로 데리고 가서,
 천하만국과 그 영광을 보여주며 말했다.
9 "만일 내게 엎드려 경배하면, 이 모든 것을 당신에게 주겠소."
10 예수께서 대답하셨다.
 "사탄아. 물러가라!
 성경에 기록되었다.
 '주 너의 하나님께 경배하고, 오직 그분만 섬겨라.'"

11 이에 마귀는 예수를 떠나고, 천사들이 와서 시중들었다.

## 천국을 전파하다

12 요한이 체포되었다는 소식을 듣고,
예수께서 갈릴리로 물러나셨다가,
13 나사렛을 떠나 스불론과 납달리 지역 해변에 있는 가버나움에 가서 사셨다.
14 이는 선지자 이사야를 통해 하신 말씀을 이루려 하심이었다.
15 '스불론 땅과 납달리 땅과 요단강 저쪽 해변 길과 이방의 갈릴리야!
16 흑암에 앉은 백성들이 큰 빛을 보았고,
사망의 땅과 그늘에 앉은 자들에게 빛이 비치었다.'
17 이때부터 예수께서 전파하기 시작하셨다.
"회개해라! 천국이 가까이 왔다."

## 어부들을 제자로 부르다

18 예수께서 갈릴리 해변을 다니시다가,
베드로라 하는 시몬과 그 동생 안드레가 바다에 그물을 던지는 것을 보셨다. 그들은 어부였다.
19 예수께서 말씀하셨다.
"나를 따라오너라. 내가 너희를 사람의 어부가 되게 하겠다."
20 이에 그들이 곧 그물을 버려두고 예수를 따라갔다.
21 예수께서 더 가시다가 야고보와 그 동생 요한이 그 아버지 세베대와 함께 배에서 그물 깁는 것을 보시고 그들을 부르셨다.
22 그들이 곧 배와 아버지를 버려두고 예수를 따라갔다.

## 가르치고 전파하고 고치다

23 예수께서 온 갈릴리를 다니시면서 그들의 회당에서 가르치시고,
천국 복음을 전파하시고,
백성들의 모든 병과 약한 것을 고치셨다.

24 예수의 소문이 시리아 전 지역에 퍼졌다.
사람들이 각종 질병으로 고통받는 사람, 귀신 들린 사람, 간질병자, 중풍병자들을 데려오니,
예수께서 그들을 다 고쳐주셨다.
25 갈릴리, 데가볼리, 예루살렘, 유대, 요단강 건너편에서도 수많은 무리가 예수를 쫓았다.

## 제5장

### 팔복

1 예수께서 무리를 보시고 산에 올라가 앉으시니,
  제자들이 나아왔다.
2 예수께서 입을 열어 그들에게 가르치셨다.
3 "심령이 가난한 사람은 복이 있다.
  천국이 그들의 것이다.
4 애통하는 사람은 복이 있다.
  그들이 위로를 받을 것이다.
5 온유한 사람은 복이 있다.
  그들이 땅을 상속받을 것이다.
6 의에 주리고 목마른 사람은 복이 있다.
  그들이 배부를 것이다.
7 긍휼히 여기는 사람은 복이 있다.
  그들이 긍휼히 여김을 받을 것이다.
8 마음이 청결한 사람은 복이 있다.
  그들이 하나님을 볼 것이다.
9 화평하게 하는 사람은 복이 있다.
  그들이 하나님의 아들이라 불릴 것이다.
10 의를 위하여 핍박을 받은 사람은 복이 있다.
  천국이 그들의 것이다.
11 나 때문에 너희를 욕하고, 핍박하고, 온갖 악한 말을 할 때에는
  너희에게 복이 있다.
12 기뻐하고 즐거워해라. 하늘에서 너희가 받을 상이 크다.
  옛 선지자들도 이렇게 핍박을 받았다."

### 소금과 빛

13 "너희는 세상의 소금이다.

만일 소금이 그 맛을 잃으면 무슨 수로 짜게 하겠느냐?
아무 쓸 데가 없어 밖에 버려져 사람들에게 밟힐 뿐이다.
14 너희는 세상의 빛이다.
산 위에 있는 동네를 숨길 수 없다.
15 사람이 등불을 켜서 그릇 아래 두지 않고 등잔 위에 두어
집안 모든 사람을 비춘다.
16 이와 같이 너희 빛을 사람 앞에 비추어라.
그래서 그들이 너희의 착한 행실을 보고,
하늘에 계신 너희 아버지께 영광을 돌리게 해라."

**예수와 율법**

17 "내가 율법이나 예언서를 폐하러 왔다고 생각하지 마라.
폐하러 온 것이 아니라 완전하게 하려고 왔다.
18 진실로 너희에게 말한다.
천지가 없어지기 전에는 율법의 일점일획도 없어지지 않고
다 이루어질 것이다.
19 누구든지 이 계명 중 지극히 작은 것 하나라도 버리고,
또 사람들에게 그렇게 가르치는 사람은,
천국에서 지극히 작다 할 것이고,
누구든지 이 계명을 지키며 가르치는 사람은
천국에서 크다 할 것이다.
20 내가 너희에게 말한다.
너희가 서기관과 바리새인보다 더 의롭지 못하면
결코 천국에 들어가지 못한다."

**노하지 마라**

21 "옛사람에게 '살인하지 마라', '누구든지 살인하면 심판을 받을 것이다.'고 하였다는 것을 너희가 들었다.
22 그러나 나는 너희에게 말한다.

형제에게 화를 내는 사람은 심판을 받고,
형제에게 '라가(바보)' 라 하는 사람은 공회에 잡혀가고,
형제에게 미련한 놈이라 하는 사람은 지옥불에 들어갈 것이다.

23 그러므로 예물을 제단에 드리려다가,
네 형제에게 원망들을 만한 일이 생각나면,
24 예물을 제단 앞에 두고, 먼저 가서 그 형제와 화해하고,
그 후에 와서 예물을 드려라.
25 너를 고소하는 사람과 함께 길에 있을 때는,
얼른 그 사람과 화해해라.
그가 너를 재판관에게 내어주고,
재판관은 교도관에게 보내 너를 감옥에 가둘까 염려해라.
26 진실로 너에게 말한다.
네가 한 푼도 남김 없이 다 갚기 전에는
결코 거기서 나오지 못할 것이다."

### 간음하지 마라

27 "또 '간음하지 마라.' 는 말을 너희가 들었다.
28 그러나 나는 너희에게 말한다.
여자를 보고 음욕을 품는 사람은 마음으로 이미 간음하였다.
29 만일 네 오른 눈이 너를 실족하게 하면 그 눈을 뽑아버려라.
네 몸의 일부가 없어지고 온 몸이 지옥에 던져지지 않는 것이 낫다.
30 만일 네 오른손이 너를 실족하게 하면 그 손을 찍어 버려라.
네 몸의 일부가 없어지고 온 몸이 지옥에 던져지지 않는 것이 낫다.
31 또 '누구든지 아내를 버릴 때는 이혼증서를 주어라.' 고 하였다.
32 그러나 나는 너희에게 말한다.
누구든지 음행하지도 않았는데 아내를 버리면,
이는 아내를 간음하게 하는 것이다.
또 이혼한 여자에게 장가드는 사람도 간음하는 것이다."

### 맹세하지 마라

33 "또 옛사람에게 '헛 맹세를 하지 말고, 네가 맹세한 것을 주께 지켜라.'고 하였다는 것을 너희가 들었다.
34 그러나 나는 너희에게 말한다.
아예 맹세하지 마라.
하늘로도 하지 마라. 하늘은 하나님의 보좌다.
35 땅으로도 하지 마라. 땅은 하나님의 발판이다.
예루살렘으로도 하지 마라. 예루살렘은 큰 임금의 성이다.
36 네 머리로도 하지 마라.
너는 네 머리카락 하나도 희거나 검게 바꿀 수 없다.
37 오직 너희는 옳은 것은 옳다 하고, 아닌 것은 아니라고 해라.
그렇지 않은 말은 다 악에서 나오는 것이다."

### 보복하지 마라

38 "또 '눈은 눈으로, 이는 이로 갚아라.'는 말을 너희가 들었다.
39 나는 너희에게 말한다.
악한 자를 대적하지 마라.
누가 네 오른뺨을 치거든 왼뺨도 돌려대라.
40 너를 고소하여 속옷을 가지려는 사람에게는,
겉옷도 가지라고 해라.
41 또 누가 너에게 억지로 5킬로미터[1]를 가자고 하면,
그 사람과 10킬로미터를 동행해라.
42 너에게 꾸어달라고 하는 사람에게 꾸어주고, 거절하지 마라."

### 원수를 사랑하라

43 "또 '네 이웃을 사랑하고, 원수를 미워하라.'는 말을 너희가 들었다.
44 그러나 나는 너희에게 말한다.
너희 원수를 사랑하고, 너희를 핍박하는 사람을 위해 기도해라.

---
1) 편의상 이렇게 표기하였다.

45 이같이 하면 너희가 하늘에 계신 너희 아버지의 아들이 될 것이다. 하나님께서 그 해를 악한 사람과 선한 사람에게 똑같이 비춰주시고, 비를 의로운 사람과 불의한 사람에게 똑같이 내려주신다.
46 너희가 너희를 사랑하는 사람만 사랑하면 무슨 상이 있겠느냐? 세리도 이같이 하지 않느냐?
47 또 너희가 너희 형제에게만 문안하면 남보다 나은 것이 있느냐? 이방인들도 이같이 하지 않느냐?
48 그러므로 하늘에 계신 너희 아버지께서 온전하신 것 같이, 너희도 온전하여라."

## 제6장

### 구제는 은밀하게
1 "사람에게 보이려고 그들 앞에서 너희 의를 행하지 않도록 주의해라.
 자칫하면 하늘에 계신 네 아버지께서 주시는 상을 못 받는다.
2 그러므로 구제할 때 위선자들이 사람들에게 칭찬을 받으려고,
 회당과 거리에서 하는 것 같이
 너희 앞에 나팔을 불지 마라.
 진실로 너희에게 말한다. 그들은 자기 상을 이미 받았다.
3 너는 구제할 때 오른손이 하는 일을 왼손이 모르게 해라.
4 네가 구제하는 것을 은밀하게 해라.
 은밀한 중에 보시는 네 아버지께서 갚아주실 것이다."

### 기도는 이렇게
5 "너희는 기도할 때 위선자들처럼 하지 마라.
 그들은 사람들에게 보이려고,
 회당과 큰길 모퉁이에 서서 기도하기를 좋아한다.
 내가 진실로 너희에게 말한다. 그들은 자기 상을 이미 받았다.
6 너는 기도할 때 네 골방에 들어가서 문을 닫고,
 은밀한 중에 계시는 네 아버지께 기도해라.
 은밀한 중에 보시는 네 아버지께서 갚아주실 것이다.
7 또 너희는 기도할 때 이방인처럼 중언부언하지 마라.
 그들은 말을 많이 해야 들으신다고 생각한다.
8 그러므로 그들을 본받지 마라.
 하나님 너희 아버지께서는,
 너희가 구하기 전에 너희에게 무엇이 필요한지 알고 계신다.
9 그러므로 너희는 이렇게 기도해라.
 '하늘에 계신 우리 아버지여!
 아버지의 이름이 거룩히 여김을 받으소서,

10  아버지의 나라가 임하소서,
    뜻이 하늘에서 이루어진 것 같이 땅에서도 이루어지게 하소서.
11  오늘 우리에게 일용할 양식을 주소서.
12  우리가 우리에게 죄 지은 사람을 용서하여 준 것 같이,
    우리의 죄를 용서하여 주소서.
13  우리를 시험에 들게 하지 마시고,
    다만 악에서 구하소서.
    (나라와 권세와 영광이 아버지께 영원히 있습니다. 아멘)'"
14  "너희가 남의 잘못을 용서하면,
    너희 하늘 아버지께서도 너희 잘못을 용서하시지만
15  너희가 남의 잘못을 용서하지 않으면,
    너희 아버지께서도 너희 잘못을 용서하지 아니하신다."

### 금식은 이렇게
16  "너희는 금식할 때에 위선자들과 같이 슬픈 표정을 짓지 마라.
    그들은 금식하는 것을 사람들에게 보이려고 얼굴을 찡그린다.
    내가 진실로 너희에게 말한다. 그들은 자기 상을 이미 받았다.
17  너는 금식할 때 머리에 기름을 바르고, 얼굴을 씻어라.
18  이는 네가 금식하는 것을 사람들에게 보이지 않고,
    오직 은밀한 중에 계시는 너희 아버지께 보여드리려는 것이다.
    은밀한 중에 보시는 네 아버지께서 갚아주실 것이다."

### 보물은 하늘에
19  "너희를 위하여 보물을 땅에 쌓아두지 마라.
    거기는 좀이 먹고 녹이 슬고, 도둑이 벽을 뚫고 들어와 도둑질한다.
20  오직 너희를 위하여 보물을 하늘에 쌓아라.
    거기는 좀이 먹거나 녹이 슬지 않고,
    도둑이 벽을 뚫고 들어와 도둑질하지 못한다.
21  네 보물이 있는 그곳에는 네 마음도 있다."

## 몸의 등불

22  "눈은 몸의 등불이다.
    그러므로 네 눈이 좋으면 온몸이 밝을 것이요,
23  눈이 나쁘면 온몸이 어두울 것이다.
    그러므로 네게 있는 빛이 어두우면, 그 어두움이 얼마나 심하겠느냐?"

## 하나님과 재물

24  "한 사람이 두 주인을 섬기지 못한다.
    혹 한 주인을 미워하고, 다른 주인을 사랑하거나,
    혹 한 주인을 소중히 여기고, 다른 주인을 가볍게 여긴다.
    너희가 하나님과 재물을 겸하여 섬기지 못한다."

## 걱정과 근심

25  "그러므로 내가 너희에게 말한다.
    목숨을 위하여 무엇을 먹을까, 무엇을 마실까,
    몸을 위해 무엇을 입을까 염려하지 마라.
    목숨이 음식보다 중요하고, 몸이 옷보다 소중하지 아니하냐?.
26  공중의 새를 보아라.
    심지도 않고, 거두지도 않고, 창고에 모으지도 않지만,
    너희 하늘 아버지께서 기르신다.
    너희는 이것들보다 귀하지 않느냐?
27  너희 중에 누가 염려하는 것으로
    그 키를 10센티미터[2] 키울 수 있느냐?
28  또 너희가 어찌 옷을 가지고 염려하느냐?
    들의 백합화가 어떻게 자라는지 생각해 보아라.
    수고도 하지 않고 길쌈도 하지 않는다.
29  그러나 내가 너희에게 말한다.

---
2) 개역한글에는 한 자라고 되어 있다.

|    | 솔로몬이 모든 영광으로 입은 옷이 이 꽃 하나보다 못하였다. |
|----|---|
| 30 | 오늘 있다가 내일 아궁이에 던져버릴 들풀도 하나님께서 이렇게 입히신다면, 너희들은 더 잘 입히시지 않겠느냐? |
|    | 믿음이 작은 사람들아! |
| 31 | 그러므로 너희는 무엇을 먹을까, 무엇을 마실까, 무엇을 입을까 염려하지 마라. |
| 32 | 이것들은 다 이방인들이 구하는 것이다. |
|    | 너희 하늘 아버지께서 이 모든 것이 너희에게 있어야 할 줄 아신다. |
| 33 | 너희는 먼저 하나님의 나라와 그의 의를 구해라. |
|    | 그리하면 이 모든 것을 너희에게 더하실 것이다. |
| 34 | 그러므로 내일 일을 위하여 염려하지 마라. |
|    | 내일 일은 내일이 염려할 것이다. |
|    | 한 날의 괴로움은 그날 괴로워하면 충분하다." |

## 제7장

### 비판하지 마라

1 "비판받지 않으려면, 비판하지 마라.
2 너희가 비판하는 그 비판으로 너희가 비판을 받고,
   너희가 헤아리는 그 잣대로 너희가 헤아림을 받을 것이다.
3 어찌하여 형제의 눈 속에 있는 티는 보면서,
   네 눈 속에 있는 들보는 깨닫지 못하느냐?
4 네 눈 속에 들보가 있는데,
   형제에게 '네 눈에 있는 티를 빼 주겠다.' 고 할 수 있느냐?
5 위선자야! 먼저 네 눈에서 들보를 빼내라.
   그 후에 네가 밝게 보고, 형제의 눈 속에서 티를 빼낼 수 있다.
6 거룩한 것을 개에게 주지 말고, 진주를 돼지 앞에 던지지 마라.
   그것들이 진주를 발로 밟고, 돌아서서 너희를 물어뜯을까 염려된다."

### 구해라, 찾아라, 문을 두드려라

7 "구해라! 그러면 너희에게 주실 것이요.
   찾아라! 그러면 찾을 것이요.
   문을 두드려라! 그러면 너희에게 열릴 것이다.
8 구하는 사람이 얻을 것이요,
   찾는 사람이 찾을 것이요,
   두드리는 사람에게 열릴 것이다.
9 너희 중에 누가 아들이 빵을 달라고 하면 돌을 주고,
10 생선을 달라고 하면 뱀을 주겠느냐?
11 너희가 아무리 악해도 자녀에게는 좋은 것을 줄줄 안다.
   하물며 하늘에 계신 너희 아버지께서 구하는 사람에게 좋은 것을
   주시지 않겠느냐?
12 그러므로 무엇이든지 남에게 대접받고 싶은 만큼,
   너희도 남을 대접하라.

이것이 율법이고, 선지자다."

## 좁은 문으로 들어가라
13 "좁은 문으로 들어가라.
멸망으로 인도하는 문은 크고, 그 길이 넓어서,
그리로 들어가는 사람이 많다.
14 생명으로 인도하는 문은 작고, 그 길이 좁아서,
찾는 사람이 적다."

## 열매를 보고 나무를 안다
15 "거짓 선지자들을 조심해라.
그들은 양의 옷을 쓰고 너희에게 나오지만, 속은 굶주린 이리들이다.
16 그의 열매를 보고 사람을 알 수 있다.
가시나무에서 포도를, 엉겅퀴에서 무화과를 따겠느냐?
17 이와 같이 좋은 나무가 좋은 열매를 맺고,
못된 나무가 나쁜 열매를 맺는다.
18 좋은 나무가 나쁜 열매를 맺을 수 없고,
못된 나무가 아름다운 열매를 맺을 수 없다.
19 좋은 열매를 맺지 않는 나무는 모두 찍어 불에 던진다.
20 그러므로 그 열매를 보고 그 사람을 알 수 있다."

## 하나님의 뜻을 행하는 것
21 "나를 보고 '주여! 주여!' 하는 사람이 모두 천국에 들어가는 것이 아니다.
하늘에 계신 내 아버지의 뜻대로 행하는 사람이라야 들어갈 수 있다.
22 그날에 많은 사람이 나에게 말할 것이다.
'주여! 주여!
우리가 주의 이름으로 선지자 노릇을 하고,
주의 이름으로 귀신을 쫓아내고,

주의 이름으로 많은 기적을 행하지 않았습니까?'
23 그때 내가 그들에게 분명히 말할 것이다.
'내가 너희를 도무지 알지 못한다.
불법을 행하는 사람들아! 내게서 떠나라.'
24 그러므로 누구든지 내 말을 듣고 그대로 행하는 사람은
그 집을 반석 위에 지은 지혜로운 사람과 같다.
25 비가 오고, 홍수가 나고, 바람이 불어 그 집에 부딪혀도
무너지지 않는다.
그 집을 반석 위에 지었기 때문이다.
26 내 말을 듣고 행하지 않는 사람은
그 집을 모래 위에 지은 어리석은 사람과 같다.
27 비가 오고, 홍수가 나고, 바람이 불어 그 집에 부딪히면,
그 집이 완전히 무너질 것이다."

**권세 있는 가르침**

28 예수께서 이 말씀을 마치시니,
사람들이 그 가르치심에 놀랐다.
29 이는 그 가르치시는 것이 권세 있는 사람과 같고,
자기들의 서기관들과 같지 않았기 때문이다.

## 제8장

**나병환자를 고치다**
1  예수께서 산에서 내려오시니, 많은 무리가 따라왔다.
2  한 나병환자가 예수께 나아와 절하며 말했다.
  "주여! 원하시면 저를 깨끗하게 하실 수 있습니다."
3  예수께서 손을 내밀어 그에게 대시며 말씀하셨다.
  "내가 원한다. 깨끗하게 되어라!"
  그러자 그의 나병이 즉시 깨끗해졌다.
4  예수께서 그에게 말씀하셨다.
  "아무에게도 말하지 말고, 다만 제사장에게 가서 네 몸을 보여주고,
  모세가 명한 예물을 바쳐서, 그들에게 증명해라."

**백부장의 하인을 고치다**
5  예수께서 가버나움에 들어가시니,
  한 백부장이 나아와 간구하였다.
6  "주여! 제 하인이 중풍병으로 집에 누워 몹시 괴로워합니다."
7  예수께서 말씀하셨다.
  "내가 가서 고쳐주마."
8  백부장이 대답하였다.
  "주여! 주께서 제 집에 오시는 것을 제가 감당할 수 없습니다.
  그저 말씀만 하십시오. 그러면 제 하인이 나을 것입니다.
9  저도 상사를 모시고 있는 사람이고, 제 밑에도 군사들이 있어서
  그들에게 가라면 가고, 오라면 옵니다.
  제 종들도 무엇을 시키든지 그대로 합니다."
10  예수께서 이 말을 들으시고 놀라서 따르는 사람들에게 말씀하셨다.
  "내가 진실로 너희에게 말한다.
  이스라엘 사람 중에서 이만한 믿음을 보지 못했다.
11  또 너희에게 말한다.

많은 사람이 동쪽과 서쪽에서 와서
아브라함과 이삭과 야곱과 함께 천국에 앉을 것이다.
12 그러나 이 나라의 본 자손들은 바깥 어두운 데로 쫓겨나,
거기서 울며 이를 갈 것이다."
13 예수께서 백부장에게 말씀하셨다.
"가라. 네가 믿은 대로 될 것이다."
그 즉시 하인이 나았다.

## 베드로의 장모를 고치다

14 예수께서 베드로의 집에 들어가시니,
베드로의 장모가 열병으로 앓아누워 있었다.
15 예수께서 그의 손을 만지시니 열병이 떠나고,
여인이 일어나 예수께 시중들었다.
16 저물 때에, 사람들이 귀신 들린 자를 많이 데려고 예수께 왔다. 예수
께서 말씀으로 귀신들을 쫓아내시고, 병든 사람들을 고쳐주셨다.
17 이는 선지자 이사야가 하신 말씀을 이루려 하심이었다.
'우리의 연약한 것을 친히 담당하시고, 우리의 병을 짊어지셨다.'

## 나를 따라라

18 예수께서 무리가 자기를 에워싸는 것을 보시고,
바다 건너편으로 가라고 명령하셨다.
19 한 서기관이 예수께 나아와 말했다.
"선생님!
선생님께서 어디로 가시든지 제가 따라 가겠습니다."
20 예수께서 대답하셨다.
"여우도 굴이 있고, 공중의 새도 거처가 있지만,
인자는 머리 둘 곳이 없다."
21 제자 중 또 한 사람이 말했다.
"주여! 제가 먼저 가서 아버지를 장사하고 오겠습니다."

22 예수께서 말씀하셨다.
　　"죽은 사람이 그들의 죽은 사람을 장사하게 하고,
　　너는 나를 따라오너라."

## 바다를 잔잔하게
23 예수께서 배에 오르시니, 제자들이 따라갔다.
24 바다에 큰 풍랑이 일어나 파도가 배를 덮쳤다.
　　그런데 예수께서는 주무시고 계셨다.
25 제자들이 예수를 깨우며 말했다.
　　"주여! 살려주십시오. 우리가 다 죽겠습니다."
26 예수께서 "왜 무서워하느냐? 믿음이 작은 사람들아!" 하시고,
　　곧 일어나 바람과 바다를 꾸짖으시니,
　　바다가 아주 잔잔해졌다.
27 사람들이 놀라서 말했다.
　　"이분이 누구시기에 바람과 바다까지 복종하는가?"

## 귀신 들린 두 사람을 고치다
28 또 예수께서 건너편 가다라 지방에 가셨을 때,
　　귀신 들린 사람 둘이 무덤 사이에서 나오다가 예수와 마주쳤다.
　　그들이 너무 사나워 아무도 그 길로 다니지 못했다.
29 그들이 소리 질러 말했다.
　　"하나님의 아들이여!
　　　우리와 당신이 무슨 상관이 있습니까?
　　　때가 되기도 전에 우리를 괴롭히려고 여기 오셨습니까?"
30 마침 멀리서 돼지 떼가 먹이를 먹고 있었다.
31 귀신들이 예수께 간청하였다.
　　"만일 우리를 쫓아내시려면 돼지 떼에 들여보내 주십시오."
32 예수께서 "가라" 하시니,
　　귀신들이 나와 돼지들에게 들어갔다.

그 돼지 떼가 비탈길로 내리 달려 바다에 빠져 몰사하였다.
33 돼지를 치던 사람들이 마을로 들어가 이 모든 일과 돼지의 일을 고하니,
34 온 마을 사람들이 예수를 만나려고 나와서 보고
예수께 그 동네에서 떠나시라고 간청하였다.

## 제9장

**중풍병자를 고치다**

1 예수께서 배를 타시고 바다 건너 본 동네로 오셨다.
2 사람들이 침상에 누운 중풍병자를 데리고 오니,
 예수께서 그들의 믿음을 보시고, 중풍병자에게 말씀하셨다.
 "소자야. 안심해라. 네가 죄를 용서받았다."
3 어떤 서기관들이 속으로 말했다.
 "이 사람이 하나님을 모독하는구나."
4 예수께서 그것을 아시고 말씀하셨다.
 "너희가 어찌하여 마음에 악한 생각을 하느냐?
5 '네 죄를 용서받았다.' 하는 말과 '일어나 걸어가라' 하는 말 중
 어느 것이 쉽겠느냐?
6 그러나 인자가 세상에서 죄를 용서하는 권세가 있는 줄을 너희로
 알게 하겠다."
 그리고 중풍병자에게 말씀하셨다.
 "일어나 네 침상을 가지고 집으로 가라."
7 그 사람이 일어나서 자기 집으로 돌아갔다.
8 무리가 이것을 보고 두려워하며,
 이런 권세를 사람에게 주신 하나님께 영광을 돌렸다.

**마태를 부르다**

9 예수께서 거기서 떠나 지나가시다가
 마태가 세관에 앉아 있는 것을 보시고 말씀하셨다.
 "나를 따라오너라"
 그러자 마태가 일어나 예수를 따라갔다.
10 예수께서 마태의 집에 앉아 음식을 잡수실 때,
 많은 세리와 죄인들이 예수와 그의 제자들과 함께 앉아 있었다.
11 바리새인들이 이것을 보고 예수의 제자들에게 물었다.

"어찌하여 너희 선생은 세리와 죄인들과 함께 음식을 잡수시느냐?"
12  예수께서 이 말을 듣고 말씀하셨다.
"건강한 사람에게는 의사가 쓸데없고,
병든 사람에게라야 쓸 데 있다.
13  너희는 가서 '내가 긍휼을 원하고, 제사를 원하지 않는다.' 고 하신
뜻이 무엇인지 배워라.
나는 의인을 부르러 온 것이 아니라, 죄인을 부르러 왔다."

## 금식 논쟁

14  그때 요한의 제자들이 예수께 와서 물었다.
"우리와 바리새인들은 금식하는데,
어째서 당신의 제자들은 금식하지 않습니까?"
15  예수께서 그들에게 말씀하셨다.
"혼인집 손님들이 신랑과 함께 있을 동안에 슬퍼할 수 있느냐?
그러나 신랑이 떠나는 날이 올것이다.
그때는 금식할 것이다."
16  생베 조각을 낡은 옷에 붙이는 사람이 없다.
그렇게 하면 기운 조각이 낡은 옷을 잡아당겨 더 많이 찢어진다.
17  새 포도주를 낡은 가죽부대에 넣지 않는다.
그렇게 하면 부대가 터져 포도주도 쏟아지고 부대도 버리게 된다.
새 포도주는 새 부대에 넣어야 둘 다 보존된다."

## 회당장의 딸과 예수의 옷을 만진 여자

18  예수께서 이 말씀을 하실 때에,
한 직원(회당장)이 와서 예수께 절하며 말했다.
"제 딸이 방금 죽었습니다.
오셔서 그 몸에 손을 얹어주십시오. 그러면 살아나겠습니다."
19  예수께서 일어나 그를 따라가시니, 제자들도 따라갔다.
20  가시는 길에 12년 동안 혈루증을 앓는 여자가 예수의 뒤로 와서

그의 겉옷 가를 만졌다.
21 이는 마음속으로 그 겉옷만 만져도 낫겠다고 생각했기 때문이다.
22 예수께서 돌아서서 그 여자를 보시며 말씀하셨다.
"딸아! 안심해라. 네 믿음이 너를 구원하였다."
그 즉시 그 여자의 병이 나았다.
23 예수께서 그 회당장의 집에 이르러,
피리 부는 사람들과 통곡하는 사람들을 보시고 말씀하셨다.
24 "물러가라. 이 소녀가 죽은 것이 아니라 잔다."
그러자 그들이 비웃었다.
25 예수께서 사람들을 내 보내신 후에,
들어가셔서 소녀의 손을 잡으시니, 소녀가 일어났다.
26 그 소문이 온 사방에 퍼졌다.

## 눈먼 사람의 눈을 고치다

27 예수께서 거기서 떠나가실 때,
눈먼 사람 둘이 따라오며 소리 질렀다.
"다윗의 자손이시여! 우리를 불쌍히 여기소서."
28 예수께서 집에 들어가시니, 그들이 따라 들어왔다.
예수께서 그들에게 물으셨다.
"너희는 내가 이 일을 할 수 있다고 믿느냐?"
그들이 대답하였다.
"주여. 그렇습니다."
29 이에 예수께서 그들의 눈을 만지시며 말씀하셨다.
"너희 믿음대로 되어라."
30 이에 그들의 눈이 밝아졌다.
예수께서 그들에게 엄히 경고하셨다.
"아무에게도 알리지 마라."
31 그러나 그들이 나가서 예수의 소문을 온 땅에 전파하였다.

## 말 못하는 사람을 고치다

32 그들이 나갈 때에 사람들이 귀신 들려 말 못하는 사람을 예수께 데려왔다.
33 예수께서 귀신을 쫓아내시니 그가 말을 하게 되었다.
   무리가 놀라서 말했다.
   "이스라엘에서 이런 일을 본 적이 없다."
34 바리새인들은 말했다.
   "저 사람이 귀신의 왕을 힘입어 귀신을 쫓아내는구나."

## 목자 없는 양같이

35 예수께서 모든 성과 촌에 두루 다니시며,
   그들의 회당에서 가르치시고,
   천국 복음을 전파하시며.
   모든 병과 모든 약한 것을 고치셨다.
36 예수께서 무리를 보시고 불쌍히 여기셨다.
   그들이 목자 없는 양 같이 고생하며 방황하였기 때문이다.
37 이에 제자들에게 말씀하셨다.
   "추수할 것은 많은데, 일꾼이 적구나.
38  그러므로 추수하는 주인에게
    추수할 일꾼들을 보내달라고 해라."

# 제10장

## 열두 제자를 부르다
1 예수께서 제자 열두 명을 부르셔서,
   그들에게 더러운 귀신을 쫓아내고,
   모든 병과 모든 약한 것을 고치는 권능을 주셨다.
2 열두 제자의 이름은 이렇다.
   베드로라고도 하는 시몬과 그 동생 안드레,
   세베대의 아들인 야고보와 요한,
3 빌립, 바돌로매, 도마, 세리 마태, 알패오의 아들인 야고보와 다대오,
4 가나나인 시몬, 예수를 팔아넘긴 가룟 유다.

## 열두 제자의 전도
5 예수께서 이 열둘을 보내시며 말씀하셨다.
   "이방인의 길로 가지 말고,
   사마리아인들의 마을에도 들어가지 말고,
6 오직 이스라엘 집의 잃어버린 양에게 가라.
7 가면서 '천국이 가까이 왔다.'고 전파해라.
8 병든 사람을 고치고, 죽은 사람을 살리며,
   나병환자를 깨끗하게 하고, 귀신을 쫓아내라.
   거저 받았으니 거저 주어라.
9 너희 주머니에 금이나 은이나 동을 넣지 말고
10 여행을 위해 가방이나 두 벌 옷이나
   신이나 지팡이도 가지고 가지 마라.
   일꾼이 자기 먹을 것을 받는 것은 당연하다.
11 어떤 성이나 촌에 들어가면,
   그곳에서 적당한 사람을 찾아서 떠날 때까지 그 집에 머물러라.
12 또 그 집에 들어가면서 평안을 빌어라.
13 그 집이 받을만하면 너희가 빈 평안이 거기 임할 것이고,

그렇지 않으면 그 평안이 너희에게 돌아올 것이다.
14  누구든지 너희를 영접하지 않고, 너희 말도 듣지 않으면,
    그 집이나 성에서 나가, 너희 발에 묻은 먼지를 떨어버려라.
15  내가 진실로 말한다.
    심판 날에 소돔과 고모라 땅이 그 성보다 견디기 쉬울 것이다."

## 핍박을 받을 것이다

16  "보아라!
    내가 너희를 보내는 것이 양을 이리 가운데 보내는 것 같구나.
    그러므로 너희는 뱀같이 지혜롭고, 비둘기같이 순결하여라.
17  사람들을 조심해라.
    사람들이 너희를 법정에 넘겨주고, 회당에서 채찍질할 것이다.
18  또 너희들이 나 때문에 총독들과 임금들 앞에 끌려갈 것이다.
    그러나 이것은 너희들이 그들과 이방인들에게 증인이 되게 하려는
    것이다.
19  너희가 잡혀갈 때, 어떻게 또는 무엇을 말할까 염려하지 마라.
    그때가 되면 너희가 말해야 할 것을 알려주실 것이다.
20  말하는 이는 너희가 아니라
    너희 안에서 말씀하시는 너희 아버지의 성령이시다.
21  장차 형제가 형제를, 아버지가 자식을 죽는데 내어주며,
    자식들이 부모를 대적하여 죽게 할 것이다.
22  또 너희가 내 이름 때문에 모든 사람에게 미움을 받겠지만,
    끝까지 견디는 사람은 구원을 받을 것이다.
23  이 동네에서 너희를 핍박하면 저 동네로 피해라.
    내가 진실로 너희에게 말한다.
    너희가 이스라엘의 온 동네를 다 다니기 전에 인자가 올 것이다."

## 두려워해야 할 분을 두려워해라

24  "제자가 그 선생보다, 또 종이 그 상전보다 높지 않다.

25 　제자가 그 선생 같고, 종이 그 상전 같으면 충분하다.
　　 집주인을 바알세불이라고 부르는 사람이
　　 그 집 사람들에게는 어떻게 대하겠느냐?"
26 　"그러므로 그들을 두려워하지 마라.
　　 감춘 것은 드러나기 마련이고
　　 숨긴 것은 알려지게 마련이다.
27 　내가 너희에게 어두운 데서 말하는 것을, 너희는 밝은 데서 말하고,
　　 너희가 귓속말로 듣는 것을, 집 위에서 전파해라.
28 　몸은 죽여도 영혼은 죽이지 못하는 자들을 두려워하지 말고,
　　 몸과 영혼을 한꺼번에 지옥에 보내 멸망시키는 분을 두려워해라.
29 　참새 한 마리가 1만원[3]에 팔리지 않느냐?
　　 그러나 너희 아버지께서 허락하지 않으시면,
　　 그 중 한 마리도 땅에 떨어지지 않는다.
30 　하나님께서 너희의 머리카락까지 다 세고 계신다.
31 　두려워하지 마라. 너희는 많은 참새들보다 귀하다.
32 　누구든지 사람 앞에서 나를 시인하면,
　　 나도 하늘에 계신 내 아버지 앞에서 그를 시인할 것이요,
33 　누구든지 사람 앞에서 나를 부인하면,
　　 나도 하늘에 계신 내 아버지 앞에서 그를 부인할 것이다.

## 칼을 주러 왔다

34 　"내가 세상에 평화를 주러 왔다고 생각하지 마라.
　　 평화가 아니라 칼을 주러 왔다.
35 　내가 온 것은, 사람이 그 아버지와, 딸이 어머니와,
　　 며느리가 시어머니와 불화하게 하려 함이다.
36 　사람의 원수가 자기 집안 식구다.
37 　아버지나 어머니를 나보다 더 사랑하는 사람은 내게 합당하지 않고,
　　 아들이나 딸을 나보다 더 사랑하는 사람도 내게 합당하지 않다.

---
3) 1앗사리온을 편의상 1만 원이라고 하였다.

38 또 자기 십자가를 지고 나를 따르지 않는 사람도 내게 합당하지 않다.
39 자기의 목숨을 얻는 사람은 잃을 것이요,
나를 위하여 자기 목숨을 잃는 사람은 얻을 것이다."

**선지자의 상**

40 "너희를 영접하는 사람은 나를 영접하는 것이요,
나를 영접하는 사람은 나를 보내신 분을 영접하는 것이다.
41 선지자의 이름으로 선지자를 영접하는 사람은 선지자의 상을 받고,
의인의 이름으로 의인을 영접하는 사람은 의인의 상을 받을 것이다.
42 또 내가 진실로 진실로 너희에게 말한다.
누구든지 제자의 이름으로 이 소자 중 한 사람에게 냉수 한 그릇을
주는 사람은 결코 그 상을 잃지 않을 것이다."

## 제11장

1 예수께서 열두 제자에게 다 가르치신 후,
  다른 동네에서 가르치고 전도하시려고 거기를 떠나가셨다.

### 세례 요한의 제자들

2 요한이 감옥에서 그리스도께서 하신 일에 대해 듣고,
  제자들을 보내 예수께 여쭈었다.
3 "오실 그분이 당신입니까? 우리가 다른 분을 기다려야 합니까?"
4 예수께서 대답하셨다.
  "너희는 요한에게 가서 듣고 본 것을 전해라.
5 눈먼 사람이 보고, 앉은뱅이가 걸으며, 나병환자가 깨끗해지고,
  귀먹은 사람이 듣고, 죽은 사람이 살아나고,
  가난한 사람에게 복음이 전파된다고.
6 누구든지 나 때문에 실족하지 않는 사람은 복이 있다."
7 그들이 떠나가자,
  예수께서 무리에게 요한에 대해 말씀하셨다.
  "너희가 무엇을 보려고 광야에 나갔더냐?
  바람에 흔들리는 갈대냐?
8 그것이 아니면 너희가 무엇을 보려고 나갔더냐?
  부드러운 옷 입은 사람이냐? 그런 사람들은 왕궁에 있다.
9 그러면 너희가 무엇을 보려고 나갔더냐?
  선지자를 보기 위함이냐? 옳다.
  내가 너희에게 말한다. 선지자보다 대단한 분이다.
10 이 사람 요한에 관하여 성경에 이렇게 기록되어 있다.
  '보라. 내가 내 사자를 네 앞에 보낸다.
  그가 네 앞에서 네 길을 준비할 것이다.'
11 내가 진실로 너희에게 말한다.
  지금까지 여자가 낳은 사람 중에 세례 요한보다 큰 인물이 없다.

그러나 천국에서는 지극히 작은 자도 그보다 크다.
12 세례 요한의 때부터 지금까지 천국은 침노를 당한다.
침노하는 사람은 빼앗는다.
13 모든 선지서와 율법이 예언한 것은 요한까지다.
14 너희가 예언을 기꺼이 받는다면 내가 말해주마.
오리라 한 엘리야가 바로 이 사람이다."
15 "귀 있는 사람은 들어라.
16 이 세대를 무엇에 비유할까?
아이들이 장터에 앉아 자기 친구들에게 이렇게 말하는 것과 같다.
17 '우리가 너희를 향하여 피리를 불어도, 너희가 춤추지 않고,
우리가 슬프게 울어도, 너희가 가슴을 치지 않는다.'
18 요한이 와서 먹지도 않고, 마시지도 않으니,
너희가 요한을 귀신 들렸다고 하더니,
19 인자가 와서 먹고 마시니,
먹기를 탐하고 포도주를 즐기는 사람이요,
세리와 죄인의 친구라고 한다.
지혜는 그 행한 일로 인하여 옳다는 것이 증명된다."

## 회개하지 않는 도시들

20 예수께서 권능을 가장 많이 베푸신 마을들이 회개하지 않으므로 책망하셨다.
21 "고라신아. 네게 화가 있을 것이다.
벳새다야. 네게 화가 있을 것이다.
너희에게 행한 모든 권능을 두로와 시돈에서 행했더라면,
그들은 벌써 베옷을 입고, 재에 앉아 회개했을 것이다.
22 내가 너희에게 말한다.
심판 날에 두로와 시돈이 너희보다 견디기 쉬울 것이다.
23 가버나움아! 네가 하늘에까지 높아지겠느냐?
지옥까지 낮아질 것이다.

네게 행한 모든 권능을 소돔에서 행했더라면,
소돔성은 오늘날까지 남아 있었을 것이다.
24  내가 너희에게 말한다.
심판 날에 소돔 땅이 너희보다 견디기 쉬울 것이다."

## 수고하고 무거운 짐진 자들아

25  그때 예수께서 말씀하셨다.
"천지의 주재이신 아버지여!
이 일을 지혜롭고 슬기 있는 자들에게는 숨기시고,
어린이들에게는 나타내시니 감사합니다.
26  옳습니다. 이렇게 된 것이 아버지의 뜻입니다.
27  아버지께서 모든 것을 제게 주셨으므로
아버지 외에는 아들을 아는 사람이 없고,
아들과 또 아들의 소원대로 계시받은 사람 외에는
아버지를 아는 사람이 없습니다."
28  "수고하고 무거운 짐을 진 자들아.
다 내게 오너라. 내가 너희를 쉬게 하겠다.
29  나는 마음이 온유하고 겸손하니,
나의 멍에를 메고 내게 배워라.
그러면 너희 마음이 쉼을 얻을 것이다.
30  내 멍에는 쉽고, 내 짐은 가볍다."

# 제12장

## 안식일에 이삭을 자르다
1 예수께서 안식일에 밀밭 사이로 지나가실 때,
제자들이 시장하여 이삭을 잘라 먹었다.
2 바리새인들이 보고 예수께 말했다.
"보시오. 당신의 제자들이 안식일에 해서는 안 되는 일을 하였소."
3 예수께서 말씀하셨다.
"너희들은 다윗과 그 일행들이 시장할 때 한 일을 읽지 못했느냐?
4 다윗이 하나님의 성전에 들어가서,
제사장 외에는 먹어서는 안 되는 진설병(빵)을 먹지 않았느냐?
5 또 안식일에 제사장들이 성전 안에서 안식일을 어겨도 죄가 없다는
것을 너희가 율법에서 읽지 못했느냐?
6 내가 너희에게 말한다.
성전보다 더 큰 사람이 여기 있다.
7 '나는 자비를 원하고 제사를 원하지 않는다.' 고 하신 말씀을
너희가 알았더라면,
죄 없는 사람을 정죄하지 않았을 것이다.
8 인자는 안식일의 주인이다."

## 안식일에 손이 마른 사람을 고치다
9 예수께서 거기를 떠나 그들의 회당에 들어가시니,
10 한쪽 손이 마른 사람이 있었다.
사람들이 예수를 고소하려고 예수께 물었다.
"안식일에 병을 고쳐도 됩니까?"
11 예수께서 말씀하셨다.
"너희 중 누가 양 한 마리를 가지고 있다고 하자.
안식일이라도 그 양이 구덩이에 빠지면 끌어내지 않겠느냐?
12 사람이 양보다 더 귀하지 않느냐?

그러므로 안식일에도 선한 일을 행하는 것이 옳다."
13  그리고 예수께서 그 사람에게 손을 내밀라고 하셨다.
그 사람이 손을 내미니, 다른 손처럼 회복되었다.
14  바리새인들이 나가서 예수를 어떻게 죽일까 의논하였다.

## 내가 선택한 나의 종

15  예수께서 이것을 아시고 거기를 떠나가시니, 많은 사람이 따라왔다.
예수께서 그들의 병을 다 고쳐 주시고
16  자기를 드러내지 말라고 경고하셨다.
17  이는 선지자 이사야를 통해 하신 말씀을 이루기 위함이었다.
18  "보아라!
내가 선택한 종, 곧 내가 마음으로 기뻐하고 사랑하는 자
그에게 내가 내 성령을 주고,
그는 심판을 이방에 알릴 것이다.
19  그는 다투지도 않고, 외치지도 아니하므로,
아무도 길에서 그 소리를 듣지 못할 것이다.
20  그는 심판하여 이길 때까지,
상한 갈대를 꺾지 않고, 꺼져가는 심지를 끄지 않을 것이다.
21  또한 이방인들이 그의 이름을 바랄 것이다."

## 바알세불

22  그때 사람들이 귀신 들려 눈멀고 말 못하는 사람을 예수께 데리고 왔다.
예수께서 그 사람을 고쳐주시니, 그가 말하고 보게 되었다.
23  무리가 다 놀라서 말했다.
"이 사람이 다윗의 자손 아니냐?"
24  바리새인들이 이 말을 듣고 말했다.
"이 사람이 귀신의 왕 바알세불을 힘입어 귀신을 쫓아낸다."
25  예수께서 그들의 생각을 아시고 말씀하셨다.
"스스로 분쟁하는 나라마다 황폐해질 것이고,

    스스로 분쟁하는 동네나 집마다 서지 못할 것이다.
26  사탄이 만일 사탄을 쫓아내면 스스로 분쟁하는 것인데,
    그래서야 그 나라가 어떻게 서겠느냐?
27  또 내가 바알세불을 힘입어 귀신을 쫓아낸다면,
    너희 아들들은 누구를 힘입어 귀신을 쫓아내느냐?
    그러므로 그들이 너희의 재판관이 될 것이다.
28  그러나 내가 하나님의 성령을 힘입어 귀신을 쫓아내는 것이면
    하나님의 나라는 이미 너희에게 임하였다.
29  사람이 먼저 강한 사람을 결박하지 않고서야,
    어떻게 그 강한 사람의 집에 들어가 그 재산을 강탈할 수 있느냐?
    결박한 후에야 그 집을 강탈할 수 있다.
30  나와 함께 하지 않는 사람은 나를 반대하는 사람이요,
    나와 함께 모으지 아니하는 사람은 흩는 사람이다.
31  그러므로 내가 너희에게 말한다.
    사람의 모든 죄와 훼방은 용서받을 수 있지만,
    성령을 모독하는 것은 용서받지 못한다.
32  또 누구든지 말로 인자를 거역하면 용서받을 수 있지만,
    누구든지 말로 성령을 거역하면
    이 세상은 물론 오는 세상에서도 용서받을 수 없다."

## 열매를 보고 나무를 안다

33  "나무가 좋고 열매도 좋다고 하든지,
    나무가 좋지 않고 열매도 좋지 않다고 해라.
    그 열매로 그 나무를 알 수 있다.
34  독사의 자식들아!
    너희가 악한데, 어떻게 선한 말을 할 수 있느냐?
    마음에 가득한 것을 입으로 말하게 되어 있다.
35  선한 사람은 그 쌓은 선에서 선한 것을 내고,
    악한 사람은 그 쌓은 악에서 악한 것을 낸다.

36  내가 너희에게 말한다.
    사람이 무슨 무익한 말을 하든지,
    심판 날에 이에 대해 심문을 받을 것이다.
37  네 말로 의롭다 함을 받고, 네 말로 정죄함을 받을 것이다."

## 요나의 표적

38  그때 서기관과 바리새인 중 몇 사람이 말했다.
    "선생님. 우리에게 표적을 보여주십시오."
39  예수께서 대답하셨다.
    "악하고 음란한 세대가 표적을 구하지만,
    선지자 요나의 표적 외에는 너희에게 보여줄 표적이 없다.
40  요나가 사흘 밤낮을 큰 물고기 배 속에 있었던 것 같이
    인자도 사흘 밤낮을 땅속에 있을 것이다.
41  심판 때에 니느웨 사람들이 일어나 이 세대 사람을 정죄할 것이다.
    그들은 요나의 전도를 듣고 회개하였는데,
    요나보다 더 큰 사람이 여기 있다.
42  심판 때에 남방 여왕이 일어나 이 세대 사람을 정죄할 것이다.
    그가 솔로몬의 지혜로운 말을 들으려고 땅끝에서 왔는데,
    솔로몬보다 더 큰 사람이 여기 있다."

## 더러운 귀신이 돌아온다

43  "더러운 귀신이 어떤 사람에게서 나가서,
    물 없는 곳으로 다니며 쉬려고 하였으나, 그런 곳을 찾지 못했다.
44  그래서 '내가 나온 내 집으로 돌아가야지' 하고 돌아와 보니,
    그 집이 비어 있고 깨끗이 수리되어 있었다.
45  이에 자기보다 더 악한 귀신 일곱을 데리고 와 거기 들어가 살았다.
    그래서 그 사람의 나중 형편이 이전 형편보다 더욱 나빠졌다.
    이 악한 세대도 이렇게 될 것이다."

**예수의 어머니와 형제자매**

46  예수께서 무리에게 말씀하실 때
    그 어머니와 동생들이 예수를 만나려고 밖에 서 있었다.
47  한 사람이 예수께 말했다.
    "보십시오. 선생님의 어머니와 동생들이 밖에 서 있습니다."
48  예수께서 물으셨다.
    "누가 내 어머니이며 내 동생들이냐?"
49  그리고 손을 내밀어 제자들을 가리키며 말씀하셨다.
    "내 어머니와 내 동생들을 보아라.
50  누구든지 하늘에 계신 내 아버지의 뜻대로 행하는 사람이
    내 형제요, 자매요, 어머니다."

## 제13장

**땅에 뿌려진 씨 비유**
1 그날에 예수께서 집에서 나가 바닷가에 앉으시니,
2 큰 무리가 예수께로 모여들었다.
　예수께서 배에 올라가 앉으시고, 온 무리는 바닷가에 서 있었다.
3 예수께서 그들에게 여러 가지를 비유로 말씀하셨다.
　"어떤 사람이 나가서 씨를 뿌렸다.
4 　어떤 씨는 길가에 떨어졌는데,
　새들이 와서 먹어버렸다.
5 　어떤 씨는 흙이 얇은 돌밭에 떨어졌는데,
　흙이 깊지 않아 곧 싹이 나왔지만,
6 　해가 돋은 후에 싹이 타고, 뿌리가 없어서 말라 버렸다.
7 　어떤 씨는 가시떨기 위에 떨어졌는데,
　가시가 자라서 그 기운을 막았다.
8 　어떤 씨는 좋은 땅에 떨어져
　100배, 60배, 30배의 결실을 하였다.
9 　귀 있는 사람은 들어라."

**비유를 설명하다**
10 제자들이 예수께 와서 물었다.
　"어찌하여 그들에게는 비유로 말씀하십니까?"
11 예수께서 대답하였다.
　"천국의 비밀을 아는 것이 너희에게는 허락되었으나,
　그들에게는 허락되지 않았다.
12 　무릇 있는 사람은 받아 넉넉하게 되지만,
　없는 사람은 그 있는 것도 빼앗길 것이다.
13 　그러므로 내가 그들에게 비유로 말하는 것은,
　그들이 보아도 보지 못하고, 들어도 듣지 못하고 깨닫지 못하기 때문이다.
14 이사야의 예언이 그들에게 이루어졌다.
'그들이 듣기는 들어도 깨닫지 못하며, 보기는 보아도 알지 못할 것이다.
15 이 백성은 마음이 굳어져서
그 귀는 듣기에 둔하고, 그 눈은 감겼다.
이는 그들이 눈으로 보고, 귀로 듣고, 마음으로 깨달아
돌이켜 내게 고침을 받을까 두렵기 때문이다.'
16 그러나 너희 눈은 보고, 너희 귀는 들으니 복이 있다.
17 내가 진실로 너희에게 말한다.
많은 선지자와 의인들이 너희가 보는 것들을 보고자 하였으나 보지 못하고, 너희가 듣는 것을 듣고자 하였으나 듣지 못했다."

## 씨 뿌리는 비유

18 "그러므로 씨 뿌리는 비유를 들어라.
19 누구라도 천국 말씀을 듣고 깨닫지 못하면,
악한 자가 와서 그 마음에 뿌려진 것을 빼앗는다.
이것이 곧 길가에 뿌려진 사람이다.
20 돌밭에 뿌려졌다는 것은,
말씀을 들을 때는 즉시 기쁨으로 받지만,
21 그 속에 뿌리가 없어 잠시 견디다가
말씀 때문에 환난이나 핍박이 일어나면 곧 넘어지는 사람이다.
22 가시떨기에 뿌려졌다는 것은, 말씀을 듣지만,
세상 염려와 재물의 유혹에 말씀이 막혀 결실하지 못하는 사람이다.
23 좋은 땅에 뿌려졌다는 것은 말씀을 듣고 깨닫는 사람이다.
이런 사람은 결실하여 100배, 60배, 30배가 된다."

## 가라지 비유

24 예수께서 그들에게 또 비유로 말씀하셨다.

"천국은 좋은 씨를 밭에 뿌린 사람과 같다.

25 사람들이 잠자고 있는 동안,
그 원수가 와서 곡식 가운데 가라지를 뿌리고 갔다.
26 싹이 나고 결실할 때에 가라지도 보였다.
27 종들이 주인에게 와서 말했다.
'주여. 밭에 좋은 씨를 뿌리지 않았습니까?
그런데 이 가라지가 어디서 생겼습니까?'
28 주인이 말했다.
'원수가 이렇게 하였구나.'
종들이 말했다.
'우리가 가서 이 가라지를 뽑아버릴까요?'
29 주인이 대답했다.
'가만두어라. 가라지를 뽑다가 곡식까지 뽑을까 염려된다.
30 추수 때까지 둘 다 함께 자라도록 두어라.
추수 때에, 내가 일꾼들에게 가라지는 먼저 거두어 불사르게 단으로 묶고, 곡식은 모아서 내 창고에 넣겠다고 하겠다.' "

## 겨자씨와 누룩 비유

31 예수께서 또 비유로 말씀하셨다.
"천국은 마치 사람이 자기 밭에 갖다 심은 겨자씨 한 알과 같다.
32 이것은 어떤 씨보다 작지만, 자라면 나물보다 큰 나무가 되어
공중의 새들이 와서 그 가지에 깃들인다."
33 또 비유로 말씀하셨다.
"천국은 마치 여인이 가루 속에 갖다 넣어 전부 부풀게 한 누룩과 같다."

## 비유가 아니면

34 예수께서 이 모든 것을 무리에게 비유로 말씀하시고,
비유가 아니면 아무것도 말씀하지 않으셨다.
35 이는 선지자를 통해 하신 말씀을 이루려 하심이었다.

'내가 입을 열어 비유로 말하고,
창세부터 감추어진 것을 드러내리라.'

## 가라지 비유를 설명하다

36 이에 예수께서 무리를 떠나 집에 들어가시니,
제자들이 나아와 말했다.
"밭의 가라지 비유를 우리에게 설명해 주십시오."
37 예수께서 말씀하셨다.
"좋은 씨를 뿌리는 자는 인자다.
38 밭은 세상이요, 좋은 씨는 천국의 아들들이요,
가라지는 악한 자의 아들들이다.
39 가라지를 뿌린 원수는 마귀요,
추수 때는 세상의 끝이고, 추수꾼은 천사들이다.
40 그러므로 가라지를 거두어 불에 태우는 것 같이,
세상 끝에도 그럴 것이다.
41 인자가 천사들을 보내면,
천사들은 그 나라에서 모든 넘어지게 하는 것과 또 불법을 행하는
자들을 모아 풀무불에 던져버릴 것이다.
42 그러면 그들이 거기서 울며 이를 갈 것이다.
43 그때에 의인들은 자기 아버지 나라에서 해 같이 빛날 것이다.
귀 있는 사람은 들어라."

## 세 가지 천국 비유

44 "천국은 마치 밭에 숨겨진 보물과 같다.
사람이 이것을 발견하면 그것을 숨겨두고 기뻐한다.
그리고 돌아와서 자기의 재산을 다 팔아 그 밭을 산다."
45 "또 천국은 마치 좋은 진주를 찾는 상인과 같다.
46 그가 극히 귀한 진주를 발견하면 자기 재산을 다 팔 그 진주를 산다."
47 "또 천국은 마치 바다에 던져 각종 물고기를 잡는 그물과 같다.

48 그물에 물고기가 가득하면, 그물을 물가로 끌어내고 앉아서,
좋은 것은 그릇에 담고 나쁜 것은 버린다.
49 세상 끝에도 이런 일이 있을 것이다.
천사들이 와서 의인 중에서 악인을 가려내어
50 풀무 불에 던져 넣을 것이다.
그들이 거기서 울며 이를 갈 것이다."

**새것과 옛것**
51 예수께서 제자들에게 "이 모든 것을 깨달았느냐?" 하고 물으시니,
제자들이 "예. 그렇습니다." 하고 대답하였다.
52 예수께서 말씀하셨다.
"그러므로 천국의 제자가 된 서기관들은,
마치 새것과 옛것을 창고에서 내어오는 집주인과 같다."

**고향에서 배척을 받다**
53 예수께서 이 비유들을 다 말씀하신 후, 거기를 떠나
54 고향으로 돌아가 회당에서 가르치셨다.
이에 사람들이 놀라서 말했다.
"이 사람의 이 지혜와 이런 능력이 어디서 났느냐?
55 이 사람은 그 목수의 아들이 아니냐?
그 어머니는 마리아. 그 형제들은 야고보, 요셉, 시몬, 유다고,
56 그 누이들은 모두 우리와 함께 있지 않느냐?
그런데 이 사람의 이 모든 것들은 도대체 어디서 났느냐?"
57 그러면서 예수를 배척하였다.
예수께서 그들에게 말씀하셨다.
"선지자가 자기 고향과 자기 집에서는 존경받지 못한다."
58 예수께서는 그들이 믿지 않으므로, 거기서 많은 능력을 행하지 않으셨다.

# 제14장

## 세례 요한의 죽음

1 그때 분봉왕 헤롯이 예수의 소문을 듣고
2 그 신하들에게 말했다.
  "이 사람은 세례 요한이다. 그가 죽은 사람들 가운데서 살아났으므로 이런 능력이 그 속에서 역사하는구나."
3 헤롯이 전에 동생 빌립의 아내 헤로디아의 일로 요한을 잡아 결박하여 감옥에 가두었다.
4 이는 요한이 헤롯에게, "당신이 그 여자를 차지한 것이 옳지 않습니다." 하고 비판했기 때문이다.
5 헤롯이 요한을 죽이려고 하였으나,
  백성들이 그를 선지자로 여기므로, 백성들을 두려워 하였다.
6 마침 헤롯의 생일이 되었다.
  헤로디아의 딸이 잔치 자리에서 춤을 추어 헤롯을 기쁘게 하니
7 헤롯이 그에게 무엇이든지 달라고 하면 주겠다고 맹세하였다.
8 그가 자기 어머니가 시키는 대로 말했다.
  "세례 요한의 머리를 쟁반에 담아 여기서 제게 주십시오."
9 헤롯이 난감했지만, 자기가 맹세한 것도 있고,
  함께 앉은 손님들에 대한 체면 때문에 주라고 하였다.
10 헤롯이 사람을 보내 요한을 감옥에서 목 베고
11 그 머리를 쟁반에 담아 소녀에게 갖다주었고,
  소녀는 그것을 자기 어머니에게 가져갔다.
12 요한의 제자들이 요한의 시체를 가져다가 장사 지내고, 예수께 알렸다.

## 5,000명을 먹이다

13 예수께서 들으시고, 배를 타고 떠나 따로 빈 들로 가셨다.
  사람들이 소문을 듣고 여러 마을에서 걸어서 예수를 따라갔다.
14 예수께서 큰 무리를 보시고 불쌍히 여기시어 병자들을 고쳐주셨다.

15 저녁이 되자 제자들이 예수께 와서 말했다.
　　"이곳은 빈 들이고, 날이 이미 저물었습니다.
　　　무리를 보내어 마을에 들어가서 음식을 사 먹게 하십시오."
16 예수께서 말씀하셨다.
　　"그들이 갈 것이 아니라, 너희가 먹을 것을 주어라."
17 제자들이 대답했다.
　　"우리에게는 빵 다섯 개와 물고기 두 마리밖에 없습니다."
18 예수께서 말씀하셨다.
　　"그것을 가져오너라."
19 예수께서 무리를 명하여 잔디 위에 앉히시고,
　빵 다섯 개와 물고기 두 마리를 가지고 하늘을 우러러 감사기도를 하시고, 빵을 떼어 제자들에게 주셨다.
　제자들은 그것을 무리에게 나누어 주었다.
20 모두 배불리 먹고, 남은 조각을 거두니 열두 바구니에 가득 찼다.
21 먹은 사람이 여자와 아이를 빼고 5,000명이나 되었다.

## 물 위를 걷다

22 예수께서 즉시 제자들에게, 자기가 무리를 보내는 동안,
　배를 타고 먼저 건너편으로 가라고 하셨다.
23 예수께서 무리를 보내신 후에 기도하러 산에 올라가셨다.
　날이 저물 때 거기 혼자 계셨다.
24 제자들이 탄 배는 육지에서 꽤 멀리 갔는데,
　바람이 불고 파도가 심해 제자들이 고생하고 있었다.
25 이른 새벽에 예수께서 바다 위를 걸어 제자들에게 오시니,
26 제자들이 그것을 보고 무서워서 '유령이다!' 하고 소리 질렀다.
27 예수께서 즉시 말씀하셨다.
　　"안심해라. 나다. 두려워하지 마라."
28 베드로가 대답했다.
　　"주여. 제게 명하여 물 위로 걸어 오라고 하십시오."

29 예수께서 말씀하셨다.
  "이리로 오너라."
  그러자 베드로가 배에서 내려 물 위로 걸어 예수께로 갔다.
30 베드로가 바람을 보고 무서워 물에 빠지기 시작하자 소리쳤다.
  "주여. 저를 구원하소서."
31 예수께서 즉시 손을 내밀어 베드로를 붙잡으시며 말씀하셨다.
  "믿음이 작은 사람아. 왜 의심하였느냐?"
32 베드로와 함께 배에 오르니, 바람이 그쳤다.
33 배에 있는 사람들이 예수께 절하며 말했다.
  "당신은 진실로 하나님의 아들이십니다."

## 게네사렛에서 병자들을 고치다

34 그들이 바다를 건너 게네사렛 땅으로 갔다.
35 그곳에 있던 사람들이 예수신 줄 알고,
  그 근방에 두루 통지하여 병자들을 모두 예수께 데려왔다.
36 그들은 예수께 옷자락이라도 만지게 해달라고 간구하였고,
  그 옷자락을 만진 사람은 다 나았다.

# 제15장

## 장로들의 전통

1 그때에 바리새인과 서기관들이 예루살렘에서 와서 예수께 물었다.
2 "당신의 제자들은 어째서 장로들의 전통을 지키지 않습니까?
　　그들은 식사할 때 손을 씻지 않습니다."
3 예수께서 대답하셨다.
　　"너희는 어째서 너희 전통으로 하나님의 계명을 어기느냐?
4 　하나님께서 말씀하시기를, '네 부모를 공경해라.' 고 하시고,
　　또 '아버지나 어머니를 훼방하는 자는 반드시 죽을 것이다.' 하셨다.
5 　그런데 너희는 누구든지 부모에게
　　'제가 부모님께 드리려던 것을 하나님께 예물로 드렸습니다.' 하면,
6 　더 이상 그 부모를 공경하지 않아도 된다고 한다.
　　너희는 이렇게 너희 전통으로 하나님의 말씀을 폐한다.
7 　위선자들아!
　　이사야가 너희를 두고 적절히 예언하였다.
8 　'이 백성이 입술로는 나를 존경하지만, 마음은 내게서 멀구나.
9 　사람의 계명을 교훈이라고 가르치니, 나를 경배하는 것이 헛되도다.' "
10 예수께서 무리를 불러 말씀하셨다.
　　"듣고 깨달아라.
11 　입으로 들어가는 것이 사람을 더럽게 하는 것이 아니라
　　입에서 나오는 것이 사람을 더럽게 한다."
12 이에 제자들이 나아와 물었다.
　　"바리새인들이 이 말씀을 듣고 걸림이 된 줄 아십니까?"
13 예수께서 대답하셨다.
　　"내 하늘 아버지께서 심지 않으신 것은 다 뽑힐 것이다.
14 　그냥 두어라.
　　그들은 자신도 보지 못하면서 눈먼 사람을 인도하는 자다.
　　만일 눈먼 사람이 눈먼 사람을 인도하면 둘 다 구덩이에 빠질 것이다."

15  베드로가 예수께 부탁하였다.
    "이 비유를 우리에게 설명해 주십시오."
16  예수께서 말씀하셨다.
    "너희가 아직까지 깨닫지 못하느냐?
17  입으로 들어가는 것은 모두 배로 들어가서 뒤로 나오지 않느냐?
18  입에서 나오는 것들은 마음에서 나온다.
    이것이 사람을 더럽게 한다.
19  마음에서 나오는 것은,
    악한 생각, 살인, 간음, 음란, 도둑질, 거짓 증언과 비방이다.
20  이런 것이 사람을 더럽게 하고,
    손을 씻지 않고 먹는 것은 사람을 더럽게 하지 못한다."

### 가나안 여자의 믿음
21  예수께서 그곳을 떠나 두로와 시돈 지방으로 들어가시니,
22  가나안 여자 한 사람이 그 동네에서 나와서 소리 질렀다.
    "주 다윗의 자손이시여!
    저를 불쌍히 여기소서. 제 딸이 흉악한 귀신이 들렸습니다."
23  예수께서 아무 말씀도 하지 않으시니,
    제자들이 예수께 요청하였다.
    "저 여자가 우리 뒤에서 소리를 지르는데, 돌려보내십시오."
24  예수께서 말씀하셨다.
    "나는 이스라엘 집의 잃어버린 양 외에 다른 데로 보내심을 받지 않 았다."
25  여자가 와서 예수께 절하며 말했다.
    "주여! 저를 도와주십시오."
26  예수께서 대답하셨다.
    "자녀들의 빵을 개들에게 던지는 것은 마땅치 않다."
27  그러자 여자가 말했다.
    "주여. 옳습니다마는,

　　　　개들도 주인의 식탁에서 떨어지는 부스러기를 먹습니다."
28 이에 예수께서 말씀하셨다.
　　　　"여자야. 네 믿음이 크구나. 네 소원대로 되어라."
　　　　그 즉시 그 여자의 딸이 나았다.

## 많은 사람을 고치다
29 예수께서 거기서 떠나 갈릴리 호숫가에 이르러
　　　산에 올라가 거기 앉으셨다.
30 사람들이 걷지 못하는 사람, 다리 저는 사람, 눈먼 사람, 말 못하는 사람, 그밖에 각종 병자들을 예수께 데려오니,
　　　예수께서 모두 고쳐주셨다.
31 말 못하는 사람이 말을 하고, 다리 절던 사람이 낫고, 걷지 못하던 사람이 걷고, 눈먼 사람이 보게 되었다.
　　　무리가 이것을 보고 놀라 이스라엘의 하나님께 영광을 돌렸다.

## 4,000명을 먹이다
32 예수께서 제자들을 불러 말씀하셨다.
　　　　"이 무리가 불쌍하구나.
　　　　　나와 함께 있은 지 벌써 사흘이나 되었는데, 먹을 것이 없구나,
　　　　　굶겨서 보내면 길에서 기진할텐데 굶겨 보낼 수가 없다."
33 제자들이 말했다.
　　　　"우리가 어떻게 이 광야에서 이 많은 무리가 배부를 만큼 빵을 구할 수 있겠습니까?"
34 예수께서 물으셨다.
　　　　"너희에게 빵이 몇 개 있느냐?"
　　　　제자들이 대답했다.
　　　　"빵 일곱 개와 작은 생선 두어 마리가 있습니다."
35 예수께서 무리에게 명하셔서 땅에 앉게 하시고
36 빵 일곱 개와 생선을 가지고 감사기도를 하시고,

떼어서 제자들에게 주시니, 제자들이 그것을 무리에게 주었다.
37 다 배불리 먹고, 남은 조각을 거두니 일곱 광주리에 가득 찼다.
38 빵을 먹은 사람은 여자와 어린이 외에 4,000명이었다.
39 예수께서 무리를 흩어 보내시고, 배를 타고 마가단 지방으로 가셨다.

## 제16장

### 악한 세대가 표적을 구하다
1 바리새인과 사두개인들이 와서 예수를 시험하여
  하늘에서 오는 표적을 보여달라고 요청했다.
2 예수께서 대답하셨다.
  "너희가 저녁에 하늘이 붉으면, '내일 날이 맑겠다' 고 하고,
3 아침에 하늘이 붉고 흐리면, '오늘은 날씨가 궂겠다' 고 한다.
  너희가 이렇게 날씨를 분별할 줄 알면서,
  시대의 표적은 분별하지 못하느냐?
4 악하고 음란한 세대가 표적을 구하나,
  요나의 표적 외에는 보여줄 표적이 없다."
  그리고 그들을 떠나가셨다.

### 바리새인과 사두개인들의 누룩
5 제자들이 건너편으로 갈 때 빵 가져가는 것을 잊었다.
6 예수께서 말씀하셨다.
  "삼가 바리새인과 사두개인들의 누룩을 주의해라."
7 제자들이 수군거렸다.
  "우리가 떡을 가져오지 않았다고 저렇게 말씀하시나 보다."
8 예수께서 이것을 알고 말씀하셨다.
  "믿음이 작은 사람들아!
  너희가 어째서 떡이 없다고 수군거리느냐?
9 너희가 아직도 깨닫지 못하느냐?
  내가 빵 다섯 개로 5,000명을 먹이고 주운 것이 몇 바구니며,
10 빵 일곱 개로 4,000명을 먹이고 주운 것이 몇 광주리냐?
11 어째서 내가 말하는 것이 빵이 아닌 줄을 깨닫지 못하느냐?
  너희는 바리새인과 사두개인들의 누룩을 주의해라."
12 그제야 제자들이 빵의 누룩이 아니라,

바리새인과 사두개인들의 가르침을 조심하라고 말씀하신 줄 깨달았다.

## 베드로의 고백
13  예수께서 빌립보 가이사랴 지방에 갔을 때 제자들에게 물으셨다
"사람들이 인자를 누구라고 하느냐?"
14  제자들이 대답하였다.
"어떤 사람은 세례 요한, 어떤 사람은 엘리야,
어떤 사람은 예레미야나 선지자 중 하나라고 합니다."
15  예수께서 다시 물으셨다.
"너희는 나를 누구라고 하느냐?"
16  시몬 베드로가 대답하였다.
"주는 그리스도시요, 살아계신 하나님의 아들이십니다."
17  예수께서 대답하셨다.
"바요나 시몬아. 네가 복이 있다.
이것을 네게 알게 한 이는 사람이 아니라, 하늘에 계신 내 아버지시다.
18  또 내가 네게 말한다. 너는 베드로다.
내가 이 반석 위에 내 교회를 세우겠다.
지옥의 권세가 이기지 못할 것이다.
19  내가 천국 열쇠를 너에게 주겠다.
네가 땅에서 무엇이든지 매면, 하늘에서도 매일 것이요,
네가 땅에서 무엇이든지 풀면, 하늘에서도 풀릴 것이다."
20  그리고 제자들에게,
자기가 그리스도인 것을 아무에게도 말하지 말라고 경고하셨다.

## 죽음과 부활을 처음으로 가르치다
21  이때부터 예수 그리스도께서 자기가 예루살렘에 올라가
장로들과 대제사장들과 서기관들에게 많은 고난을 받고,
죽임을 당하고,

제3일에 살아나야 할 것을 제자들에게 처음으로 가르치셨다.
22 베드로가 예수를 붙들고 말렸다.
"주님. 그렇게 하지 마십시오.
이 일이 결코 주님께 일어나지 않을 것입니다."
23 예수께서 베드로를 돌아보며 말씀하셨다.
"사탄아, 내 뒤로 물러가라.
너는 나를 넘어지게 하는구나.
네가 하나님의 일은 생각하지 않고, 사람의 일만 생각하는구나"
24 그리고 제자들에게 말씀하셨다.
"누구든지 나를 따라오려거든 자기를 부인하고
자기 십자가를 지고 나를 쫓아야 한다.
25 누구든지 자기 목숨을 구하려고 하면 잃을 것이고,
누구든지 나를 위해 자기 목숨을 잃으면 찾을 것이다.
26 사람이 만일 온 천하를 얻고도,
자기 목숨을 잃으면 무슨 소용이 있느냐?
사람이 무엇을 주고 자기 목숨과 바꾸겠느냐?
27 인자가 아버지의 영광으로 그 천사들과 함께 올 것이다.
그때에 각 사람이 행한 대로 갚을 것이다.
28 내가 진실로 너희에게 말한다.
여기 서 있는 사람 중에 죽기 전에 인자가 자기 왕권을 가지고 오는 것을 볼 사람도 있다."

# 제17장

## 영광스러운 모습으로 변하다

1 엿새 후에 예수께서 베드로, 야고보, 그 동생 요한을 데리고,
  따로 높은 산으로 올라가셨다.
2 그들 앞에서 예수의 모습이 변형되셨는데,
  그 얼굴이 해 같이 빛나고, 옷이 빛 같이 희어졌다.
3 그때 모세와 엘리야가 예수와 더불어 이야기하시는 것을 보고
4 베드로가 예수께 말했다.
  "주여. 우리가 여기 있는 것이 좋습니다.
  만일 주께서 원하시면 제가 여기에 초막 셋을 짓겠습니다.
  하나는 주를 위하여, 하나는 모세를 위하여, 하나는 엘리야를 위하
  여 짓겠습니다."
5 그때 갑자기 빛나는 구름이 그들을 덮으며, 구름 속에서 소리가 들렸다.
  "이는 내가 사랑하는 아들이요, 내가 기뻐하는 자다.
  너희는 그의 말을 들어라."
6 제자들이 이 말을 듣고 엎드려 몹시 두려워하였다.
7 예수께서 나아와 그들에게 손을 대며 말씀하셨다.
  "일어나라. 두려워하지 마라."
8 그들이 눈을 들고 보니, 예수 외에는 아무도 보이지 않았다.
9 그들이 산에서 내려올 때 예수께서 말씀하였다.
  "인자가 죽은 자 가운데서 살아나기 전에는,
  지금 본 것을 아무에게도 말하지 마라."
10 제자들이 물었다.
  "그런데 서기관들은 어찌하여 엘리야가 먼저 와야 한다고 합니까?"
11 예수께서 대답하셨다.
  "엘리야가 과연 먼저 와서 모든 것을 회복할 것이다.
12  내가 너희에게 말하는데, 엘리야가 이미 왔다.
  그런데 사람들이 그를 알아보지 못하고 함부로 대우하였다.

　　　　인자도 이와 같이 그들에게 고난을 받을 것이다."
13　그제야 제자들은 예수께서 말씀하신 것이 세례 요한인 줄 깨달았다.

### 귀신 들린 아이를 고치다
14　그들이 무리에게 돌아오니,
　　한 사람이 예수께 와서 꿇어 엎드려 말했다.
15　"주여. 제 아들을 불쌍히 여겨주십시오.
　　　그가 간질로 매우 고생하고 있습니다.
　　　종종 불에도 넘어지고 물에도 넘어집니다.
16　　제가 주의 제자들에게 데리고 왔으나, 그들은 고치지 못했습니다."
17　예수께서 대답하셨다.
　　　"믿음이 없고 타락한 세대야.
　　　내가 언제까지 너희와 함께 있으며, 얼마나 너희에게 참겠느냐?
　　　그를 이리로 데려오너라."
18　예수께서 꾸짖으시니, 귀신이 나가고, 아이가 즉시 나았다.
19　이에 제자들이 예수께 조용히 와서 물었다.
　　　"우리는 어찌하여 쫓아내지 못했습니까?"
20　예수께서 대답하셨다.
　　　"너희 믿음이 적은 탓이다.
　　　내가 진실로 말한다.
　　　만일 너희에게 믿음이 겨자씨 한 알 만큼만 있어도
　　　이 산을 향해 여기서 저기로 옮겨라 해도 옮길 것이다.
　　　또 너희가 못할 일이 없다."
21　(없음)

### 죽음과 부활을 두 번째 말하다
22　그들이 갈릴리에 모였을 때,
　　예수께서 제자들에게 말씀하셨다.
　　　"인자가 장차 사람들의 손에 넘겨져,

23 죽임을 당하고,
   제3일에 살아날 것이다."
이에 제자들이 몹시 근심하였다.

## 성전세를 내다

24 가버나움에 이르니,
   성전세를 거두는 자들이 베드로에게 말했다.
   "너의 선생님은 왜 성전세를 내지 않느냐?"
25 베드로가 "내신다." 하고, 집에 들어가니,
   예수께서 먼저 말씀하셨다.
   "시몬아. 네 생각은 어떠냐?
      세상의 임금들이 누구에게서 세금을 받느냐?
      자기 아들에게서냐? 다른 사람에게서냐?"
26 베드로가 대답했다.
   "다른 사람에게서입니다."
   예수께서 말씀하셨다.
   "그렇다. 아들은 세금을 내지 않아도 된다.
27 그러나 사람들이 오해하지 않도록 네가 바다에 가서 낚시를 던져라.
   먼저 올라오는 물고기를 잡아 입을 열면,
   한 세겔 동전이 있을 것이다.
   그것을 가지고 나와 너를 위해 성전세를 주어라."

## 제18장

### 천국에서 큰 사람

1 그때 제자들이 예수께 나아와 물었다.
 "천국에서는 누가 큽니까?"
2 예수께서 한 어린이를 불러 그들 가운데 세우고 말씀하셨다.
3 "진실로 너희에게 말한다.
 너희가 돌이켜 어린이같이 되지 않으면,
 결코 천국에 들어가지 못한다.
4 누구든지 이 어린이 같이 자기를 낮추는 그 사람이
 천국에서 큰 사람이다.
5 또 내 이름으로 이런 어린이 하나를 영접하는 것이,
 곧 나를 영접하는 것이다.
6 누구든지 나를 믿는 이 어린이 하나를 실족하게 하느니
 차라리 연자맷돌을 목에 달고 깊은 바다에 빠지는 것이 낫다.
7 실족하게 하는 일 때문에 세상에 화가 있다.
 실족하게 하는 일이 없을 수 없으나,
 실족하게 하는 그 사람에게는 화가 있다.
8 만일 네 손이나 발이 너를 범죄하게 하거든 찍어 내버려라.
 장애인이나 다리를 절면서 영생에 들어가는 것이
 두 손과 두 발을 다 가지고 영원한 불에 던져지는 것보다 낫다.
9 만일 네 눈이 너를 범죄하게 하거든 눈을 빼 버려라.
 한 눈으로 영생에 들어가는 것이
 두 눈을 가지고 지옥 불에 던져지는 것보다 낫다.
10 삼가 이 소자 중 하나도 업신여기지 마라.
 너희에게 말한다.
 그들의 천사들이 하늘에서 내 아버지의 얼굴을 항상 뵙고 있다."
11 (없음)
12 "너희 생각에는 어떠냐?

어떤 사람에게 양 100마리가 있는데, 그중 한 마리가 길을 잃으면,
그 아흔아홉 마리를 산에 두고, 길 잃은 양을 찾지 않겠느냐?
13  진실로 너희에게 말한다.
만일 그 양을 찾으면,
길을 잃지 않은 아흔아홉 마리보다 그 양을 더 기뻐할 것이다.
14  이와 같이 이 소자 중 하나라도 잃는 것은
하늘에 계신 너희 아버지의 뜻이 아니다."

### 용서에 관하여

15  "네 형제가 죄를 범하면, 가서 그 사람과 독대하여 권고해라.
만일 그가 네 말을 들으면 네가 네 형제를 얻은 것이다.
16  만일 그가 듣지 않으면 한두 사람을 데리고 가서,
두세 증인의 입으로 사실을 확정해라.
17  만일 그들의 말도 듣지 않으면 교회에 말하고,
교회의 말도 듣지 않으면 이방인이나 세리 같이 여겨라."
18  "진실로 너희에게 말한다.
무엇이든지 너희가 땅에서 매면 하늘에서도 매이고,
무엇이든지 땅에서 풀면 하늘에서도 풀릴 것이다.
19  진실로 다시 너희에게 말한다.
너희 가운데 두 사람이 땅에서 합심하여 무엇이든지 구하면,
하늘에 계신 내 아버지께서 그들을 위하여 이루어 주실 것이다.
20  두세 사람이 내 이름으로 모인 곳에는 나도 그들 중에 있다."

### 용서할 줄 모르는 종의 비유

21  그때 베드로가 와서 예수께 물었다.
"주여. 형제가 제게 죄를 지으면 몇 번이나 용서해야 합니까?
일곱 번까지 용서하면 됩니까?"
22  예수께서 대답하셨다.
"내가 말한다. 일곱 번이 아니라 일흔 번씩 일곱 번이라도 용서해라."

23  "그러므로 천국은 그 종들과 결산하려고 하던 어떤 임금과 같다.
24  결산할 때 자기에게 1,000억 원[4] 빚진 종을 데려왔는데
    그가 갚을 돈이 없었다.
25  주인이 그 몸과 처와 자식들과 모든 재산을 다 팔아서라도 갚으라고 하였다.
26  그 종이 엎드려 절하며 애원했다.
    '조금만 참으십시오. 다 갚겠습니다.'
27  주인이 그 종이 불쌍해서, 돌려보내며 그 빚을 면제해 주었다.
28  그 종이 나가서 자기에게 1,000만 원[5] 빚진 동료 하나를 만나자
    그를 붙들어 멱살을 잡고 돈을 갚으라고 졸랐다.
29  그 동료가 엎드려 사정하였다.
    '조금만 참으시오. 곧 갚겠소.'
30  그 종이 허락하지 않고, 빚을 갚을 때까지 감옥에 가두었다.
31  다른 동료들이 그것을 보고 기가 막혀 주인에게 다 일러바쳤다.
32  주인이 그 종을 불러서 말했다.
    '이 악한 종아. 네가 빌기에 내가 네 빚을 전부 면제해 주었다.
33  그러면 내가 너를 불쌍히 여긴 것 같이,
    너도 네 동료를 불쌍히 여겨야 마땅하지 않느냐?'
34  주인이 노하여 그 빚을 다 갚을 때까지 그 종을 감옥에 가두었다.
35  너희가 각각 진심으로 자기 형제를 용서하지 않으면,
    나의 하늘 아버지께서도 너희에게 이와 같이 하실 것이다."

---

4) 원문은 10,000달란트이다. 10,000달란트는 1경원 이상의 가치가 되지만, 편의상 1,000억 원이라고 하였다.
5) 원문은 100데나리온이다. 1데나리온은 근로자의 하루 일당을 말한다.
   편의상 100데나리온을 1,000만 원이라고 하였다.

## 제19장

### 이혼에 대하여

1 예수께서 이 말씀을 마치시고,
  갈릴리를 떠나 요단강 건너편 유대 지방으로 가셨다.
2 큰 무리가 따라오자, 예수께서 거기서 그들의 병을 고쳐주셨다.
3 바리새인들이 예수께 나아와 예수를 시험하여 물었다.
  "사람이 무슨 이유가 있으면 그 아내를 버려도 됩니까?"
4 예수께서 대답하셨다.
  "사람을 지으신 분이 본래 남자와 여자로 만드시고,
5 '남자가 그 부모를 떠나 아내와 합하여, 그 둘이 한 몸이 될 것이다.'
  하신것을 읽지 못하였느냐?
6 그런즉 이제 둘이 아니라 한 몸이다.
  그러므로 하나님께서 짝지어 주신 것을 사람이 나눌 수 없다."
7 그들이 또 물었다.
  "그러면 어째서 모세는 이혼증서를 주고 버리라고 했습니까?"
8 예수께서 대답하셨다.
  "모세는 너희 마음이 완악한 탓에 아내 버리는 것을 허락했지만,
  본래는 그렇지 않다.
9 내가 너희에게 말한다.
  누구든지 간음하지 않는데도 아내를 버리고
  다른 여자와 결혼하는 사람은 간음하는 것이다."
10 제자들이 말했다.
  "그럴 것 같으면, 장가들지 않는 것이 좋겠습니다."
11 예수께서 말씀하셨다.
  "모든 사람이 이 말을 받을 수 없고, 오직 타고난 사람만 받을 수 있다.
12 어머니 태에서부터 된 고자도 있고, 사람이 만든 고자도 있고,
  천국을 위해 스스로 된 고자도 있다.
  이 말을 받을만한 사람은 받아라."

### 어린이에게 안수하다

13 그때 사람들이 예수께서 안수기도해 주시기를 바라고 어린이들을 데리고 오니, 제자들이 꾸짖었다.
14 예수께서 말씀하셨다.
"어린이들이 오는 것을 허락하고 막지 마라.
천국은 이런 어린이들의 것이다."
15 그리고 어린이들에게 안수하시고 떠나셨다.

### 낙타가 바늘귀로

16 어떤 사람이 예수께 와서 물었다.
"선생님. 제가 무슨 선한 일을 해야 영생을 얻겠습니까?"
17 예수께서 대답하셨다.
"어찌하여 네가 선한 일을 내게 묻느냐?
선한 분은 오직 한 분 밖에 없다.
네가 생명에 들어가려면 하나님의 계명들을 지켜라."
18 청년이 물었다.
"어떤 계명을 말씀하십니까?"
예수께서 대답하셨다.
"살인하지 마라, 간음하지 마라, 도둑질하지 마라,
거짓 증언하지 마라, 네 부모를 공경해라,
19 네 이웃을 네 몸과 같이 사랑하라고 하신 것이다."
20 그 청년이 말했다.
"이 모든 것을 제가 다 지켰습니다. 그래도 부족한 것이 있습니까?"
21 예수께서 말씀하셨다.
"네가 완전하려면, 네 재산을 팔아 가난한 사람들에게 주어라.
그러면 하늘에 네 보물이 있을 것이다.
그리고 와서 나를 따라라."
22 그 청년은 재산이 많으므로 이 말씀을 듣고 근심하며 돌아갔다.
23 예수께서 제자들에게 말씀하셨다.

"내가 진실로 너희에게 말한다.
부자는 천국에 들어가기가 참 어렵다.
24 다시 말한다.
낙타가 바늘귀로 들어가는 것이,
부자가 하나님의 나라에 들어가는 것보다 쉽다."
25 제자들이 이 말씀을 듣고 깜짝 놀라서 말했다.
"그러면 누가 구원을 받을 수 있습니까?"
26 예수께서 그들을 보며 말씀하셨다.
"사람은 할 수 없지만, 하나님께서는 다 하실 수 있다."
27 이에 베드로가 말했다.
"보십시오. 우리가 모든 것을 버리고 주님을 따랐습니다.
우리는 무엇을 얻겠습니까?"
28 예수께서 대답하셨다.
"내가 진실로 너희에게 말한다.
세상이 새롭게 되어 인자가 자기 영광의 보좌에 앉을 때에,
나를 따르는 너희도 열두 보좌에 앉아 이스라엘 열두 지파를 심판할 것이다.
29 또 내 이름을 위하여 집이나 형제자매나 부모나 자식이나 논밭을 버린 사람은 여러 배 더 받고, 또 영생을 상속받을 것이다.
30 그러나 먼저 된 사람이 나중 되고,
나중 된 사람이 먼저 될 사람이 많을 것이다."

## 제20장

### 포도원 일꾼 비유

1 "천국은 마치 일꾼을 구하여 포도원에 들여보내려고 이른 아침에 나간 집 주인과 같다.
2 그가 일당 10만 원[6]을 주기로 약속하고, 일꾼들을 포도원으로 보냈다.
3 오전 9시[7]에 나가보니, 장터에 놀고 있는 사람들이 있었다.
4 주인이 그들에게 '너희들도 포도원에 들어가서 일해라. 내가 너희에게 적당한 일당을 주겠다.' 고 하니, 그들이 들어갔다.
5 주인이 낮 12시와 오후 3시에도 나가서 그와 같이 하였다.
6 오후 5시에도 나가 보니, 서 있는 사람이 또 있었다.
7 주인이 물었다.
'너희는 어째서 하루 종일 여기서 놀고 있느냐?'
그들이 대답했다.
'우리를 일꾼으로 쓰는 사람이 없습니다.'
주인이 말했다.
'너희도 내 포도원으로 들어가라.'
8 날이 저물어 포도원 주인이 청지기에게 말했다.
'일꾼들을 불러, 나중 온 사람부터 먼저 온 사람까지 일당을 주어라.'
9 오후 5시에 온 일꾼들이 와서 10만 원씩 받았다.
10 먼저 온 일꾼들은 더 받을 줄 기대하였는데, 그들도 10만 원씩 받았다.
11 그들이 일당을 받은 후 주인을 원망하여 말했다.
12 '나중에 온 이 사람들은 겨우 한 시간 일했는데, 하루 종일 수고와 더위를 견디며 일한 우리와 똑같이 줍니까?'
13 주인이 그중 한 사람에게 말했다.
'친구야. 내가 너에게 잘못한 것이 없다.
너는 10만 원을 받기로 나와 약속하지 않았느냐?

---

6) 원문에는 1데나리온이라고 되어 있다. 편의상 10만 원이라고 하였다.
7) 원문에는 3시로 되어 있다. 편의상 현대 시간으로 고쳤다.

14 네 일당이나 받아 가라.
   나중에 온 일꾼에게 너와 똑같이 주는 것이 내 뜻이다.
15 내 돈을 가지고 내 마음대로 할 수 없느냐?
   내가 선하므로 네가 나를 악하다고 하느냐?'
16 이와 같이 나중 된 사람이 먼저 되고,
   먼저 된 사람이 나중 될 것이다."

**죽음과 부활을 세 번째 말하다**
17 예수께서 예루살렘으로 올라가시면서,
   열두 제자를 따로 데리고 길에서 말씀하셨다.
18 "보아라. 우리가 지금 예루살렘으로 올라간다.
   거기서 인자가 대제사장들과 서기관들에게 넘겨지면,
   그들이 인자를 죽이기로 결의하고,
19 이방인들에게 넘겨주어, 그를 모욕하며 채찍질하고,
   십자가에 못 박게 할 것이다.
   그러나 인자는 제 3일에 살아날 것이다."

**야고보와 요한의 어머니의 부탁**
20 그때에 세베대의 아내가 자기 아들들을 데리고 예수께 와서 절하며
   부탁하였다.
21 예수께서 물으셨다.
   "무엇을 원하느냐?"
   여자가 대답하였다.
   "주의 나라에서 제 두 아들을,
   하나는 주의 오른쪽에, 하나는 왼쪽에 앉혀주십시오."
22 예수께서 말씀하셨다.
   "너희가 구하는 것이 무엇인지 알지 못하는구나.
   내가 마시려는 잔을 너희가 마실 수 있겠느냐?"
   그들이 대답하였다.

"마실 수 있습니다."
23 예수께서 말씀하셨다.
"너희가 내 잔을 마시겠지만,
나의 좌우편에 앉는 것은 내가 주는 것이 아니다.
내 아버지께서 누구를 위해 준비하셨든지 그들이 차지할 것이다."
24 열 제자가 이 소식을 듣고 화가 잔뜩 났다.
25 예수께서 제자들을 불러놓고 말씀하셨다.
"이방의 집권자들이 백성들을 마음대로 주관하고,
고관들은 백성들에게 권세를 부리지 않느냐?
26 그러나 너희들은 그렇게 하지 마라.
너희 중에 누구든지 크고자 하는 사람은 너희를 섬기는 사람이 되고,
27 너희 중에 누구든지 으뜸이 되고자 하는 사람은 종이 되어야 한다.
28 인자가 온것은,
섬김을 받으려 함이 아니라, 도리어 섬기려 하고,
자기 목숨을 많은 사람의 대속물로 주려 함이다."

## 눈먼 두 사람을 고치다

29 그들이 여리고를 떠날 때에, 큰 무리가 예수를 좇았다.
30 눈먼 사람 둘이 길가에 앉아 있다가,
예수께서 지나가신다는 말을 듣고 소리쳤다.
"주여. 우리를 불쌍히 여기소서. 다윗의 자손이여!"
31 무리가 잠잠히 하라고 꾸짖었으나,
그들은 더욱 크게 소리 질렀다.
"주여. 우리를 불쌍히 여기소서. 다윗의 자손이여!"
32 예수께서 멈추어 서시더니 그들을 불러
33 말씀하셨다.
"너희가 무엇을 원하느냐?"
그들이 대답하였다.
"주여. 우리가 눈 뜨기를 원합니다."

34 예수께서 그들을 불쌍히 여기시고, 그들의 눈을 만지셨다.
그러자 그들이 곧 다시 보게 되어, 예수를 따라갔다.

# 제21장

### 예루살렘 입성

1 그들이 예루살렘 가까이 감람산 벳바게에 이르렀을 때에,
예수께서 제자 둘을 보내시며 말씀하셨다.
2 "너희는 맞은편 마을로 가라.
거기에 줄에 묶인 나귀와 나귀 새끼가 있을 것이다.
그것들을 풀어서 내게로 끌고 오너라.
3 만일 누가 무슨 말을 하거든, '주께서 쓰실 것이다.' 해라.
그러면 즉시 보내줄 것이다."
4 이것은 선지자를 통해서 하신 말씀을 이루려 하심이었다.
5 '시온 딸에게 말해라.
너의 왕이 너에게 오신다.
그는 겸손하여 나귀, 곧 멍에 메는 짐승의 새끼를 탔다'
6 제자들이 가서 예수께서 명령하신 대로 하여
7 나귀와 나귀 새끼를 끌고 와서, 자기들의 겉옷을 그 위에 얹으니,
예수께서 그 위에 타셨다.
8 많은 사람들이 자기 겉옷을 길에 폈고,
어떤 사람들은 나뭇가지를 베어 길에 폈다.
9 앞서 가고 뒤따르는 무리가 소리 질렀다.
"호산나, 다윗의 자손이여.
찬송하리로다. 주의 이름으로 오시는 분이시여.
가장 높은 곳에서 호산나"
10 예수께서 예루살렘에 들어가니
온 성에서 '이 사람이 누구냐?' 하고 소동이 벌어졌다.
11 무리가 말했다.
"갈릴리 나사렛에서 나오신 선지자 예수다."

## 성전을 정결하게 하다

12 예수께서 성전에 들어가셔서,
성전 안에서 매매하는 사람들을 모두 쫓아내시고,
돈 바꾸는 사람들의 상과 비둘기를 파는 사람들의 의자를 둘러 엎으셨다.
13 그리고 그들에게 말씀하셨다.
"성경에 '내 집은 기도하는 집이라고 불릴 것이다.' 하였다.
그런데 너희는 성전을 강도의 소굴로 만드는구나."
14 눈먼 사람들과 저는 자들이 성전에서 예수께 나아오니,
예수께서 고쳐주셨다.
15 대제사장들과 서기관들은 예수께서 행하시는 놀라운 일과
성전에서 '호산나 다윗의 자손이여' 하고 소리 지르는 어린이들을 보고 화가 나서
16 예수께 말했다.
"아이들이 하는 말을 듣고 있소?"
예수께서 말씀하셨다.
"그렇다. 너희는 '주께서 어린 이기와 젖먹이들의 입에서 나오는 찬미를 완전하게 하셨다.' 하신 말씀을 읽어보지 못했느냐?"
17 예수께서 그들을 떠나 성 밖 베다니에 가서 머무셨다.

## 무화과나무가 마르다

18 다음날 이른 아침 예수께서 성으로 들어오실 때에 시장하셨다.
19 길가에서 한 무화과나무를 보고 가까이 가셨다.
그런데 나무에 잎사귀밖에 없는 것을 보시고 말씀하셨다.
"이제부터 영원토록 네가 열매를 맺지 못할 것이다."
그러자 나무가 곧 말랐다.
20 제자들이 이것을 보고 놀라서 예수께 물었다.
"무화과나무가 어찌하여 곧 말랐습니까?"
21 예수께서 대답하셨다.

"내가 진실로 너희에게 말한다.
만일 너희가 믿음이 있고, 의심하지 않으면,
이 무화과나무에게 된 이런 일을 할 뿐 아니라,
이 산에게 '들려서 바다에 던져져라.'고 해도 그대로 될 것이다.
22 또 너희가 기도할 때에 무엇이든지 믿고 구하는 것은
다 받을 것이다."

### 예수의 권세

23 예수께서 성전에 들어가 가르치실 때,
대제사장들과 장로들이 물었다.
"당신이 무슨 권세로 이런 일을 하고 있소?
누가 당신에게 이런 권세를 주었소?"
24 예수께서 대답하셨다.
"나도 너희에게 한 가지 묻겠다.
너희가 대답하면 나도 무슨 권세로 이런 일을 하는지 말하겠다.
25 요한의 세례가 어디서 왔느냐?
하늘에서 왔느냐? 사람에게서 왔느냐?"
그들이 의논하였다.
'만일 하늘에서 왔다고 하면, 왜 요한을 믿지 않느냐 할 것이고,
26 그렇다고 사람에게서 왔다고 하자니,
모든 사람이 요한을 선지자로 여기고 있으므로 백성이 무섭다.'
27 그들이 예수께 대답했다.
"우리는 모르겠소."
예수께서 대답하셨다.
"나도 무슨 권세로 이런 일을 하는지 너희에게 말하지 않겠다."
28 "너희 생각에는 어떠냐?
어떤 사람에게 아들 둘이 있는데,
맏아들에게 '애야. 오늘 포도원에 가서 일해라.' 하니,
29 그가 '아버지. 가겠습니다.' 하더니, 가지 않았다.

30 둘째 아들에게 똑같이 말하니,
그가 '싫습니다' 하더니, 나중에 뉘우치고 갔다.
그 둘 중 누가 아버지의 뜻대로 하였느냐?"
31 그들이 대답하였다.
"둘째 아들입니다."
예수께서 그들에게 말씀하셨다.
"내가 진실로 말한다.
세리와 창녀들이 너희보다 먼저 하나님의 나라에 들어갈 것이다.
32 요한이 의의 도를 가지고 너희에게 왔는데,
너희는 그를 믿지 않았으나, 세리와 창녀들은 믿었다.
너희는 이것을 보고도 여전히 뉘우쳐 믿지 않는다."

## 포도원 농부 비유

33 "다시 한 비유를 할 테니 들어라.
집주인이 포도원을 만들었다.
산울타리를 두르고, 거기 포도즙 짜는 구유를 파고, 망대를 짓고,
포도원을 농부들에게 세를 주고 외국에 갔다.
34 수확철이 되어 주인이 소출을 받으려고 종들을 농부들에게 보냈다.
35 그런데 농부들이 이 종들을 잡아, 때리고, 죽이고, 돌로 쳤다.
36 주인이 다시 다른 종들을 처음보다 많이 보냈는데,
농부들은 그 종들에게도 똑같이 했다.
37 그 후에 주인이 '내 아들은 공경하겠지.' 하며, 자기 아들을 보냈다.
38 그러자 농부들이 그 아들을 보고 서로 말했다.
'이 사람은 상속자다. 그를 죽이고, 그 유산을 우리가 차지하자.'
39 그리고 아들을 잡아 포도원 밖에 내어쫓아 죽였다.
40 그러면 포도원 주인이 돌아와서 이 농부들을 어떻게 하겠느냐?"
41 그들이 대답하였다.
"이 악한 놈들을 다 죽이고,
포도원을 제때 소출을 바칠만한 다른 농부들에게 세를 주겠습니다."

42 예수께서 말씀하셨다.
　　"너희가 성경을 읽지 못하였느냐?
　　'건축자들이 버린 돌이 모퉁이의 머릿돌이 되었다.
　　이것은 주로 말미암은 것으로, 우리 눈에 기이하도다.'
43　내가 너희에게 말한다.
　　하나님께서 너희에게서 하나님의 나라를 빼앗아,
　　그 나라의 열매를 맺는 백성들에게 줄 것이다.
44　이 돌 위에 떨어지는 사람은 깨어지고,
　　이 돌이 사람 위에 떨어지면, 그를 가루로 만들어 흩어 버릴 것이다."
45 대제사장들과 바리새인들은 예수의 비유를 듣고,
　　그것이 자기들을 가리켜 말씀하신 줄 알고
46 곧 예수를 잡으려고 하였으나, 무리를 무서워하였다.
　　이는 백성들이 예수를 선지자로 알고 있었기 때문이다.

# 제22장

## 혼인 잔치 비유

1 예수께서 다시 여러 가지 비유로 말씀하셨다.
2 "천국은 자기 아들을 위해 혼인 잔치를 베푼 어떤 임금과 같다.
3 임금이 종들을 보내어 초청한 사람들을 혼인 잔치에 오라고 하였으나, 그들이 오기 싫어했다.
4 다시 다른 종들을 보내 말했다.
'초청한 사람들에게, 내가 오찬을 준비했다. 소와 살진 짐승을 잡고, 모든 것을 준비해 놓았으니 혼인 잔치에 오라고 해라.'
5 종들이 그렇게 말했으나, 그들이 돌아보지도 않고,
한 사람은 밭으로 가고, 한 사람은 사업을 하러 가고,
6 나머지 사람들은 종들을 잡아서 욕하고 죽였다.
7 임금이 노하여 군인들을 보내어 살인한 사람들을 다 죽이고, 그 동네를 불살랐다.
8 그리고 종들에게 말했다.
'혼인 잔치를 준비했는데, 초청한 사람들은 합당치 않다.
9 길에 가서 사람을 만나는 대로 혼인 잔치에 초청하여 오너라.'
10 종들이 길에 나가 악한 사람 선한 사람 가리지 않고 만나는 사람을 다 데리고 오니, 잔치 자리에 손님들이 가득했다.
11 임금이 손님들을 보러 들어오다가,
예복을 입지 않은 한 사람을 보고 물었다.
12 '친구야. 어째서 예복을 입지 않고 여기 들어왔느냐?'
그가 아무 대답도 하지 못하였다.
13 임금이 종들에게 말했다.
'그의 손발을 묶어서 바깥 어두움에 내던져라.
거기서 슬피 울며 이를 갈 것이다.'
14 초청받은 사람은 많지만, 선택받은 사람은 적구나."

**황제의 것은 황제에게**

15  이에 바리새인들이 어떻게 하면 예수를 말의 올무에 걸리게 할까 의논하더니
16  자기 제자들과 헤롯 당원들을 함께 예수께 보내어 말하게 했다.
　　"선생님. 우리는 당신이 참되시고, 진리로 하나님의 도를 가르치시며, 사람에게 휘둘리시지 않는 줄 압니다.
　　선생님은 사람을 외모로 판단하시지 않으시는 분입니다.
17  그러면 선생님의 생각이 어떤지 말씀해 주십시오.
　　가이사(황제)에게 세금을 바치는 것이 옳습니까, 옳지 않습니까?"
18  예수께서 그들의 생각이 악함을 아시고 말씀하셨다.
　　"위선자들아. 어찌하여 나를 시험하느냐?
19  　세금 낼 돈을 내게 가져오너라."
20  그들이 데나리온 동전 하나를 가져오자
　　예수께서 말씀하셨다.
　　"이 얼굴과 이 글이 누구의 것이냐?"
21  그들이 대답하였다.
　　"황제의 것입니다."
　　예수께서 말씀하셨다.
　　"황제의 것은 황제에게, 하나님의 것은 하나님께 바쳐라."
22  그들이 이 말씀을 듣고 놀라서 예수를 떠나갔다.

**부활 논쟁**

23  같은 날, 부활이 없다고 하는 사두개인들이 예수께 와서 물었다.
24  "선생님,
　　모세는 '사람이 만일 자식 없이 죽으면, 그 동생이 그 아내에게 장가들어 형을 위하여 상속자를 세워라.'고 말씀하셨습니다.
25  　우리 가운데 칠 형제가 있었습니다.
　　그런데, 첫째가 장가들었다가 자식 없이 죽었으므로,
　　그의 아내를 그의 동생에게 물려주었습니다.

26 그 둘째와 셋째부터 일곱째까지 똑같은 일이 일어났습니다.
27 최후에 그 여자도 죽었습니다.
28 그들이 모두 그 여자와 결혼하였으니,
부활 때에 그 여자는 일곱 중 누구의 아내가 되겠습니까?"
29 예수께서 대답하셨다.
"너희가 성경도 모르고, 하나님의 능력도 모르고 오해하였다.
30 부활 때에는 장가도 가지 않고, 시집도 가지 않는다.
그들은 하늘에 있는 천사들과 같다.
31 죽은 자의 부활에 대해
32 하나님께서 너희에게 '나는 아브라함의 하나님이요, 이삭의 하나님이요, 야곱의 하나님이다.' 하셨다.
하나님은 죽은 자의 하나님이 아니고, 산 자의 하나님이시다."
33 무리가 이 말씀을 듣고 예수의 가르치심에 놀랐다.

## 가장 큰 계명

34 예수께서 사두개인들을 꼼짝 못하게 하셨다는 소문을
바리새인들이 듣고 모였다.
35 그중 한 율법사가 예수를 시험하려고 물었다.
36 "선생님. 율법 중에 어느 계명이 큽니까?"
37 예수께서 말씀하셨다.
"네 마음을 다하고. 목숨을 다하고, 뜻을 다하여
주 너의 하나님을 사랑하라 하셨다.
38 이것이 가장 크고 첫째 되는 계명이다.
39 둘째는 이와 같다.
네 이웃을 네 몸과 같이 사랑하라고 하셨다.
40 이 두 계명이 온 율법과 선지자의 강령이다."

## 그리스도와 다윗의 자손

41 바리새인들이 모였을 때,

예수께서 그들에게 물으셨다.
42 "너희는 그리스도에 대하여 어떻게 생각하느냐?
그가 누구의 자손이냐?"
그들이 대답하였다.
"다윗의 자손입니다."
43 그러자 예수께서 말씀하셨다.
"다윗이 성령에 감동하여 그리스도를 주라 부르며 말했다.
44 '주(하나님)께서 내 주(그리스도)께 말씀하시기를
내가 네 원수를 네 발 아래 둘 때까지,
너는 내 오른쪽에 앉아 있어라 하셨다.'
45 이렇게 다윗이 그리스도를 주라고 불렀는데,
그리스도가 어떻게 다윗의 자손이 될 수 있느냐?"
46 그러자 한 마디도 대답하는 사람이 없고,
그날부터 감히 예수께 묻는 사람이 없었다.

## 제23장

### 서기관들과 바리새인들을 꾸짖다

1 이에 예수께서 무리와 제자들에게 말씀하셨다.
2 "서기관들과 바리새인들이 모세의 자리에 앉아 있다.
3 그러므로 너희는 무엇이든지 그들이 하는 말은 다 행하고 지켜도,
그들의 행위는 본받지 마라.
그들은 말만 하고 행하지는 않는다.
4 그들은 무거운 짐을 묶어 사람들의 어깨에 지우면서,
자기는 손가락 하나 까딱하지 않는다.
5 그들은 모든 행위를 사람에게 보이려고 경문[8]을 넓게 하며,
옷술[9]을 크게 하고,
6 잔치의 상석과 회당의 상좌와
7 시장에서 문안받는 것과 사람에게 랍비(선생)라 불리는 것을 좋아한다.
8 그러나 너희는 랍비라고 불리지 마라.
너희 선생은 한 분이고, 너희는 다 형제다.
9 땅에 있는 사람을 아버지라 부르지 마라.
너희 아버지는 한 분, 곧 하늘에 계신 분 뿐이시다.
10 또한 너희는 지도자라고 불리지 마라.
너희 지도자는 한 분이시니, 곧 그리스도시다.
11 너희 중에 큰 사람은 너희를 섬기는 사람이 되어야 한다.
12 누구든지 자기를 높이는 사람은 낮아지고,
누구든지 자기를 낮추는 사람은 높아질 것이다."

### 일곱가지 화

13 "화가 있을 것이다. 위선자 서기관들과 바리새인들아.

---
8) 성경구절을 적어서 몸에 붙이고 다니는 기도의 끈을 말한다.
9) 이스라엘 백성들은 이방인과 구별하기 위하여 겉옷 가장자리에 술을 달고 다녔다.

|      | 너희는 천국 문을 사람들 앞에서 닫고 너희도 들어가지 않고, |
|      | 들어가려는 사람도 못 들어가게 한다. |
| 14   | (없음) |
| 15   | 화가 있을 것이다. 위선자 서기관들과 바리새인들아. |
|      | 너희는 교인 하나를 얻기 위해 바다와 육지를 두루 다니다가 |
|      | 정작 교인이 생기면 너희보다 두 배나 더 악한 지옥 자식으로 만든다. |
| 16   | 화가 있을 것이다. 눈먼 인도자들아. |
|      | 너희는 누구든지 성전으로 맹세하면 지키지 않아도 되지만 |
|      | 성전의 금으로 맹세하면 반드시 지켜야 한다고 한다. |
| 17   | 어리석고 눈먼 사람들아. 어느 것이 크냐? |
|      | 금이냐? 금을 거룩하게 하는 성전이냐? |
| 18   | 너희가 또 누구든지 제단으로 맹세하면 지키지 않아도 되지만 |
|      | 그 위의 예물을 두고 맹세하면 반드시 지켜야 한다고 한다. |
| 19   | 눈먼 사람들아. 어느 것이 중요하냐? |
|      | 예물이냐? 그 예물을 거룩하게 하는 제단이냐? |
| 20   | 그러므로 제단으로 맹세하는 사람은, |
|      | 제단과 제단 위에 있는 모든 것으로 맹세하는 것이다. |
| 21   | 또 성전으로 맹세하는 사람은, |
|      | 성전과 그 안에 계신 분을 두고 맹세하는 것이다. |
| 22   | 또 하늘로 맹세하는 사람은, |
|      | 하나님의 보좌와 그 위에 앉으신 분을 두고 맹세하는 것이다. |
| 23   | 화가 있을 것이다. 위선자 서기관들과 바리새인들아. |
|      | 너희가 박하와 회향과 근채의 십일조는 드리면서, |
|      | 정작 더 중요한 정의와 자비와 신의는 버린다. |
|      | 그러나 이것도 행하고, 저것도 버리지 말아야 한다. |
| 24   | 눈먼 인도자들아. |
|      | 너희가 하루살이는 걸러내고, 낙타는 삼키는구나. |
| 25   | 화가 있을 것이다. 위선자 서기관들과 바리새인들아. |
|      | 너희는 잔과 대접의 겉은 깨끗이 하면서, |

그 안은 탐욕과 방탕으로 가득 채우는구나.
26 눈먼 바리새인들아.
너희는 먼저 안을 깨끗이 해라. 그리하면 겉도 깨끗할 것이다.
27 화가 있을 것이다. 위선자 서기관들과 바리새인들아.
너희가 겉은 회칠한 무덤 같이 아름답게 보이지만,
그 안에는 죽은 사람의 뼈와 온갖 더러운 것이 가득하구나.
28 이와 같이 너희도 겉으로는 사람에게 옳게 보이지만,
그 안에는 위선과 불법이 가득하구나.
29 화가 있을 것이다. 위선자 서기관들과 바리새인들아.
너희는 선지자들의 무덤을 쌓고, 의인들의 비석을 꾸미면서 말한다.
30 '만일 우리가 조상 때에 있었더라면,
우리는 선지자의 피를 흘리는 데 참여하지 않았을 것이다.'
31 그러나 이것은 너희가 선지자를 죽인 자들의 자손임을 스스로 증언하는 말이다.
32 너희는 너희 조상들의 죄를 마저 채워라.
33 뱀들아. 독사의 새끼들아.
너희가 어떻게 지옥의 심판을 피하겠느냐?
34 내가 너희에게 선지자들과 지혜 있는 자들과 서기관들을 보내면,
너희가 그중 어떤 사람은 죽이고, 십자가에 못 박고,
어떤 사람은 회당에서 채찍질하고, 이 동네 저 동네 따라다니며 핍박할 것이다.
35 그러므로 의인 아벨의 피로부터 성전과 제단 사이에서 너희가 죽인 바라갸의 아들 사가랴의 피까지,
땅 위에 흘린 의로운 피가 다 너희에게 돌아갈 것이다.
36 내가 진실로 너희에게 말한다.
이것이 다 이 세대에게 돌아갈 것이다."

**예루살렘의 미래**
37 "예루살렘아. 예루살렘아!

선지자들을 죽이고 네게 파송된 자들을 돌로 치는 자들아.
암탉이 그 새끼를 날개 아래 모으듯이,
내가 몇 번이나 네 자녀를 모으려고 하였느냐?
그러나 너희가 원하지 않았다.

38 보아라. 너희 집이 황폐하여 버려졌다.
39 내가 너희에게 말한다.
너희가 '찬송하리로다. 주의 이름으로 오시는 분이시여.' 할 때까지,
나를 보지 못할 것이다."

## 제24장

### 돌 하나도 돌 위에 남지 않고
1 예수께서 성전에서 나가실 때,
 제자들이 성전 건물들을 가리켜 보였다.
2 예수께서 대답하셨다.
 "너희가 이것들을 보느냐?
 내가 진실로 너희에게 말한다.
 여기 있는 돌 하나도 돌 위에 남지 않고 다 무너질 것이다."

### 재난의 징조
3 예수께서 감람산 위에 앉으셨을 때에, 제자들이 와서 말했다.
 "우리에게 말씀해 주십시오. 언제 이런 일이 있겠습니까?
 또 주께서 임하시는 때와 세상 끝에는
 무슨 징조가 있겠습니까?"
4 예수께서 말씀하셨다.
 "너희가 사람들에게 미혹되지 않도록 주의해라.
5 많은 사람이 내 이름으로 와서,
 자기가 그리스도라고 하여 많은 사람을 미혹할 것이다.
6 난리와 난리의 소문을 듣겠지만 두려워하지 마라.
 이런 일이 일어나야 하지만 끝은 아직 아니다.
7 민족이 민족을, 나라가 나라를 대적하여 일어나고,
 곳곳에 기근과 지진이 있을 것이다.
8 이 모든 것은 재난의 시작이다.
9 그때에 사람들이 너희를 환난에 넘겨주고, 너희를 죽일 것이다.
 너희는 내 이름 때문에 모든 민족에게 미움을 받을 것이다.
10 그때에 많은 사람이 시험에 빠져 서로 잡아 주고, 서로 미워할 것이다.
11 거짓 선지자가 많이 일어나 많은 사람을 미혹할 것이다.
12 불법이 많아지고, 많은 사람의 사랑이 식을 것이다.

13 그러나 끝까지 견디는 사람은 구원을 받을 것이다.
14 이 천국 복음이 모든 민족에게 증거되기 위하여 온 세상에 전파될 것이다.
그제서야 끝이 올 것이다."

## 멸망의 가증한 것이

15 "그러므로 너희가 선지자 다니엘이 말한바, 멸망의 가증한 것이 거룩한 곳에 서 있는 것을 보거든 (읽는 사람은 깨달아라),
16 그때 유대에 있는 사람들은 산으로 도망쳐라.
17 지붕 위에 있는 사람은 집 안에 있는 물건을 가지러 내려가지 말고,
18 밭에 있는 사람은 겉옷을 가지러 돌아가지 마라.
19 그날에 임신한 여자들과 젖 먹이는 여자들에게 화가 있을 것이다.
20 도망가는 일이 겨울이나 안식일에 생기지 않도록 기도해라.
21 그때 큰 환난이 있을 것이다.
창세로부터 지금까지 이런 환난이 없었고, 앞으로도 없을 것이다.
22 그날들을 줄여주지 않았으면 아무도 구원받지 못할 것이다.
그러나 하나님께서 선택하신 사람들을 위하여 그날들을 줄여주실 것이다.
23 그때에 사람들이 너희에게
'그리스도가 여기 있다,' '저기 있다.' 해도 믿지 마라
24 거짓 그리스도들과 거짓 선지자들이 일어나 큰 표적과 기사를 보이고, 할 수만 있으면 선택받은 사람들도 미혹하게 할 것이다.
25 보아라. 내가 너희에게 미리 말한다.
26 사람들이 너희에게 '그리스도가 광야에 있다.'고 해도 나가지 말고, '골방에 있다.'고 해도 믿지 마라.
27 번개가 동쪽에서 나서 서쪽까지 번쩍이는 것 같이
인자가 오는 것도 그럴 것이다.
28 주검이 있는 곳에는 독수리들이 모인다."

## 인자가 오심

29 "그 환난의 날들이 지난 후에,
　　즉시 해가 어두워지고, 달이 빛을 내지 않고,
　　별들이 하늘에서 떨어지며, 하늘의 권능들이 흔들릴 것이다.
30 그때에 인자의 징조가 하늘에 보이고,
　　그때에 땅의 모든 족속들이 통곡하며,
　　그들이 인자가 구름을 타고 능력과 큰 영광으로 오는 것을 볼 것이다.
31 인자가 큰 나팔소리와 함께 천사들을 보내고,
　　천사들은 그 택하신 사람들을 하늘 이 끝에서 저 끝까지 사방에서 모을 것이다."

## 무화과나무의 비유

32 "무화과나무의 비유를 배워라.
　　그 가지가 연하여지고, 잎사귀를 내면, 여름이 가까운 줄 안다.
33 이와 같이 너희도 이 모든 일을 보면,
　　인자가 가까이, 곧 문 앞에 이른 줄 알아라.
34 내가 진실로 너희에게 말한다.
　　이 세대가 지나가기 전에 이 일이 다 이루어질 것이다.
35 천지는 없어지겠으나, 내 말은 없어지지 않을 것이다."

## 그 날과 그 시간은 아무도 모른다

36 "그러나 그 날과 그 시간은 아무도 모른다.
　　하늘의 천사들도 아들도 모르고, 오직 아버지만 아신다.
37 노아의 때와 같이 인자가 오는 것도 그러할 것이다.
38 홍수 전에 노아가 방주에 들어가던 날까지
　　사람들이 먹고 마시고, 장가들고 시집가고 하면서도
39 홍수가 나서 그들을 다 멸할 때까지 깨닫지 못하였다.
　　인자가 올 때도 이와 같을 것이다.
40 그때에 두 사람이 밭에 있다가,

하나는 데려가고 하나는 남을 것이다.
41  그때에 두 여자가 맷돌을 갈고 있다가,
하나는 데려가고 하나는 남을 것이다.
42  그러므로 깨어 있어라.
어느 날에 너희 주께서 오실지 너희가 알지 못한다.
43  만일 집주인이 도둑이 몇 시에 올 줄 알면,
깨어 있다가 도둑이 집을 뚫지 못하게 할 것이다.
44  그러므로 너희도 준비하고 있어라.
생각하지 않은 때에 인자가 올 것이다."

**충성되고 지혜있는 종**

45  "충성되고 지혜 있는 종이 되어, 주인을 위해 그 집 사람들을 맡아 때를 따라 양식을 나눠 줄 자가 누구냐?
46  주인이 올 때에 그 종이 이렇게 하는 것을 보면, 그 종에게 복이 있다.
47  내가 진실로 너희에게 말한다.
주인이 자기의 모든 재산을 그 종에게 맡길 것이다.
48  만일 그 악한 종이 마음으로
'주인이 늦게 오겠지.' 생각하고
49  동료들을 때리고, 술친구들과 어울려 먹고 마시다 보면
50  생각하지 않은 날, 알지 못하는 때에 그 종의 주인이 와서
51  그 종을 엄하게 때리고, 위선자들이 받는 벌을 내릴 것이다.
그러면 그들은 거기서 슬피 울며 이를 갈 것이다."

## 제25장

### 열 처녀 비유

1 "그때에 천국은 마치 등불을 들고 신랑을 맞으러 나간
   열 처녀와 같다.
2 그중 다섯은 미련하고, 다섯은 슬기로웠다.
3 미련한 처녀들은 등을 가지고 가면서도 기름은 가져가지 않았고,
4 슬기로운 처녀들은 그릇에 기름을 담아 등과 함께 가져갔다.
5 신랑이 더디 오므로, 모두 졸다가 잠이 들었다.
6 밤중에 소리가 났다.
   '신랑이다. 맞으러 나오너라.'
7 이에 처녀들이 다 일어나서 등을 준비했다.
8 미련한 처녀들이 슬기로운 처녀들에게 말했다.
   '우리 등불이 꺼져가니, 너희 기름을 좀 나누어다오.'
9 슬기로운 처녀들이 대답하였다.
   '우리와 너희가 같이 쓰기에 부족하니,
   파는 자들에게 가서 너희 쓸 것을 사라.'
10 그들이 기름을 사러 간 동안에 신랑이 왔다.
   준비한 처녀들은 신랑과 함께 혼인 잔치에 들어가고, 문은 닫혔다.
11 그 후에 남은 처녀들이 와서
   '주여, 주여! 문을 열어 주십시오.' 해도
12 신랑이 말할 것이다.
   '진실로 너희에게 말한다. 내가 너희를 알지 못한다.'
13 그러므로 깨어 있어라.
   너희는 그 날과 그 시간을 알지 못한다."

### 달란트 비유

14 "또 천국은 어떤 사람이 외국에 가면서,
   그 종들에게 자기 재산을 맡긴 것과 같다.

15  그가 종들의 능력에 따라
    각각 5억 원[10], 2억 원, 1억 원을 주고 갔다.
16  5억 원을 받은 종은 바로 가서 그 돈으로 장사하여 5억 원을 남겼다.
17  2억 원을 받은 종도 그렇게 하여 2억 원을 남겼다.
18  1억 원을 받은 종은 땅을 파서 주인의 돈을 감추어 두었다.
19  한참 후에 주인이 돌아와서 종들과 결산하였다.
20  5억 원을 받은 종은 5억 원을 더 가지고 와서 말했다.
    '주여. 제게 5억 원을 주셨는데, 제가 5억 원을 남겼습니다.'
21  주인이 말했다.
    '잘했다. 착하고 충성된 종아.
    네가 작은 일에 충성했으니, 내가 많은 것을 네게 맡기겠다.
    네 주인의 즐거움에 참여해라.'
22  2억 원을 받았던 종도 와서 말했다.
    '주여. 제게 2억 원을 주셨는데, 제가 2억 원을 남겼습니다.'
23  주인이 말했다.
    '잘했다. 착하고 충성된 종아.
    네가 작은 일에 충성했으니, 내가 많은 것을 네게 맡기겠다.
    네 주인의 즐거움에 참여해라.'
24  1억 원을 받았던 종도 와서 말했다.
    '주여. 당신은 굳은 분이십니다.
    심지 않은 데서 거두고, 뿌리지 않은 데서 모으는 줄을
    제가 알았으므로
25  두려워서 당신의 돈을 땅에 감추어 두었습니다.
    보십시오. 여기 당신의 돈이 있습니다.'
26  주인이 대답하였다.
    '악하고 게으른 종아.
    내가 심지 않은 데서 거두고,
    뿌리지 않은 데서 모으는 줄 네가 알았느냐?

---

10) 원문에는 달란트로 되어 있다. 편의상 1달란트를 1억 원이라 하였다.

27 그렇다면 네가 내 돈을 은행에 맡겨
   본전 외에 이자도 받게 해야 하지 않느냐?
28 그에게서 그 1억 원을 빼앗아 10억 원 가진 종에게 주어라.
29 무릇 있는 사람은 받아 풍족하게 되고,
   없는 사람은 그 있는 것까지 빼앗길 것이다.
30 이 무익한 종을 바깥 어두운 데로 내쫓아라.
   거기서 슬피 울며 이를 갈 것이다.' "

### 양과 염소의 비유

31 "인자가 자기 영광으로 모든 천사와 함께 올 때에,
   자기 영광의 보좌에 앉을 것이다.
32 모든 민족을 자기 앞에 모으고
   목자가 양과 염소를 분별하는 것 같이 하여
33 양은 그 오른쪽에, 염소는 왼쪽에 둘 것이다.
34 그때에 임금이 그 오른쪽에 있는 자들에게 말할 것이다.
   '내 아버지께 복 받을 사람들아.
   창세 때부터 너희를 위해 준비된 나라를 상속해라.
35 너희는 내가 주릴 때에 먹을 것을 주었고,
   목마를 때에 마시게 하였고, 나그네 되었을 때에 영접하였고,
36 헐벗었을 때에 옷을 입혔고, 병 들었을 때에 돌보았고,
   감옥에 갇혔을 때에 나를 방문하였다.'
37 이에 의인들이 대답하였다.
   '주여. 우리가 언제 주께서 주리신 것을 보고 대접했으며,
   언제 목마르신 것을 보고 마시게 하였습니까?
38 언제 나그네 되신 것을 보고 영접하였으며,
   언제 헐벗으신 것을 보고 옷을 입혔습니까?
39 언제 병드신 것이나 옥에 갇히신 것을 보고 방문하였습니까?'
40 임금이 대답하여 말했다.
   '내가 진실로 너희에게 말한다.

너희가 여기 내 형제 중에서 지극히 작은 사람 하나에게 한 것이
곧 내게 한 것이다.'

41  또 왼쪽에 있는 자들에게 말했다.
'저주 받은 자들아!
나를 떠나 마귀와 그 사자들을 위해 준비된 영원한 불에 들어가라.

42  너희는 내가 주릴 때에 너희는 먹을 것을 주지 않았고,
목마를 때에 마시게 하지 않았고,

43  내가 나그네 되었을 때 영접하지 않았고, 헐벗었을 때 옷을 입히지
않았고, 병들었을 때와 감옥에 갇혔을 때 돌아보지 않았다.'

44  그들도 대답했다.
'주여. 우리가 언제 주께서 굶주리신 것이나, 목마르신 것이나,
나그네 되신 것이나, 벗으신 것이나, 병드신 것이나,
감옥에 갇히신 것을 보고도 돕지 않았습니까?'

45  이에 임금이 대답하였다.
'내가 진실로 너희에게 말한다.
이 지극히 작은 사람 하나에게 하지 않은 것이
곧 내게 하지 않은 것이다.'

46  이 사람들은 영원한 형벌에,
의인들은 영원한 생명으로 들어갈 것이다.”

## 제26장

### 예수를 죽이려고 의논하다
1 예수께서 제자들에게 말씀하셨다.
2 "너희가 알다시피 이틀이 지나면 유월절이다.
   인자가 십자가에 못 박히기 위해 팔릴 것이다."
3 그때 대제사장들과 백성의 장로들이 대제사장 가야바의 관저에 모여
4 예수를 잡아 죽이려고 의논하였는데,
5 백성들의 소요가 일어날까 걱정 되어, 명절에는 하지 말자고 하였다.

### 예수의 머리에 향유를 붓다
6 예수께서 베다니의 나병환자 시몬의 집에 계실 때에,
7 한 여자가 매우 비싼 향유 한 옥합을 가지고 와서
  식사하고 계시는 예수의 머리에 부었다.
8 제자들이 보고 분을 내어 말했다.
  "왜 이렇게 허비하느냐?
9  이것을 비싸게 팔아 가난한 자들에게 줄 수 있었겠다."
10 예수께서 이것을 아시고 그들에게 말씀하셨다.
  "너희가 어찌하여 이 여자를 괴롭히느냐?
  이 여자가 나에게 좋은 일을 했다.
11 가난한 사람들은 항상 너희와 함께 있지만,
  나는 항상 함께 있지 않을 것이다.
12 이 여자가 내 몸에 이 향유를 부은 것은,
  내 장례를 준비하기 위한 것이다.
13 내가 진실로 너희에게 말한다.
  온 천하에 어디서든지 이 복음이 전파되는 곳에는,
  이 여자가 행한 일도 말하여 그를 기념할 것이다."

## 유다의 배반

14 그때 열두 제자 중 하나인 가룟 유다가 대제사장들에게 가서 말했다.
15 "내가 예수를 넘겨주면 얼마나 주겠소?"
 그들이 유다에게 은 30개를 달아 주었다.
16 유다가 그때부터 예수를 넘겨줄 기회를 찾았다.

## 마지막 만찬

17 무교절 첫날에 제자들이 예수께 나아와 말했다.
 "우리가 어디서 유월절 음식 준비하면 좋겠습니까?"
18 예수께서 말씀하셨다.
 "성 안의 아무개에게 가서 '우리 선생님께서, 내 때가 가까이 왔다.
  내가 제자들과 함께 유월절을 네 집에서 지키겠다고 말씀하십니다.'
  라고 해라"
19 제자들이 예수께서 시키신 대로 하여 유월절을 준비하였다.
20 해가 저물 때에 예수께서 열두 제자와 함께 식탁에 앉으셨다.
21 그들이 식사할 때, 예수께서 말씀하셨다.
 "내가 진실로 너희에게 말한다.
  너희 중 한 사람이 나를 팔 것이다."
22 그들이 몹시 근심하면서 물었다.
 "주여. 접니까?"
23 예수께서 대답하셨다.
 "나와 함께 그릇에 손을 넣는 그 사람이 나를 팔 것이다.
24  인자는 자기에 대하여 성경에 기록된 대로 가지만,
  인자를 파는 그 사람에게는 화가 있을 것이다.
  그 사람은 차라리 태어나지 않는 것이 좋을 뻔했다."
25 예수를 파는 유다가 물었다.
 "랍비여. 접니까?"
 예수께서 대답하셨다.
 "네가 말하였다."

26 그들이 식사할 때에, 예수께서 빵을 가지고 감사기도를 하시고,
떡을 떼어 제자들에게 주시며 말씀하셨다.
"받아 먹어라. 이것은 내 몸이다."
27 또 잔을 가지고 감사하시고, 그들에게 주시며 말씀하셨다.
"너희가 다 이것을 마셔라.
28 　이것은 죄 용서를 받게 하려고 많은 사람을 위하여 흘리는 나의 피,
곧 언약의 피다.
29 　너희에게 말한다.
이제부터 내가 포도나무에서 난 것을 내 아버지의 나라에서 새 포도주로 너희와 함께 마시는 날까지 다시 마시지 않겠다."
30 이에 그들이 찬송하고, 감람산으로 갔다.

### 베드로가 부인할 것을 말하다

31 그때에 예수께서 제자들에게 말씀하셨다.
"오늘 밤에 너희가 다 나를 버릴 것이다.
성경에 '내가 목자를 치리니, 양떼가 흩어지리라.' 하였다.
32 　그러나 내가 살아난 후에 너희보다 먼저 갈릴리로 갈 것이다."
33 베드로가 말했다.
"모두가 주를 버려도, 저는 결코 버리지 않겠습니다."
34 예수께서 말씀하셨다.
"내가 진실로 네게 말한다.
오늘 밤 닭이 울기 전에 네가 세 번 나를 부인할 것이다."
35 베드로가 말했다.
"제가 주와 함께 죽을지언정 주를 부인하지 않겠습니다."
다른 제자들도 똑같이 말했다.

### 겟세마네에서 기도하다

36 이에 예수께서 제자들과 함께 겟세마네에 가셔서,
제자들에게 말씀하셨다.

"내가 가서 기도할 동안, 너희는 여기 앉아 있어라."
37 예수께서 베드로와 세베대의 두 아들을 데리고 가셨는데,
고민하고 슬퍼하셨다.
38 그때 예수께서 말씀하셨다.
"내 마음이 매우 고민이 되어 죽겠다.
너희는 여기 머물며 나와 함께 깨어 있어라."
39 예수께서 조금 나아가서 얼굴을 땅에 대시고 엎드려 기도하셨다.
"아버지여.
할 수 있으면 이 잔을 제게서 거두어 주십시오.
그러나 저의 뜻대로 하지 마시고, 아버지의 뜻대로 하옵소서."
40 그리고 제자들에게 와서 보니, 그들이 자고 있었다.
이에 베드로에게 말씀하셨다.
"너희가 나와 함께 한 시간도 깨어 있을 수 없더냐?
41 시험에 들지 않게 깨어 기도해라.
마음은 원하는데, 육신이 약하구나."
42 예수께서 다시 두 번째 나아가 기도하셨다.
"아버지여. 만일 제가 마시지 않고는 이 잔이 제게서 지나갈 수 없으면 아버지의 뜻대로 하옵소서."
43 다시 와서 보시니, 그들이 자고 있었다.
그들이 너무 피곤하여 눈을 뜰 수 없었다.
44 예수께서 또 그들을 두고 나아가 세 번째 똑같은 말씀으로 기도하셨다.
45 그후 제자들에게 오셔서 말씀하셨다.
"이제는 자고 쉬어라. 인자가 죄인의 손에 팔릴 때가 왔다.
46 일어나라. 함께 가자.
나를 팔아넘길 사람이 가까이 왔다."

## 잡히다

47 예수께서 말씀하실 때 열둘 중 하나인 유다가 왔다.
대제사장들과 백성의 장로들이 보낸 큰 무리가 칼과 몽둥이를 가지고

그와 함께 왔다.
48 예수를 파는 자(유다)가 그들과 암호를 정해두었다.
"내가 입을 맞추는 사람이 바로 그다. 그 사람을 잡아라."
49 유다가 곧 예수께 나아와 입을 맞추며 말했다.
"랍비여 안녕하십니까?"
50 예수께서 말씀하셨다.
"친구야. 네가 무엇을 하려고 왔는지 안다. 그대로 해라."
이에 그들이 나아와 예수께 손을 대어 잡았다.
51 예수와 함께 있던 사람 중 하나가 칼을 빼어, 대제사장의 종을 쳐 그 귀를 떨어뜨렸다.
52 이에 예수께서 말씀하셨다.
"네 칼을 칼집에 도로 꽂아라. 칼을 가진 사람은 다 칼로 망한다.
53 너는 내가 내 아버지께 구하여 지금이라도 열두 군단 이상되는 천사를 보내달라고 할 수 없는 줄 아느냐?
54 그러나 만일 내가 그렇게 하면,
이런 일이 있으리라고 한 성경이 어떻게 이루어지겠느냐?"
55 그때 예수께서 무리에게 말씀하셨다.
"너희가 강도를 잡는 것 같이,
칼과 몽둥이를 가지고 나를 잡으러 왔느냐?
내가 날마다 성전에 앉아 가르쳤지만, 너희가 나를 잡지 않았다.
56 이 모든 일은 선지자들의 글을 이루기 위한 것이다."
이에 제자들이 다 예수를 버리고 도망쳤다.

## 공회 앞에 서다

57 예수를 잡은 자들이 예수를 끌고 대제사장 가야바에게로 갔다.
거기에 서기관과 장로들이 모여 있었다.
58 베드로가 멀찍감치 예수를 따라 대제사장의 집 뜰에까지 가서,
어떻게 되는지 보려고 안에 들어가 하인들과 함께 앉아 있었다.
59 대제사장들과 온 공회가 예수를 죽이려고, 거짓 증거를 찾고 있었다.

60 거짓 증인이 많이 나타났으나, 쓸만한 것이 없었다.
    나중에 두 사람이 와서 이렇게 증언하였다.
61 "이 사람이 '내가 하나님의 성전을 헐고 사흘 만에 다시 지을 수 있다.'고 말했습니다."
62 대제사장이 일어나 예수께 물었다.
    "왜 아무 말도 하지 않소?
    이 사람들이 당신에게 불리한 증언을 하는데 어떻소?"
63 그래도 예수께서 아무 말씀도 하지 않으셨다.
    그러자 대제사장이 말했다.
    "살아계신 하나님께 맹세하고,
    당신이 하나님의 아들 그리스도인지 우리에게 말하시오."
64 예수께서 말씀하셨다.
    "네가 말하였다. 내가 너희에게 말한다.
    이후에 인자가 권능의 오른쪽에 앉은 것과
    하늘 구름을 타고 오는 것을 너희가 볼 것이다."
65 대제사장이 자기 옷을 찢으며 말했다.
    "이 사람이 하나님을 모독하였으니 무슨 증인이 더 필요하겠는가?
    보아라. 너희가 지금 하나님을 모독하는 말을 들었다.
    너희 생각은 어떠냐?"
66 그들이 모두 말했다.
    "사형에 처해야 합니다."
67 이에 그들이 예수의 얼굴에 침 뱉고, 주먹으로 쳤다.
68 또 어떤 사람은 손바닥으로 때리며 말했다.
    "그리스도야. 우리에게 선지자 노릇을 해봐라.
    너를 때린 사람이 누구냐?"

## 베드로가 예수를 부인하다

69 베드로가 바깥뜰에 앉아 있는데,
    한 여종이 다가와 말했다.

"너도 갈릴리 사람과 함께 있었다."
70 베드로가 사람들 앞에서 부인하여 말했다.
"나는 네가 무슨 말을 하는지 모르겠다."
71 베드로가 앞문까지 나아가니
다른 여종이 그를 보고 거기 있는 사람들에게 말했다.
"이 사람은 나사렛 예수와 함께 있었다."
72 베드로가 맹세하고 또 부인하여 말했다.
"나는 그 사람을 모른다."
73 잠시 후, 곁에 서 있던 사람들이 베드로에게 말했다.
"너도 그 일당이다. 네 말소리를 들으니 틀림없다."
74 그가 저주하며 맹세하여 말했다.
"나는 그 사람을 모른다."
그때 닭이 울었다.
75 베드로가 '닭 울기 전에 네가 세 번 나를 부인하리라.' 하신 예수의 말씀이 생각나서, 밖에 나가 심히 통곡하였다.

# 제27장

## 빌라도에게 넘기다
1 새벽에 모든 대제사장과 백성의 장로들이 예수를 죽이기로 결정하고,
2 예수를 결박하여 끌고 가서 총독 빌라도에게 넘겼다.

## 유다가 자살하다
3 그때 예수를 팔아넘긴 유다가, 예수께서 심판받는 것을 보고 뉘우치고, 은 30을 대제사장들과 장로들에게 돌려주며 말했다.
4 "내가 무죄한 사람의 피를 파는 죄를 지었소."
그들이 말했다.
"그것이 우리와 무슨 상관이냐. 네가 알아서 해라."
5 유다가 그 돈을 성소에 던져넣고, 돌아가서 스스로 목을 매고 죽었다.
6 대제사장들이 그 돈을 거두며 말했다.
"이것은 피값이다. 성전 금고에 넣어두는 것이 옳지 않다."
7 그들이 의논 끝에,
그 돈으로 토기장이의 밭을 사서 나그네의 묘지로 삼았다.
8 그래서 오늘날까지 그 밭을 피밭이라고 부른다.
9 선지자 예레미야를 통해 하신 말씀이 이렇게 이루어졌다.
　'그들이 그 몸값이 정해진 자,
　곧 이스라엘 자손 중에서 몸값이 정해진 자의 가격,
　곧 은 30을 토기장이의 밭값으로 주었다.
10　이것은 주께서 내게 명령하신 것이다.'

## 사형선고
11 예수께서 총독 앞에 서니, 총독이 예수께 물었다.
"당신이 유대인의 왕이요?"
예수께서 대답하였다.
"네 말이 맞다."

12 예수께서는 대제사장들과 장로들에게 고소를 당했지만,
아무 대답도 하지 않으셨다.
13 이에 빌라도가 물었다.
"그들이 당신에게 불리한 증언을 얼마나 많이 하는지 들리지 않소?"
14 그래도 예수께서 아무 대답도 하지 않으시니
총독이 매우 이상하게 생각했다.
15 명절이 되면 총독이 무리의 소원대로 죄수 한 명을 풀어주는 관례가
있었다.
16 그때 바라바라 하는 유명한 죄수가 있었다.
17 그들이 모였을 때 빌라도가 물었다.
"너희는 내가 너희에게 누구를 풀어주기를 원하느냐?
바라바냐? 그리스도라 하는 예수냐?"
18 빌라도는 그들이 시기심으로 예수를 넘겨준 줄을 알았다.
19 총독이 재판석에 앉았을 때,
그의 아내가 사람을 보내어 말했다.
"당신은 저 의로운 사람에게 아무 상관하지 마세요.
오늘 꿈에 내가 그 사람 때문에 몹시 애를 태웠어요."
20 대제사장들과 장로들이 무리를 선동하여,
바라바를 풀어주고, 예수를 죽이라고 요구하게 하였다.
21 총독이 물었다.
"너희는 두 사람 중 누구를 풀어주기 원하느냐?"
그들이 대답했다.
"바라바입니다."
22 빌라도가 물었다.
"그러면 그리스도라고 하는 예수를 내가 어떻게 할까?"
그들이 모두 말했다.
"십자가에 못 박아야 합니다."
23 빌라도가 물었다.
"왜 그러느냐? 그가 무슨 악한 일을 하였느냐?"

그들이 더욱 크게 소리 질러 말했다.
"십자가에 못 박아야 합니다."

24 빌라도가 아무리 말해도 소용이 없고, 도리어 민란이 나려는 것을 보고 물을 가져와 무리 앞에서 손을 씻으며 말했다.
"이 사람의 피에 대하여 나는 죄가 없다. 너희가 책임져라."

25 백성이 다 대답하였다.
"그 피를 우리와 우리 자손에게 돌리시오."

26 이에 빌라도가 바라바를 풀어주고,
예수는 채찍질한 뒤, 십자가에 못 박으라고 넘겨주었다.

## 예수를 희롱하다

27 이에 총독의 군병들이 예수를 데리고 관정 안으로 들어갔다.
온 군대가 예수를 둘러싸고,

28 예수의 옷을 벗기고 자색 옷을 입히고,

29 가시면류관을 엮어 그 머리에 씌우고, 갈대를 오른손에 들게 하고,
예수 앞에서 무릎을 꿇고 희롱하였다.
"유대인의 왕이여. 평안할지어다."

30 그리고 예수께 침을 뱉고, 갈대를 빼앗아 예수의 머리를 때렸다.

31 그들이 희롱을 다 마친 후, 자색 옷을 벗기고, 도로 그의 옷을 입히고,
십자가에 못 박으려고 끌고 나갔다.

## 십자가에 못 박다

32 그들이 나가다가 시몬이라는 구레네 사람을 보고
시몬에게 예수의 십자가를 억지로 지고 가게 하였다.

33 그들이 골고다, 곧 해골의 장소라는 곳에 도착하여

34 쓸개 탄 포도주를 예수께 주며 마시게 하려고 하였으나
예수께서 맛보시고 마시지 않으셨다.

35 그들이 예수를 십자가에 못 박은 후, 예수의 옷을 제비 뽑아 나누었다.

36 그리고 거기 앉아 지켰다.

37 그 머리 위에 '이 사람은 유대인의 왕 예수' 라고 쓴 죄패를 붙였다.
38 이때에 예수와 함께 강도 두 사람도 십자가에 못 박혔다.
하나는 예수의 오른쪽에, 하나는 왼쪽에 있었다.
39 지나가는 사람들은 머리를 흔들며 예수를 모욕하였다.
40 "성전을 헐고 3일 만에 짓는 사람아.
당신이 만일 하나님의 아들이면,
스스로 구원하고 십자가에서 내려오시오."
41 대제사장들도 서기관들과 장로들과 함께 희롱하였다.
42 "그가 남들은 구원하였으나, 자기는 구원할 수 없구나.
그가 이스라엘의 왕이라면 지금 십자가에서 내려오겠지.
그러면 우리가 그를 믿겠다.
43 그가 하나님을 신뢰한다고 하니, 하나님이 원하시면 그를 당장 구원하시겠지.
그가 스스로 하나님의 아들이라고 떠들지 않았느냐?"
44 함께 십자가에 못 박힌 강도들도 이같이 예수를 욕했다.

## 영혼이 떠나시다

45 낮 12시부터 온 땅에 어두움이 임하여 오후 3시까지 계속되었다.
46 오후 3시쯤에 예수께서 크게 외치셨다.
"엘리, 엘리, 라마 사박다니"
(나의 하나님, 나의 하나님, 어찌하여 나를 버리셨습니까?)
47 거기 서 있던 사람 중 어떤 사람들이 이 말을 듣고 말했다.
"이 사람이 엘리야를 부른다."
48 그중 한 사람이 달려가서 해융(스펀지)에 신 포도주를 적셔
갈대에 꿰어 마시게 하였다.
49 다른 사람들은 말했다.
"가만두어라, 엘리야가 와서 그를 구원하는지 보자."
50 예수께서 다시 크게 소리 지르신 후, 영혼이 떠나셨다.
51 이에 성소의 휘장이 위에서 아래까지 찢어져 둘이 되었고,

땅이 진동하며 바위가 터졌다.
52 무덤들이 열리며 잠자던 성도들이 많이 일어났다.
53 예수께서 부활하신 후,
그들이 무덤에서 나와 거룩한 성에 들어가 많은 사람에게 나타났다.
54 백부장과 예수를 지키던 사람들이 지진과 그 된 일들을 보고 두려워하여 말했다.
"이분은 진실로 하나님의 아들이었다."
55 갈릴리에서부터 따라와 예수를 섬기던 많은 여자들이 멀리서 바라보았다.
56 그중에 막달라 마리아, 야고보와 요세의 어머니 마리아, 세베대의 아들들의 어머니도 있었다.

## 무덤에 넣다

57 날이 저물었을 때, 아리마대 부자 요셉이 찾아왔다.
그 사람도 예수의 제자였다.
58 요셉이 빌라도에게 가서 예수의 시체를 달라고 하니,
빌라도가 내어주라고 하였다.
59 요셉이 예수의 시체를 가져다가 깨끗한 세마포로 싸서
60 바위 속에 판 자기의 새 무덤에 넣고,
큰 돌을 굴려 무덤 문을 막고 갔다.
61 막달라 마리아와 다른 마리아가 무덤을 향하여 앉아 있었다.

## 파수꾼이 무덤을 지키다

62 그 이튿날은 준비일 다음 날이었다.
대제사장들과 바리새인들이 함께 빌라도에게 가서 말했다.
63 "주여. 저 유혹하던 자가 살아있을 때에
'내가 사흘 후에 다시 살아날 것이다.' 하였습니다.
64  그러니 그 무덤을 사흘 동안 굳게 지키라고 하십시오.
만일 그의 제자들이 와서 시체를 도둑질해 가고는,

백성들에게 '예수가 죽은 자 가운데서 다시 살아났다.'고 하면 전보다 더 나쁜 결과를 가져올 것입니다."

65 빌라도가 말했다.
"너희에게 파수꾼이 있으니, 가서 힘대로 굳게 지켜라."
66 그들이 파수꾼과 함께 가서 돌을 봉인하고 무덤을 굳게 지켰다.

## 제28장

**부활하다**

1 안식 후 첫날이 되려는 새벽에
  막달라 마리아와 다른 마리아가 무덤을 보려고 왔다.
2 그때 큰 지진이 일어났다.
  주의 천사가 하늘에서 내려와 돌을 굴러내고 그 위에 앉았는데,
3 그 모습이 번개 같고, 그 옷은 눈같이 희었다.
4 무덤을 지키던 자들이 천사를 보고 무서워 하며 죽은 사람 같이 되었다.
5 천사가 여자들에게 말했다.
  "무서워하지 마라.
  너희가 십자가에 못 박히신 예수를 찾는 줄 내가 안다.
6 그분이 여기 계시지 않고, 말씀하신 대로 살아나셨다.
  이리 와서 그가 누우셨던 곳을 보아라.
7 또 빨리 가서 그의 제자들에게 말해라
  '예수께서 죽은 사람들 가운데서 살아나셨고,
  너희보다 먼저 갈릴리로 가시니, 거기서 그분을 볼 것이다.'"
8 그 여자들이 무섭기도 하고 기쁘기도 하였다.
  그래서 제자들에게 알리려고 달려갔다.
9 그때 예수께서 여자들에게 나타나셔서 물으셨다.
  "평안하느냐?"
  여자들이 나아가 예수의 발을 붙잡고 절하였다.
10 예수께서 말씀하셨다.
  "무서워하지 마라. 내 형제들에게 갈릴리로 가라고 해라.
  거기서 나를 볼 것이다."

**파수꾼의 보고**

11 여자들이 가는 동안, 파수꾼 몇 명이 성에 들어가,
  대제사장들에게 모든 일을 보고하였다.

12  대제사장들이 장로들과 함께 의논하고,
    군인들에게 많은 돈을 주며 말했다.
13  "너희는 그의 제자들이 우리가 자고 있는 밤에 와서,
    시체를 도둑질해 갔다고 말해라.
14   만일 이 말이 총독의 귀에 들어가도,
    너희가 근심하지 않도록 우리가 말해주겠다."
15  군인들이 돈을 받고 가르쳐준 대로 했다.
    그래서 이 말이 오늘날까지 유대인 가운데 두루 펴져 있다.

## 마지막 선교 사명
16  열한 제자가 갈릴리에 가서 예수께서 명령하신 산에 이르러
17  예수를 뵙고 경배하였다.
    그러나 여전히 의심하는 사람도 있었다.
18  예수께서 말씀하셨다.
    "하나님께서 하늘과 땅의 모든 권세를 내게 주셨다.
19   그러므로 너희는 가서 모든 민족을 제자로 삼아
    아버지와 아들과 성령의 이름으로 세례를 주고,
20   내가 너희에게 명령한 모든 것을 가르쳐 지키게 해라.
    보아라. 내가 세상 끝날까지 너희와 항상 함께 있을 것이다."

# 마가복음

## 제1장

**복음을 전파하다**

1 하나님의 아들 예수 그리스도 복음의 시작이다.
2 선지자 이사야가 기록하였다.
　"보아라. 내가 내 사자를 네 앞에 보낸다.
　그가 네 길을 준비할 것이다.
3 　광야에 외치는 자의 소리가 있다.
　'너희는 주의 길을 예비해라. 그가 오실 길을 곧게 해라.'"
4 세례 요한이 광야에 와서 죄 용서를 위한 회개의 세례를 선포하였다.
5 온 유대 지방과 예루살렘 사람들이 그에게 나아와
　자기 죄를 자백하고, 요단강에서 그에게 세례를 받았다.
6 요한은 낙타털 옷을 입고, 허리에 가죽띠를 메고,
　메뚜기와 석청(들꿀)을 먹었다.
7 요한이 이렇게 전파하였다.
　"나보다 능력이 많으신 분이 내 뒤에 오신다.
　나는 몸을 굽혀 그분의 신발끈을 풀 자격도 없다.
8 　나는 너희에게 물로 세례를 주었지만,
　그분은 너희에게 성령으로 세례를 주실 것이다."

**세례를 받다**

9 그때 예수께서 갈릴리 나사렛에서 오셔서,
　요단강에서 요한에게 세례를 받으셨다.
10 예수께서 세례를 받고 물에서 올라오실 때, 하늘이 갈라지고,
　성령이 비둘기같이 자기에게 내려오는 것을 보셨다.
11 하늘에서는 소리가 들렸다.
　"너는 내가 사랑하는 내 아들이다. 내가 너를 기뻐한다."

## 시험을 받다

12 성령이 예수를 광야로 몰아내셨다.
13 예수께서 광야에서 40일 동안 계시면서 사탄에게 시험을 받으셨다.
그때 들짐승들이 함께 있었고, 천사들이 예수를 시중들었다.

## 갈릴리에서 복음을 전파하다

14 요한이 잡힌 후,
예수께서 갈릴리에 오셔서 하나님의 복음을 전파하셨다.
15 "때가 찼고, 하나님의 나라가 가까이 왔다.
회개하고 복음을 믿어라."

## 제자들을 부르다

16 예수께서 갈릴리 해변으로 지나가시다가,
시몬과 그의 동생 안드레가 바다[1]에 그물 던지는 것을 보셨다.
그들은 어부였다.
17 예수께서 말씀하셨다.
"나를 따라오너라. 내가 너희를 사람의 어부가 되게 하겠다."
18 그들이 즉시 그물을 버려두고 예수를 따라갔다.
19 조금 더 가시다가 세베대의 아들인 야고보와 요한 형제를 보셨다.
그들도 배에서 그물을 깁고 있었다.
20 그들을 곧 부르시니,
그들이 아버지 세베대와 일꾼들을 배에 버려두고, 예수를 따라갔다.

## 귀신들린 사람을 고치다

21 그들이 가버나움으로 갔다.
예수께서 곧 안식일에 회당에 들어가 가르치셨다.
22 사람들이 예수의 가르침에 놀랐다.
이는 그 가르치는 것이 권세 있는 자와 같고,

---

[1] 바다는 갈릴리 호수를 의미한다.

서기관들과 같지 않았기 때문이다.
23 마침 그 회당에 있던 더러운 귀신 들린 사람이 소리 질렀다.
24 "나사렛 예수여!
  우리가 당신과 무슨 상관이 있습니까?
  우리를 멸하러 왔습니까?
  나는 당신이 하나님의 거룩한 분인 줄 알고 있습니다."
25 예수께서 귀신을 꾸짖어 말씀하셨다.
  "잠잠하고 그 사람에게서 나오너라."
26 더러운 귀신이 그 사람에게 경련을 일으키고, 큰소리를 지르며 나왔다.
27 사람들이 모두 놀라 서로 물었다.
  "이게 무슨 일이냐? 권세 있는 새로운 가르침이다.
  더러운 귀신들에게 명령하니 귀신도 순종하는구나.".
28 예수에 관한 소문이 곧 온 갈릴리 지방에 퍼졌다.

## 많은 사람을 고치다

29 예수께서 회당에서 나와서
  야고보와 요한과 함께 시몬과 안드레의 집에 들어가셨다.
30 시몬의 장모가 열병으로 누워있었다.
  사람들이 그 여자의 일을 예수께 말씀드리니
31 예수께서 나아가 그의 손을 잡아 일으키셨다.
  그러자 열이 떠나고, 여자가 그들에게 시중들었다.
32 저물어 해 질 때에, 많은 병자와 귀신 들린 사람들이 예수께 나아 왔다.
33 온 동네 사람이 그 문 앞에 모였다.
34 예수께서 각종 병든 많은 사람을 고치시고, 많은 귀신을 쫓아내셨다.
  예수께서는 귀신들이 자기가 누구인지 알고 있으므로,
  그들이 말하는 것을 허락하지 않으셨다.

## 전도여행을 떠나다

35 아직 어두운 새벽에,

예수께서 일어나 한적한 곳으로 가서서 기도하셨다.

36 시몬과 그 일행이 예수의 뒤를 따라가

37 예수를 만나서 말했다.

"사람들이 주를 찾습니다."

38 예수께서 말씀하셨다.

"우리가 가까운 마을에 가서, 거기서도 전도하자.
내가 이것을 위해 왔다."

39 그리고 온 갈릴리를 다니시며,
여러 회당에서 전도하시고, 또 귀신을 내쫓으셨다.

## 나병환자를 고치다

40 한 나병환자가 예수께 와서 꿇어 엎드려 간구하였다.

"원하시면 저를 깨끗하게 하실 수 있습니다."

41 예수께서 불쌍히 여기시고, 손을 그에게 대시며 말씀하셨다.

"내가 원하니 깨끗하게 되어라."

42 나병이 즉시 그 사람에게서 떠나고, 그가 깨끗이 나았다.

43 예수께서 그를 보내시며 엄히 경고하셨다.

44 "아무에게 아무말하지 말고, 네 몸을 제사장에게 보여라.
네가 깨끗하게 되었으니, 모세가 명령한 제물을 드려 그들에게 증명해라."

45 그러나 그 사람이 나가서 이 일을 떠들고 다녔다.
그래서 예수께서 동네에 들어가지 못하시고, 한적한 곳에 계셨다.
그래도 사방에서 사람들이 예수께로 나아왔다.

# 제2장

## 중풍병자를 고치다

1 며칠 후 예수께서 다시 가버나움에 가셨다.
  예수께서 집에 계신다는 소문을 듣고
2 많은 사람이 모여들어, 문 앞에도 서 있을 자리가 없었다.
  예수께서 그들에게 말씀을 가르치고 계셨다.
3 사람들이 한 중풍병자를 네 사람에게 메게 하여
  예수께로 가려고 하였으나
4 사람들이 너무 많아 갈 수가 없었다.
  그래서 그들은 예수께서 계신 곳의 지붕을 뜯어 구멍을 내고,
  중풍병자가 누운 침상을 달아 내렸다.
5 예수께서 그들의 믿음을 보시고, 중풍병자에게 말씀하셨다.
  "소자야. 네가 죄를 용서받았다."
6 거기 앉아 있던 서기관들이 마음으로 생각하였다.
7 "이 사람이 어떻게 이런 말을 하는가, 신성모독이다.
  하나님 한 분 외에 누가 죄를 용서할 수 있다는 말이냐?"
8 예수께서, 그들이 이렇게 생각하는 줄을 곧 아시고, 말씀하셨다.
  "왜 그렇게 생각하느냐?
9  중풍병자에게 '네가 죄를 용서받았다' 고 하는 말과
  '일어나 네 침상을 가지고 걸어가라' 는 말 중 어느 것이 쉽겠느냐?
10  그러나 인자가 땅에서 죄를 용서하는 권세가 있는 줄을 너희에게
  알게 하겠다."
11 그리고 중풍병자에게 말씀하셨다.
  "내가 네게 말한다.
  일어나 네 침상을 들고 집으로 가라."
12 그가 일어나 곧 침상을 들고, 사람 앞에서 걸어 나갔다.
  그들이 모두 놀라 하나님께 영광을 돌리며 말했다.
  "우리가 이런 일을 한 번도 보지 못했다."

### 레위를 부르다

13  예수께서 다시 바닷가에 나가셨다.
    큰 무리가 나아오니, 예수께서 그들을 가르치셨다.
14  또 지나가시다가 알페오의 아들 레위가 세관에 앉아 있는 것을 보시고, 그에게 말씀하셨다.
    "나를 따라오너라."
    레위가 일어나 예수를 따라갔다.
15  예수께서 레위의 집에서 저녁식사를 하셨다.
    그때 많은 세리와 죄인들이 예수와 그 제자들과 함께 식사하였다.
    이런 사람들이 예수를 많이 따라 다녔다.
16  바리새인의 서기관들이 예수께서 죄인과 세리들과 함께 식사하는 것을 보고, 그의 제자들에게 물었다.
    "어찌하여 너희 선생은 세리와 죄인들과 함께 먹느냐?"
17  예수께서 들으시고 그들에게 말씀하셨다.
    "건강한 자에게는 의사가 쓸데없고, 병든 자에게 쓸 데 있다.
    나는 의인을 부르러 온 것이 아니라, 죄인을 부르러 왔다."

### 금식 논쟁

18  요한의 제자들과 바리새인들이 금식하고 있었다.
    사람들이 예수께 와서 물었다.
    "요한의 제자들과 바리새인의 제자들은 금식하는데,
    당신의 제자들은 왜 금식하지 않습니까?"
19  예수께서 그들에게 대답하셨다.
    "결혼식 손님들이 신랑과 함께 있을 때에 금식할 수 있느냐?
    신랑과 함께 있을 동안에는 금식할 수 없다.
20  그러나 신랑을 데려갈 날이 올 것이다.
    그날에는 금식할 것이다."
21  "생베 조각을 낡은 옷에 붙이는 사람이 없다.
    만일 그렇게 하면 기운 새 조각이 낡은 옷을 잡아당겨

다 찢어진다.
22  새 포도주를 낡은 가죽부대에 넣는 사람이 없다.
    만일 그렇게 하면 새포도주가 부대를 터뜨려,
    포도주와 부대를 모두 버리게 된다.
    새 포도주는 새 부대에 넣어야 한다."

## 안식일에 이삭을 자르다

23  안식일에 예수께서 밀밭 사이로 지나가실 때,
    그의 제자들이 길을 내며 이삭을 잘랐다
24  바리새인들이 예수께 말했다.
    "보십시오, 저들은 어째서 안식일에 하면 안 되는 짓을 합니까?"
25  예수께서 말씀하셨다.
    "너희들은 다윗과 그 일행이 먹을 것이 없어 시장할 때에 한 일을 읽
    지 못했느냐?
26  그가 아비아달 대제사장 때에 하나님의 전에 들어가서
    제사장만 먹을 수 있는 진설병(빵)을 자신도 먹고,
    일행들에게도 주지 않았느냐?"
27  또 말씀하셨다.
    "안식일이 사람을 위해 있는 것이요,
    사람이 안식일을 위해 있는 것이 아니다.
28  인자는 안식일에도 주인이다."

# 제3장

## 안식일에 손 마른 사람을 고치다

1 또 다른 날 예수께서 회당에 들어가시니,
거기에 한쪽 손이 마른 사람이 있었다.
2 사람들이 예수를 고소하려고,
안식일에 그 사람을 고치시는지 유심히 지켜보았다.
3 예수께서 손이 마른 사람에게 말씀하셨다.
"한가운데 일어서라."
4 그리고 그들에게 물으셨다.
"안식일에 선을 행하는 것과 악을 행하는 것,
생명을 구하는 것과 죽이는 것 중 어느 것이 옳으냐?"
그들이 잠잠하였다.
5 예수께서 그들의 마음이 완악함을 탄식하시고 노하시며 그들을 둘러보시고, 그 사람에게 말씀하셨다.
"네 손을 내밀어라."
그가 손을 내밀자, 그의 손이 회복되었다.
6 바리새인들이 나가서, 곧 헤롯당원들과 함께 예수를 어떻게 죽일까 의논하였다.

## 많은 무리가 나아오다

7 예수께서 제자들과 함께 바다로 물러가시자,
갈릴리에서 큰 무리가 따라왔다.
8 유대, 예루살렘, 이두매, 요단강 건너편, 두로, 시돈 지방에서도 많은 사람들이 예수께서 큰일 하셨다는 소문을 듣고 몰려왔다.
9 예수께서는 무리가 에워싸 미는 것을 피하시려고
제자들에게 작은 배를 대기하라고 명하셨다.
10 이는 예수께서 많은 사람을 고치셨으므로,
병으로 고생하는 사람들이 예수를 만지려고 몰려왔기 때문이다.

11 더러운 귀신들도 예수만 보면, 그 앞에 엎드려 소리쳤다.
　"당신은 하나님의 아들입니다."
12 예수께서는 자기가 누구인지 말하지 말라고 엄히 경고하셨다.

## 열두 제자를 세우다

13 예수께서 또 산에 올라가셔서 원하는 사람들을 부르시니,
　그들이 나아왔다.
14 이에 열두 명을 세우셨다.
　이는 자기와 함께 있게 하시고,
　또 가서 전도도 하고,
15 귀신을 내어쫓는 권세도 가지게 하려 하심이었다.
16 예수가 세우신 열두 명은 이렇다.
　시몬 (그에게는 베드로라는 이름을 더하셨다.)
17 세배대의 아들 야고보와 요한(이들에게 보아너게, 곧 우레의 아들이라는 이름을 더하셨다.),
18 안드레, 빌립, 바돌로매, 마태, 도마, 알패오의 아들 야고보, 다대오, 가나안인 시몬,
19 그리고 가룟 유다이다.(이 사람은 예수를 팔았다.)

## 예수와 바알세불

20 예수께서 집에 들어가시니,
　무리가 다시 몰려드는 바람에, 식사하실 틈도 없었다.
21 예수의 친척들은 그가 미쳤다는 소문을 듣고, 그를 붙잡으러 왔다.
22 예루살렘에서 온 서기관들은,
　'예수가 바알세불에 사로잡혔다.' 고 하거나,
　"귀신의 왕을 힘입어 귀신을 쫓아낸다." 고 했다.
23 예수께서 그들을 불러 비유로 말씀하셨다.
　"사탄이 어떻게 사탄을 쫓아낼 수 있느냐?
24 　나라가 스스로 분쟁하면, 그 나라가 설 수 없고,

25 집이 스스로 분쟁하면, 그 집이 설 수 없다.
26 사탄이 스스로 반란을 일으켜 분쟁하면, 서지 못하고 망한다.
27 사람이 먼저 강한 자를 결박하지 않으면 그 집에 들어가 물건을 강탈할 수 없다. 결박한 후에야 그 집을 강탈할 수 있다.
28 내가 진실로 너희에게 말한다.
사람의 모든 죄와 모독하는 일은 용서받지만
29 성령을 훼방하는 사람은 누구라도 영원히 용서받지 못하고,
영원한 죄의 벌을 받는다."
30 이는 그들이 '예수께서 더러운 귀신이 들렸다.'고 말했기 때문이다.

**예수의 어머니와 형제자매**

31 그때 예수의 어머니와 동생들이 와서,
밖에 서서 사람을 보내어 예수를 불렀다.
32 무리가 예수를 둘러앉아 있다가 말했다.
"당신의 어머니와 동생과 누이들이 밖에서 당신을 찾습니다."
33 예수께서 물으셨다.
"누가 내 어머니이며, 내 동생들이냐?"
34 그리고 둘러앉아 있는 사람들을 보며 말씀하셨다.
"내 어머니와 내 동생들을 보아라.
35 누구든지 하나님의 뜻대로 행하는 사람이 내 형제요, 자매요, 어머니다."

# 제4장

## 땅에 떨어진 씨 비유

1 예수께서 바닷가에서 다시 가르치시니 큰 무리가 모여들었다.
  예수께서 바다에 떠 있는 배에 올라 앉으시고,
  무리는 바닷가 육지에 있었다.
2 예수께서 비유로 여러 가지를 가르치셨다.
3 "들어라. 농부가 나가서 씨를 뿌렸다.
4  그중 어떤 씨는 길가에 떨어졌는데,
  새들이 와서 먹어 버렸다.
5  어떤 씨는 흙이 많지 않은 돌밭에 떨어졌는데,
  흙이 깊지 않아 싹이 곧 나왔지만,
6  해가 돋은 후 타서 뿌리가 없으므로 말랐다.
7  어떤 씨는 가시떨기에 떨어졌는데,
  가시가 자라 기운을 막으므로 결실하지 못했다.
8  어떤 씨는 좋은 땅에 떨어져 잘 자라 결실하여
  30배, 60배, 100배가 되었다.
9  들을 귀 있는 사람은 들어라."

## 비유를 설명하다

10 예수께서 혼자 계실 때,
  함께 한 사람들이 열두 제자와 더불어 그 비유에 대해 물었다.
11 예수께서 대답하셨다.
  "하나님 나라의 비밀을 너희에게는 주었으나,
  외인에게는 모든 것을 비유로 말한다.
12  이는 그들이 보기는 보아도 알지 못하며, 듣기는 들어도 깨닫지 못
  하여, 돌이켜 죄를 용서받지 못하게 하려 함이다."
13 예수께서 또 말씀하셨다.
  "너희가 이 비유를 알지 못하면, 다른 비유는 어떻게 알겠느냐?

14  씨를 뿌리는 자는 말씀을 뿌리는 사람이다.
15  말씀이 길가에 뿌려졌다는 것은 이런 사람이다.
    그들이 말씀을 들었을때
    사탄이 즉시 와서 그들에게 뿌려진 말씀을 빼앗아 간다.
16  또 돌밭에 뿌려졌다는 것은 이런 사람이다.
17  그들이 말씀을 들을 때는 즉시 기쁨으로 받으나,
    그 속에 뿌리가 없어 잠깐 견디다가,
    말씀 때문에 환난이나 핍박이 일어나면 곧 넘어진다.
18  또 어떤 씨는 가시떨기에 뿌려진 사람과 같다.
    그들은 말씀을 듣지만,
19  세상의 염려와 재물의 유혹과 기타 욕심이 들어와 말씀을 막아 결실하지 못한다.
20  좋은 땅에 뿌려졌다는 것은,
    곧 말씀을 듣고 그것을 받아들여
    30배, 60배, 100배의 결실을 맺는 사람을 말한다."

## 등불은 등잔 위에

21  또 그들에게 말씀하셨다.
    "사람이 등불을 가져와서 그릇이나 평상 아래 두겠느냐?
    등잔 위에 두지않느냐?
22  숨긴 것은 드러나고, 감춘 것은 나타나기 마련이다.
23  들을 귀 있는 사람은 들어라."
24  또 말씀하셨다.
    "너희는 무엇을 듣는지 스스로 삼가라.
    너희가 헤아리는 그 잣대로 너희가 헤아림을 받을 것이요,
    또 더 받을 것이다.
25  있는 자는 더 받을 것이요,
    없는 자는 그 있는 것까지 빼앗길 것이다."

## 자라는 씨 비유

26 예수께서 또 말씀하셨다.
　"하나님 나라는 사람이 땅에 씨를 뿌린 것과 같다.
27 그가 밤낮 자고 깨고 하는 중에 씨가 나서 자라지만,
　그는 어떻게 해서 그렇게 되는지 모른다.
28 땅이 스스로 곡식을 맺는다.
　처음에는 줄기, 다음에는 이삭, 그 다음에는 이삭이 달린 곡식이다.
29 그리고 곡식이 익으면 농부가 곧 낫을 댄다.
　추수할 때가 되었기 때문이다."

## 겨자씨 비유

30 예수께서 또 말씀하셨다.
　"우리가 하나님 나라를 어떻게 비교하고, 무엇으로 비유할까?
31 그것은 겨자씨와 같다.
　땅에 심을 때는 땅 위의 어떤 씨보다 작지만
32 심고 나면 자라서 모든 나물보다 커지며 큰 가지를 내어
　공중의 새들이 그 그늘에 깃들인다."

## 비유가 아니면

33 예수께서 그들이 알아들을 수 있도록
　여러가지 비유로 말씀을 가르치셨다.
34 비유가 아니면 말씀하지 않으시고
　다만 혼자 계실 때에 제자들에게 모든 것을 해석해 주셨다.

## 바람과 바다를 잔잔하게 하다

35 그날 해가 저물 때에 제자들에게 말씀하셨다.
　"저편으로 건너가자."
36 그들이 무리를 떠나 예수를 배에 태워 모시고 가니,
　다른 배들도 함께 갔다.

37 큰 광풍이 불고 물결이 부딛혀 배에 물이 가득찼다.
38 그때 예수께서는 배 뒤편에서 베개를 베고 주무시고 계셨다.
제자들이 예수를 깨우며 말했다.
"선생님. 우리가 죽게 되었는데 돌아보지 않습니까?"
39 예수께서 깨어 바람을 꾸짖으시고, 바다를 향해 말씀하셨다.
"잠잠해라. 고요해라"
그러자 바람이 그치고 바다가 아주 잔잔해졌다.
40 이에 제자들에게 말씀하셨다.
"왜 이렇게 무서워하느냐? 너희가 어찌 믿음이 없느냐?"
41 그들이 몹시 두려워하여 서로 물었다.
"이분이 누구시기에 바람과 바다도 복종하는가?"

## 제5장

### 귀신들린 사람을 고치다

1 예수께서 바다 건너편 거라사인의 지방으로 가셨다.
2 예수께서 배에서 내리시니,
  곧 더러운 귀신 들린 사람이 무덤 사이에서 나왔다.
3 그 사람은 무덤 사이에서 살았다.
4 사람들이 여러 번 쇠사슬로 그의 손발을 묶어두었으나, 그가 쇠사슬을 끊고 쇠고랑을 깨뜨리는 바람에, 이제는 아무도 그를 어떻게 할 수가 없었다.
5 그가 밤낮으로 무덤과 산을 돌아다니며 소리 지르고, 돌로 자기몸을 해쳤다.
6 그가 멀리서 예수를 보고 달려오더니 그 앞에 절하고
7 큰 소리로 부르짖었다.
  "지극히 높으신 하나님의 아들 예수여!
    제가 당신과 무슨 상관이 있습니까?
    제발 저를 괴롭히지 마십시오."
8 이는 예수께서 이미 그에게
  "더러운 귀신아! 그 사람에게서 나오라." 고 하셨기 때문이다.
9 예수께서 그 사람에게 물었다.
  "네 이름이 무엇이냐?"
  그 사람이 대답하였다.
  "제 이름은 군대입니다. 우리 숫자가 많습니다."
10 그리고 예수께 자기를 이 동네에서 쫓아내지 말라고 간구하였다.
11 마침 돼지 떼가 거기 산비탈에서 먹이를 먹고 있었다.
12 더러운 귀신들이 예수께 간구하였다.
  "우리를 돼지에게로 보내어 들어가게 해 주십시오."
13 예수께서 허락하시니 더러운 귀신들이 나와서 돼지에게로 들어갔다.
  2,000마리쯤 되는 돼지 떼가 비탈길로 달려가 바다에서 몰사했다.

14 돼지를 치던 사람들이 마을과 그 일대에 달려가서 이 일을 알리니,
   사람들이 무슨 일인지 보러 왔다.
15 그들은 군대 귀신 들렸던 사람이 옷을 입고 온전한 정신으로 앉아 있
   는 것을 보고 두려워 하였다.
16 이 일을 본 사람들이 귀신 들렸던 자에게 일어난 일과 돼지의 일을
   그들에게 이야기해 주었다.
17 그러자 그들은 예수께 그 지방에서 떠나시라고 간청하였다.
18 예수께서 배에 오르실 때에,
   귀신 들렸던 사람이 함께 가겠다고 하였다.
19 예수께서 허락하지 않으시고, 그에게 말씀하셨다.
   "집으로 돌아가서 주께서 네게 얼마나 큰일을 행하시고,
   얼마나 불쌍히 여기셨는지를 가족들에게 알려라."
20 그가 가서 예수께서 자기에게 얼마나 큰일을 행하셨는지를 데가볼리
   에 전파하니, 모든 사람이 놀랐다.

## 야이로의 딸과 예수의 옷에 손을 댄 여자
21 예수께서 배를 타시고 다시 맞은 편으로 건너가셨다.
   예수께서 바닷가에 계실 때, 큰 무리가 그에게 모여들었다.
22 야이로라는 회당장이 예수께 와서 그 발아래 엎드려 간절히 구하였다.
23 "제 어린 딸이 죽게 되었습니다.
   제발 오셔서 아이에게 손을 얹어서, 아이를 살려 주십시오."
24 이에 예수께서 그와 함께 가셨다.
   큰 무리가 따라가며 예수를 에워싸고 밀었다.
25 그 가운데 12년 동안 혈루증을 앓는 여자가 있었다.
26 그 여자가 많은 의사를 찾아다니면서 고생은 고생대로 하고,
   재산도 다 날렸지만, 효과는 없고, 병은 더 심해졌다.
27 그 여자가 예수의 소문을 듣고,
   무리 가운데 섞여 뒤로 와서 예수의 옷에 손을 댔다.
28 이는 예수의 옷에만 손을 대도 낫는다고 생각했기 때문이다.

29 그러자 그의 출혈이 곧 그치고,
   여인은 자기 병이 나은 것을 알았다.
30 예수께서 자기에게서 능력이 나간 것을 바로 아시고,
   무리에게 말씀하셨다.
   "누가 내 옷에 손을 대었느냐?"
31 제자들이 대답했다.
   "무리가 에워싸 미는 것을 보시고 그렇게 물으십니까?"
32 예수께서 둘러보시니
33 여자가 자기에게 일어난 일을 알고 두려워 떨며,
   예수의 발 앞에 엎드려 사실대로 말하였다.
34 예수께서 말씀하셨다.
   "딸아! 네 믿음이 너를 구원했다. 평안히 가라.
   병에서 놓여 건강하게 살아라."
35 예수께서 말씀하시는 동안,
   회당장의 집에서 사람들이 와서 말했다.
   "당신의 딸이 죽었습니다. 선생님을 더 괴롭히지 마십시오."
36 예수께서 그 말을 곁에서 들으시고, 회당장에게 말씀하셨다.
   "두려워하지 말고 믿기만 해라."
37 그리고 베드로, 야고보, 요한 외에는 아무도 따라오지 못하게 하시고,
38 회당장의 집에 가시니
   사람들이 떠들고 통곡하고 있었다.
39 예수께서 집으로 들어가셔서 그들에게 말씀하셨다.
   "너희가 왜 이렇게 떠들며 우느냐?
   이 아이가 죽은 것이 아니라 자고 있다."
40 그러자 사람들이 비웃었다.
   예수께서 그들을 다 내보내신 후에, 아이의 부모와 또 자기와 함께 한
   자들을 데리고 아이 있는 방으로 들어가셨다.
41 예수께서 그 아이의 손을 잡고 말씀하셨다.
   "달리다굼!" ('소녀야. 일어나라' 는 뜻이다.)

42 소녀가 즉시 일어나서 걸었다. (나이가 열두 살이었다.) 이에 사람들이 크게 놀랐다.
43 예수께서 이 일을 아무에게도 알리지 말라고 경고하시고, 소녀에게 먹을 것을 주라고 하셨다.

## 제6장

### 고향에서 배척받다
1  예수께서 거기를 떠나 고향으로 가시니, 제자들도 따라갔다.
2  안식일이 되어 회당에서 가르치시니,
　　사람들이 듣고 놀라서 말했다.
　　　"이 사람은 어디서 이런 것을 배웠는가?
　　　그 지혜와 이런 권능은 어디서 온 것이냐?
3　　이 사람이 마리아의 아들 목수가 아니냐?
　　　그 형제들은 야고보와 요셉과 유다와 시몬이고,
　　　그 누이들은 우리와 함께 여기 살고 있지 않느냐?"
　　그러면서 예수를 배척하였다.
4  예수께서 그들에게 말씀하셨다.
　　　"선지자가 자기 고향과 자기 친척과 자기 집에서는 존경받지 못한다."
5  예수께서 거기서는 아무 권능도 행하시지 않고
　　몇몇 병자만 안수하여 고쳐주셨다.
6  예수께서 그들이 믿지 않는 것을 이상하게 여기시고,
　　여러 마을을 두루 다니시며 가르치셨다.

### 열두 제자를 둘씩 보내다
7  예수께서 열두 제자를 불러 둘씩 둘씩 보내시며,
　　더러운 귀신을 제압하는 권세를 주시고, 명령하셨다.
8　　"여행을 위하여 지팡이 외에는
　　　양식이나 주머니나 지갑의 돈이나  아무것도 가져가지 마라.
9　　신발만 신고, 두 벌 옷도 입지 마라."
10  예수께서 또 말씀하셨다.
　　　"어디서 어느 집에 들어가면, 그곳을 떠날 때까지 그 집에 머물어라.
11　　어느 곳에서든지 너희를 영접하지 않고, 너희 말을 듣지 않으면,
　　　거기서 나갈 때에 발의 먼지를 떨어버려, 그들에게 증거를 삼아라."

12 제자들이 나가서 회개하라고 전파하고,
13 많은 귀신을 쫓아내며, 많은 병자에게 기름을 발라 고쳐주었다.

## 세례 요한의 죽음

14 이에 예수의 이름이 널리 알려졌다.
　헤롯 왕이 소문을 듣고 말했다.
　　"세례 요한이 죽은 자 가운데서 살아났다.
　　　그래서 이런 능력이 그 속에서 역사하는구나."
15 어떤 사람은 '그가 엘리야'라 하고,
　어떤 사람은 '옛 선지자와 같은 선지자다.' 하였다.
16 헤롯이 이 말을 듣고 말했다.
　　"내가 목을 벤 요한이 살아난 것이 틀림없다."
17 전에 헤롯이 요한을 잡아 감옥에 가두었다.
18 요한이 헤롯에게
　　"동생의 아내와 결혼하는 것이 옳지 않다."고 말했기 때문이다.
19 헤로디아가 요한을 원수로 여겨 죽이려고 했으나, 그렇게 못했다.
20 이는 헤롯이 요한을 의롭고 거룩한 사람으로 알고 두려워하여 보호하고,
　또 그의 말을 들을 때 크게 괴로워하면서도 좋게 생각했기 때문이다.
21 마침 좋은 기회가 왔다.
　헤롯이 자기 생일에 고관들과 천부장들과 갈릴리의 유지들을 초청하여 잔치를 벌였다.
22 그때 헤로디아의 딸이 들어와 춤을 추어 헤롯과 손님들을 기쁘게 하였다.
　왕이 소녀에게 말했다.
　　"무엇이든지 네가 원하는 것을 말해라. 내가 다 주겠다."
23 또 맹세하며 말했다.
　　"네가 달라고 하면 내 나라의 절반이라도 주겠다."
24 소녀가 나가서 자기 어머니에게 "무엇을 달라고 할까요?" 하고 묻자,
　그 어머니가 "세례 요한의 머리를 달라고 해라."고 했다.

25 소녀가 즉시 왕에게 가서 요구하였다.
"세례 요한의 머리를 쟁반에 담아 제게 주십시오."
26 왕은 몹시 난감하였지만, 자기가 맹세한 것도 있고, 또 앉아있는 손님들도 보고 있어서 거절할 수 없었다.
27 왕이 곧 시위병을 보내 요한의 머리를 가져오라고 명령하니,
그가 감옥에서 요한의 목을 베어
28 그 머리를 쟁반에 담아 소녀에게 주었고,
소녀는 그것을 자기 어머니에게 주었다.
29 요한의 제자들이 이 소식을 듣고, 요한의 시체를 가져와 장사하였다.

## 5,000명을 먹이다

30 사도들이 예수께 돌아와,
자기들이 행한 것과 가르친 것을 낱낱이 보고하였다.
31 예수께서 말씀하셨다.
"따로 한적한 곳에 가서 잠깐 쉬어라"
이는 오고 가는 사람이 너무 많아 음식 먹을 틈도 없었기 때문이었다.
32 이에 그들이 배를 타고 한적한 곳으로 갔다.
33 그들이 가는 것을 보고, 많은 사람들이 그들을 알아보고,
여러 마을에서 달려와 그들보다 먼저 갔다.
34 예수께서 배에서 내리셔서 큰 무리를 보시고,
그 목자 없는 양 같음을 불쌍히 여기시고,
이에 여러 가지를 가르치셨다.
35 날이 저물어 가니 제자들이 예수께 와서 여쭈었다.
"이곳은 빈들인데, 날이 저물어 갑니다.
36   사람들을 가까운 촌과 마을에 보내어 무엇을 사 먹게 하십시오."
37 이에 예수께서 말씀하셨다.
"너희가 먹을 것을 주어라."
제자들이 물었다

"우리가 가서 2,000만 원[2] 어치의 빵을 사다 먹일까요?"
38 예수께서 말씀하셨다.
"너희에게 빵이 몇 개 있느냐, 가서 알아보아라."
제자들이 알아보고 대답하였다.
"빵 다섯 개와 물고기 두 마리가 있습니다."
39 예수께서 제자들에게
사람들을 떼를 지어 잔디에 앉히라고 하셨다.
40 무리가 100명씩, 혹은 50명씩 떼를 지어 앉았다.
41 예수께서 빵 다섯 개와 물고기 두 마리를 가지고 하늘을 우러러
감사기도를 하신 후,
빵을 떼어 제자들에게 주면서 사람들에게 나누어주라 하시고,
또 물고기 두 마리도 모든 사람에게 나누어 주셨다.
42 사람들이 다 배불리 먹고,
43 남은 빵 조각과 생선을 열두 바구니 가득 거두었다.
44 빵을 먹은 사람은 남자만 해도 5,000명이었다.

## 바다 위로 걷다

45 예수께서 즉시 제자들을 재촉하셔서 자기가 무리를 보내는 동안
배를 타고 먼저 건너편 벳새다로 가게 하셨다.
46 무리를 보내신 후에 기도하러 산으로 가셨다.
47 저녁이 되자, 배는 바다 가운데 있고,
예수께서는 혼자 뭍에 계셨는데
48 바람이 세게 불어 제자들이 힘겹게 노 젓는 것을 보시고,
바다 위로 걸어서 그들에게 가셨다.
49 제자들이 예수께서 바다 위로 걸어오시는 것을 보고,
"유령이다" 하고 소리 질렀다.
50 그들이 다 예수를 보고 놀랐다.

---

[2] 원문은 200데나리온으로 되어 있다. 1데나리온은 근로자의 하루 일당이다. 이해의 편의상 1데나리온을 10만 원이라 하였다.

이에 예수께서 곧 그들에게 말씀하셨다.
"안심해라. 나다. 두려워하지 마라."

51 그리고 배에 오르시니 바람이 그쳤다.
그러자 제자들은 매우 놀랐다.

52 이는 그들이 예수께서 빵을 먹이신 기적을 깨닫지 못하고,
도리어 그 마음이 둔해져 있었기 때문이다.

## 게네사렛에서 병자를 고치다

53 그들이 바다를 건너 게네사렛 땅에 도착하여 닻을 내리고,
54 배에서 내리니, 사람들이 곧 예수를 알아 보고,
55 예수께서 계신 곳으로 병자들을 침상에 메고 찾아왔다.
56 예수께서 어느 마을이나 도시나 촌에 가시든지, 사람들이 병자를 시장에 데리고와서 예수의 옷자락이라도 만지게 해달라고 간구하였고, 손을 댄 사람은 다 나았다.

# 제7장

**장로들의 전통**

1 예루살렘에서 온 바리새인들과 서기관 몇 명이 예수께 왔다가,
2 예수의 제자 몇 사람이 손을 씻지 않고 음식 먹는 것을 보았다.
3 (바리새인들과 유대인들은 장로들의 전통을 지켜 손을 부지런히 씻지 않으면 먹지 않았다.
4 또 시장에서 돌아와서 물로 씻지 않으면 먹지 않았다.
 그 외에도 여러가지를 지켰는데, 잔과 주발과 놋그릇을 씻는 것이었다.)
5 이에 바리새인들과 서기관들이 예수께 물었다.
 "어찌하여 당신의 제자들은 장로들의 전통을 지키지 않고,
 부정한 손으로 음식을 먹습니까?"
6 예수께서 대답하셨다.
 "이사야가 너희 위선자에 대해 적절히 예언하였다.
 '이 백성이 입술로는 나를 공경하지만, 마음은 내게서 멀구나.
7 사람의 계명을 교훈삼아 가르치니, 나를 경배하는 것이 헛되구나.'
8 너희가 하나님의 계명은 버리고, 사람의 전통을 지키고 있다."
9 예수께서 또 말씀하셨다.
 "너희는 너희 전통을 지키려고 하나님의 계명을 잘도 저버린다.
10 모세는 '네 부모를 공경해라.'고 하고,
 또 '부모를 모욕하는 자는 반드시 죽을 것이다.'라고 했다.
11 그러나 너희는 '제가 그 부모에게 드리려던 것이 고르반(하나님께 드리는 예물)이 되었다.'고 하면 그만이고,
12 그 부모에게 다시 아무것도 해드리지 않는다.
13 이렇게 너희 전통으로 하나님의 말씀을 폐한다.
 너희가 이런 일을 많이 한다."
14 예수께서 무리를 다시 불러 말씀하셨다.
 "너희는 다 내 말을 듣고 깨달아라.

15  무엇이든지 밖에서 들어가는 것은 사람을 더럽게 하지 못하고,
16  사람의 안에서 나오는 것이 사람을 더럽게 한다."
17 예수께서 무리를 떠나 집으로 들어가시니,
   제자들이 그 비유에 대해 물었다.
18 예수께서 대답하셨다.
   "너희가 이렇게 깨달음이 없느냐?
   무엇이든지 밖에서 들어가는 것은 사람을 더럽히지 못한다는 사실을 모르느냐?
19  이것은 마음으로 들어가지 않고, 배에 들어갔다가 뒤로 나간다.
   그러므로 모든 음식은 깨끗하다."
20 예수께서 또 말씀하셨다.
   "사람에게서 나오는 그것이 사람을 더럽게 한다.
21  속에서, 곧 사람 마음에서 나오는 것은 악한 생각,
   즉 음란, 도둑질, 살인과
22  간음, 탐욕, 악독, 속임, 음탕, 질투, 비방, 교만과 어리석음이다.
23  이 모든 악한 것은 다 속에서 나와서 사람을 더럽게 한다."

## 수로보니게 여자의 믿음

24 예수께서 일어나 거기를 떠나서 두로 지방으로 가서
   어느 집에 들어가 조용히 지내려 하셨으나 숨길 수 없었다.
25 더러운 귀신 들린 어린 딸을 둔 한 여자가 예수의 소문을 듣고
   곧 찾아와서 그 발아래 엎드렸다.
26 그 여자는 그리스인으로 수로보니게 족속이었다.
   그가 자기 딸에게서 귀신을 쫓아내 달라고 간구하였다.
27 예수께서 말씀하셨다.
   "자녀를 먼저 배불리 먹여야 한다.
    자녀의 빵을 가지고 개들에게 던지는 것은 옳지 않다."
28 그 여자가 대답했다.
   "주여, 그렇습니다.

그러나 식탁 아래 개들도 아이들이 먹던 부스러기를 주워 먹습니다."
29 예수께서 말씀하셨다.
"이런 말을 하다니. 놀랍구나.
돌아가라. 귀신이 네 딸에게서 나갔다."
30 여자가 집에 돌아가 보니, 귀신은 나가고, 아이는 침대에 누워있었다.

### 귀먹은 사람을 고치다

31 예수께서 다시 두로에서 나와 시돈을 지나고 데가볼리 지방을 통과하여 갈릴리 호수로 가셨다.
32 사람들이 귀먹고 말 더듬는 사람을 예수께 데리고 와서, 안수해 달라고 간구하였다.
33 예수께서 그 사람을 따로 데리고 가셔서, 손가락을 그 귀에 넣고, 손에 침을 뱉어 그 혀에 대시고
34 하늘을 우러러 탄식하시며 그에게 말씀하셨다.
"에바다!" ('열려라'는 뜻이다)
35 그러자 그의 귀가 열리고, 혀가 곧 풀리더니, 말이 또렷해졌다.
36 예수께서 그들에게 아무에게도 말하지 말라고 경고하셨으나, 그럴수록 그들은 더욱 널리 전파하였다.
37 사람들이 놀라서 말했다.
"이분이 일을 잘 하신다.
듣지 못하는 사람은 듣게 하시고, 말을 못하는 사람도 말하게 하신다."

## 제8장

### 4,000명을 먹이다

1 그 무렵 또 큰 무리가 모였는데, 먹을 것이 없었다.
  예수께서 제자들을 불러 말씀하셨다.
2 "이 사람들이 참 불쌍하다.
  그들이 나와 함께 있은 지 사흘 되었는데, 먹을 것이 없구나.
3 만일 내가 그들을 굶겨서 집으로 보내면, 길에서 쓰러지겠다.
  그중에는 멀리서 온 사람들도 있다."
4 제자들이 대답하였다.
  "이 광야 어디서 빵을 구해 이 사람들을 배부르게 할 수 있겠습니까?"
5 예수께서 물으셨다.
  "너희에게 빵이 몇 개나 있느냐?"
  제자들이 대답하였다.
  "일곱 개 있습니다."
6 예수께서 무리에게 땅에 앉으라 하시고, 빵 일곱 개를 가지고 감사기도 하신 후, 빵을 떼어 제자들에게 나누어주라 하시니, 제자들이 무리에게 나누어주었다.
7 또 작은 생선 두어 마리가 있었다.
  예수께서 감사기도 하시고, 이것도 나누어주게 하셨다.
8 모두 배불리 먹고, 남은 조각 일곱 광주리를 거두었다,
9 거기 있던 사람은 약 4,000명이었다.
  예수께서 그들을 흩어 보내시고
10 제자들과 함께 배를 타고 달마누다 지방으로 가셨다.

### 이 세대가 표적을 구하나

11 바리새인들이 와서 예수께 따지면서,
  그를 시험하여 하늘에서 오는 표적을 요구하였다.
12 예수께서 깊이 탄식하시며 말씀하셨다.

"어찌하여 이 세대가 표적을 요구하느냐?

　내가 진실로 너희에게 말한다.

　이 세대에게 표적을 주지 않겠다."

13　그리고 그들을 떠나 다시 배를 타고 건너편으로 가셨다.

## 바리새인들과 헤롯의 누룩

14　제자들이 빵 가져오기를 잊는 바람에, 배에 빵이 한 개밖에 없었다.

15　예수께서 경고하셨다.

　"삼가 바리새인들의 누룩과 헤롯의 누룩을 주의해라."

16　제자들이 서로 수군거렸다.

　"우리에게 빵이 없다고 저러시는구나."

17　예수께서 이것을 아시고 물으셨다.

　"너희가 어째서 빵 때문에 수군거리느냐?

　아직도 알지 못하고 깨닫지 못하느냐? 너희 마음이 이렇게 둔하냐?

18　너희는 눈이 있어도 보지 못하며, 귀가 있어도 듣지 못하느냐?

　또 기억하지 못하느냐?

19　내가 빵 다섯 개를 5,000명에게 떼어주고 조각을 몇 바구니를 거두었느냐?"

　그들이 열둘이라고 대답하였다.

20　예수께서 물으셨다.

　"또 빵 일곱 개를 4,000명에게 떼어주고 조각을 몇 광주리를 거두었느냐?"

　그들이 일곱이라고 대답하였다.

21　예수께서 말씀하셨다.

　"이래도 너희가 깨닫지 못하느냐?"

## 벳새다에서 눈먼 사람을 고치다

22　그들이 벳새다에 도착하니, 사람들이 눈먼 사람 하나를 데리고 와서 예수께 안수해 달라고 부탁하였다.

23 예수께서 그 사람의 손을 붙잡고 마을 밖으로 데리고 나가셔서
그의 눈에 침을 뱉으시고, 그에게 안수하시고 물으셨다.
"무엇이 보이느냐?"
24 그 사람이 쳐다보며 말했다.
"사람들이 보입니다. 나무 같은 것들이 걸어가는 것이 보입니다."
25 이에 그 눈에 다시 안수하시니,
그가 주목하여 보더니 시력이 회복되어 만물을 밝게 보게 되었다.
26 예수께서 그 사람을 집으로 보내시며 말씀하셨다.
"마을에 들어가지 마라."

**베드로의 고백**

27 예수와 제자들이 가이사랴 빌립보의 여러 마을로 가실 때,
길에서 예수께서 제자들에게 물으셨다.
"사람들이 나를 누구라고 하느냐?"
28 제자들이 대답했다.
"어떤 사람은 세례 요한이라 하고,
어떤 사람은 엘리야라 하고,
어떤 사람은 선지자 중 하나라고 합니다."
29 예수께서 다시 물으셨다.
"너희는 나를 누구라 하느냐?"
베드로가 대답하였다.
"주는 그리스도이십니다."

**죽음과 부활을 처음으로 말하다**

30 예수께서 자기의 일을 누구에게도 말하지 말라고 경고하시고,
31 인자가 많은 고난을 받고,
장로들과 제사장들과 서기관들에게 버림 받아, 죽임을 당하고,
사흘 만에 살아나야 할 것을 처음으로 가르치셨다.
32 예수께서 드러내놓고 이 말씀을 하시니,

베드로가 예수를 붙들고 말렸다.
33 예수께서 돌이켜 제자들을 보시며, 베드로를 꾸짖으셨다.
 "사탄아. 내 뒤로 물러가라.
 네가 하나님의 일을 생각하지 않고, 사람의 일만 생각하느냐?"

## 십자가의 길
34 그리고 무리와 제자들을 불러 말씀하셨다.
 "누구든지 나를 따라오려면,
 자기를 부인하고, 자기 십자가를 지고 나를 좇아야 한다.
35 누구든지 자기 목숨을 구원하고자 하면 잃을 것이요,
 누구든지 나와 복음을 위하여 자기 목숨을 잃으면 얻을 것이다.
36 사람이 만일 온 천하를 얻고도,
 자기 목숨을 잃으면 무엇이 유익하겠느냐?
37 사람이 무엇을 주고 자기 목숨과 바꾸겠느냐?
38 누구든지 이 음란하고 죄 많은 세대에서 나와 내 말을 부끄러워하면,
 인자도 아버지의 영광으로 거룩한 천사들과 함께 올 때에
 그 사람을 부끄러워할 것이다."

## 제9장

1 예수께서 그들에게 또 말씀하셨다.
　"내가 진실로 너희에게 말한다.
　　여기에 서 있는 사람 중에 죽기 전에
　　하나님 나라가 권능으로 임하는 것을 볼 사람도 있다."

### 영광스러운 모습으로 변형되다

2 엿새 후에 예수께서 베드로, 야고보, 요한을 데리시고 따로 높은 산으로 올라가셨는데, 그들 앞에서 변형되셨다.
3 그의 옷이 빛이 나며, 매우 희어졌다.
4 그때 엘리야가 모세와 함께 나타나, 예수와 이야기를 하였다.
5 베드로가 예수께 말했다.
　"랍비여. 우리가 여기 있는 것이 좋습니다.
　　우리가 초막 셋을 지어, 하나는 주께, 하나는 모세에게, 하나는 엘리야에게 드리겠습니다."
6 (그들이 몹시 무서워하였고, 베드로도 무슨 말을 해야 할지 몰랐다.)
7 마침 구름이 와서 그들을 덮으며, 구름 속에서 소리가 들렸다.
　"이는 내 사랑하는 아들이다. 너희는 그의 말을 들어라."
8 문득 둘러보니 아무도 보이지 않고, 오직 예수와 자기들 뿐이었다.
9 그들이 산에서 내려올 때에 예수께서 경고하셨다.
　"인자가 죽은 자 가운데서 살아날 때까지는,
　　지금 본 것을 아무에게도 말하지 마라."
10 그들이 이 말씀을 마음에 두고 서로 물었다.
　"죽은 자 가운데서 살아난다는 것이 무엇일까?"
11 그리고 예수께 물었다.
　"어찌하여 서기관들은 엘리야가 먼저 와야 한다고 말합니까?"
12 예수께서 대답하셨다.
　"과연 엘리야가 먼저 와서 모든 것을 회복할 것이다.

그런데, 어째서 성경에는 '인자가 많은 고난을 받고 멸시를 당하리라.'고 기록되었느냐?
13 너희에게 말한다. 엘리야가 이미 왔다.
그런데 성경에 기록된 것 같이 사람들이 그를 함부로 대우하였다."

## 귀신들린 아이를 고치다

14 그들이 다른 제자들에게 와서 보니, 큰 무리가 그들을 둘러싸고 있고, 서기관들이 그들과 논쟁하고 있었다.
15 온 무리가 예수를 보자, 몹시 놀라며 달려와 문안하였다.
16 예수께서 물으셨다.
"너희가 무슨 일로 그들과 논쟁하고 있었느냐?"
17 무리 중 한 사람이 대답했다.
"선생님. 말 못하게 하는 귀신 들린 제 아들을 선생님께 데려 왔습니다.
18 귀신이 아이를 붙잡으면,
아이가 거꾸러져 입에 거품을 흘리며, 이를 갈고, 파리해집니다.
제가 선생님의 제자들에게 귀신 쫓아달라고 하였으나,
그들이 쫓아내지 못했습니다."
19 예수께서 말씀하셨다.
"이 믿음 없는 세대야.
내가 언제까지 너희와 함께 있고, 얼마나 너희를 참겠느냐?
아이를 내게 데려오너라."
20 이에 그들이 아이를 예수께 데리고 왔다.
귀신이 예수를 보고, 곧 그 아이에게 심한 경련을 일으키게 하고,
아이는 땅에 엎드러져 구르며 거품을 흘렸다.
21 예수께서 그 아버지에게 물었다.
"언제부터 이렇게 되었느냐?"
그 아버지가 대답하였다.
"어릴 때부터 그랬습니다.
22 귀신이 아이를 죽이려고 불과 물에 자주 던졌습니다.

그러나 무엇이라도 하실 수 있으면,
　　　　우리를 불쌍히 여기시고 도와주십시오."
23　예수께서 말씀하셨다.
　　　"'하실 수 있으면' 이 무슨 말이냐?
　　　　믿는 자에게는 불가능이 없다."
24　곧 그 아버지가 소리쳤다.
　　　"제가 믿습니다. 저의 믿음 없는 것을 도와주십시오."
25　예수께서 무리가 달려와 모이는 것을 보시고,
　　　그 더러운 귀신을 꾸짖으셨다.
　　　"말 못하고 듣지 못하는 귀신아! 내가 네게 명령한다.
　　　　그 아이에게서 나오고, 다시는 들어가지 마라."
26　귀신이 소리 지르며 아이에게 심한 경련을 일으키게 하고 나갔다.
　　　아이가 죽은 사람같이 되어, 많은 사람들이 '죽었다'고 말했다.
27　예수께서 아이의 손을 잡아 일으키시니, 아이가 일어섰다.
28　예수께서 집에 들어가시니, 제자들이 조용히 물었다.
　　　"어째서 우리는 그 귀신을 쫓아내지 못했습니까?"
29　예수께서 대답하셨다.
　　　"기도 외에 다른 것으로는 이런 종류가 나가지 않는다."

**죽음과 부활을 두 번째 말하다**

30　그들이 그곳을 떠나 갈릴리 가운데로 지날 때,
　　　예수께서는 아무에게도 알리지 않으셨다.
31　예수께서 제자들에게
　　　인자가 사람들의 손에 넘겨져, 죽임을 당하고,
　　　죽은 지 3일만에 살아나실 것을 말씀하셨다.
32　그러나 제자들은 이 말씀을 깨닫지 못하고, 묻는 것도 두려워하였다.

**누가 크냐**

33　예수께서 가버나움 집에 계실 때에 제자들에게 물으셨다.

"너희가 길에서 무슨 일로 다투었느냐?".
34 그들이 잠잠하였다.
　이는 그들이 누가 가장 크냐 하고 다투었기 때문이다.
35 예수께서 앉으셔서 열두 제자를 불러서 말씀하셨다.
　"누구든지 첫째가 되고자 하면, 모든 사람의 끝이 되고,
　　모든 사람을 섬기는 자가 되어야 한다."
36 그리고 어린이 하나를 데려와 그들 가운데 세우시고,
　그를 안고 제자들에게 말씀하셨다.
37 "누구든지 내 이름으로 이런 어린이 하나를 영접하는 사람은,
　곧 나를 영접하는 것이고,
　누구든지 나를 영접하는 사람은, 나를 영접하는 것이 아니라,
　나를 보내신 분을 영접하는 것이다."

## 우리를 위하는 사람

38 요한이 예수께 말했다.
　"선생님. 우리를 따르지 않는 어떤 사람이 주의 이름으로 귀신을 쫓
　아내는 것을 보고 금하였습니다."
39 예수께서 말씀하셨다.
　"금하지 마라.
　내 이름으로 기적을 행하고 그 즉시 나를 비방할 사람이 없다.
40 우리를 반대하지 않는 사람은 우리를 위하는 사람이다.
41 내가 진실로 너희에게 말한다.
　누구든지 너희가 그리스도께 속한 자라 하여 물 한 그릇을 주면,
　그가 결코 상을 잃지 않을 것이다.

## 실족하게 하는 일

42 "또 누구든지 나를 믿는 이 소자 중 하나를 실족하게 하느니
　차라리 연자맷돌을 목에 달고 바다에 던져지는 것이 낫다.
43 만일 네 손이 너를 범죄하게 하면 찍어버려라.

　　　　한 손으로 영생에 들어가는 것이
　　　　두 손을 가지고 지옥의 꺼지지 않는 불에 들어가는 것보다 낫다.
44　(없음)
45　만일 네 발이 너를 범죄하게 하면 찍어버려라.
　　　　한 발로 영생에 들어가는 것이
　　　　두 발을 가지고 지옥에 던져지는 것보다 낫다.
46　(없음)
47　만일 네 눈이 너를 범죄하게 하면 빼버려라.
　　　　한 눈으로 하나님 나라에 들어가는 것이
　　　　두 눈을 가지고 지옥에 던져지는 것보다 낫다.
48　지옥에서는 구더기도 죽지 않고, 불도 꺼지지 않는다.
49　모든 사람이 불로 소금 치듯 하게 될 것이다.
50　소금은 좋은 것이다.
　　　　그러나 소금이 짠맛을 잃으면, 무엇으로 짜게 하겠느냐?
　　　　너희 가운데 소금을 두고, 서로 화목하여라."

## 제10장

### 이혼에 대하여

1 예수께서 거기서 떠나 유대 지방과 요단강 건너편으로 가시니, 무리가 다시 모여들었고, 예수께서는 전례대로 가르치셨다.
2 바리새인들이 예수를 시험하여 물었다.
  "사람이 아내와 이혼해도 됩니까?"
3 예수께서 말씀하셨다.
  "모세는 어떻게 말하셨느냐?"
4 그들이 말했다.
  "모세는 아내에게 이혼증서를 써주고 이혼하라고 하였습니다."
5 예수께서 그들에게 말씀하셨다.
  "너희 마음이 완악하므로 모세가 그렇게 명령한 것이다.
6 　하나님께서 창조 하실 때에 사람을 남자와 여자로 지으셨다.
7 　그러므로 사람이 그 부모를 떠나 아내와 더불어
8 　둘이 한 몸이 될 것이다.
  그런 즉 이제 그들은 둘이 아니라 한 몸이다.
9 　그러므로 하나님이 짝지어 주신 것을, 사람이 나눌 수 없다."
10 집에 있을 때, 제자들이 이 일에 대해 다시 물으니,
11 예수께서 대답하셨다.
  "누구든지 그 아내를 버리고 다른 여자와 결혼하는 자는
    본처에게 간음하는 것이고,
12 　또 아내가 남편을 버리고 다른 남자와 결혼하는 것도
    간음하는 것이다."

### 어린이들을 축복하다

13 사람들이 예수께서 만져주시기를 바라고 어린이들을 데리고 오니, 제자들이 꾸짖었다.
14 예수께서 이것을 보시고 노하셔서 말씀하셨다.

"어린이들이 내게 오는 것을 허락하고 금하지 마라.
하나님의 나라는 이런 자의 것이다.
15  내가 진실로 너희에게 말한다.
누구든지 하나님의 나라를 어린이와 같이 받아들이지 않는 자는
결코 하나님 나라에 들어갈 수 없다."
16  그리고 그 어린이들을 안고, 그들에게 안수하시고 축복하셨다.

## 재물이 많은 사람

17  예수께서 길에 나가실 때 한 사람이 달려와 꿇어 앉아 물었다.
"선한 선생님이여,
제가 무엇을 해야 영생을 얻겠습니까?"
18  예수께서 대답하셨다.
"네가 어째서 나를 선하다고 하느냐?
하나님 한 분 외에는 선한 분이 없다.
19  네가 계명을 알고 있을 것이다.
'살인하지 마라, 간음하지 마라, 도둑질하지 마라, 거짓 증언하지 마라, 속여서 뺏지 마라, 네 부모를 공경하라.' 는 계명 말이다."
20  그가 말했다.
"선생님이여. 이것은 제가 어려서부터 다 지켰습니다."
21  예수께서 그를 보시고 사랑스러워 하시며, 말씀하셨다.
"너에게 한 가지 부족한 것이 있다.
가서 네 재산을 다 팔아 가난한 사람들에게 주어라.
그러면 하늘에서 보화를 얻을 것이다.
그리고 와서 나를 따라오너라."
22  그 사람은 재산이 많았으므로,
이 말씀을 듣고 슬픈 기색을 하고 근심하며 돌아갔다.
23  예수께서 둘러보시고 제자들에게 말씀하셨다.
"재물이 있는 사람은 하나님의 나라에 들어가기가 매우 어렵다."
24  제자들은 그 말씀에 매우 놀랐다.

예수께서 다시 말씀하셨다.
"애들아. 하나님의 나라에 들어가는 것은 얼마나 어려운지 모른다.
25  낙타가 바늘귀를 나가는 것이
부자가 하나님 나라에 들어가는 것보다 쉽다."
26  제자들이 너무 놀라 서로 말했다.
"그러면 누가 구원을 얻을 수 있을까?"
27  예수께서 그들을 보시고 말씀하셨다.
"사람은 할 수 없지만, 하나님으로는 그렇지 않다.
하나님으로서는 다 하실 수 있다."
28  베드로가 예수께 말했다.
"보십시오. 우리가 모든 것을 버리고 주를 따랐습니다."
29  예수께서 말씀하셨다.
"내가 진실로 너희에게 말한다.
나와 복음을 위하여 집이나 형제자매나 부모나 자식이나 논밭을 버린 자는
30  이 세상에서 집과 형제자매, 어머니와 자식, 논밭을 100배나 받고 (핍박을 겸하여 받는다.), 내세에 영생을 받지 못할 자가 없다.
31  그러나 먼저 된 자가 나중 되고, 나중 된 자로서 먼저 될 자가 많다."

**죽음과 부활을 세 번째 말하다**

32  예루살렘으로 올라가는 길에, 예수께서 제자들보다 앞서 가셨다.
예수께서 열두 제자들을 불러 놓고, 자기가 당하실 일을 말씀하셨다.
그러자 제자들이 놀라고, 따르던 자들은 두려워하였다.
33  "보라, 우리가 지금 예루살렘으로 올라간다.
인자는 대제사장들과 서기관들에게 넘겨질 것이고,
그들은 인자를 죽이기로 결의하고, 이방인들에게 넘겨 주고,
34  또 그들은 인자를 모욕하고, 침 뱉고, 채찍질하고 죽일 것이다.
그러나 인자는 3일 만에 살아날 것이다."

**야고보와 요한의 소원**

35 세베대의 두 아들인 야고보와 요한이 예수께 와서 말했다.
　　"선생님. 우리의 소원을 들어주십시오."
36 예수께서 물으셨다.
　　"너희에게 무엇을 해 주기를 원하느냐?"
37 그들이 대답하였다.
　　"주의 영광중에서 우리를 하나는 주의 오른쪽에,
　　하나는 왼쪽에 앉게 해 주십시오."
38 예수께서 말씀하셨다.
　　"너희가 구하는 것을 너희가 알지 못하는구나.
　　내가 마시는 잔을 너희가 마시고,
　　내가 받는 세례를 너희가 받을 수 있느냐?"
39 그들이 말하였다.
　　'할 수 있습니다.'
　　예수께서 말씀하셨다.
　　"내가 마시는 잔을 너희가 마시고,
　　내가 받는 세례를 너희가 받겠지만
40 　내 오른쪽이나 왼쪽에 앉는 것은 내가 줄 것이 아니라,
　　하나님께서 미리 준비해 놓은 사람들이 얻을 것이다."
41 열 제자가 듣고 야고보와 요한에 대하여 화를 내었다.
42 예수께서 그들을 불러 놓고 말씀하셨다.
　　"이방의 집권자들은 백성들을 제 마음대로 주관하고,
　　그 고관들은 권세를 부리는 줄을 너희가 알고 있다.
43 　그러나 너희들은 그렇게 하면 안 된다.
　　너희 중에 크고자 하는 사람은 섬기는 사람이 되고,
44 　너희 중 누구든지 으뜸이 되고자 하는 사람은
　　모든 사람의 종이 되어야 한다.
45 　인자가 온 것은
　　섬김을 받으려 함이 아니라, 도리어 섬기려 하고,

자기 목숨을 많은 사람의 대속물로 주려 함이다."

## 눈먼 바디매오가 고침을 받다

46  그들이 여리고에 도착하였다.
    예수께서 제자들과 많은 무리와 함께 여리고에서 나가시는데,
    디매오의 아들인 눈먼 거지 바디매오가 길가에 앉아 있다가
47  나사렛 예수라는 말을 듣고 소리 질렀다.
    "다윗의 자손이여. 저를 불쌍히 여기소서."
48  많은 사람이 조용히 하라고 꾸짖었으나,
    그는 더 크게 소리 질렀다.
    "다윗의 자손이여. 저를 불쌍히 여기소서."
49  예수께서 멈추어 서서 그를 불러오라고 하셨다.
    그들이 바디매오를 불러 말했다.
    "안심하고 일어나라. 그분이 너를 부르신다."
50  바디매오가 겉옷을 내던지고 뛰어 일어나 예수께 나아왔다.
51  예수께서 바디매오에게 물으셨다.
    "네게 무엇을 해 주기를 원하느냐?"
    바디매오가 대답하였다.
    "선생님이여. 제가 보기를 원합니다."
52  예수께서 말씀하셨다.
    "가라. 네 믿음이 너를 구원하였다."
    바디매오가 즉시 보게 되어 예수를 따라나섰다.

## 제11장

### 예루살렘에 들어가다

1 그들이 예루살렘 가까이 와서 감람산 벳바게와 베다니에 이르렀을 때, 예수께서 제자 두 명을 보내시며 말씀하셨다.
2 "너희는 맞은편 마을로 가라.
  거기 가면 아직 아무도 타지 않은 나귀 새끼가 매여 있을 것이다.
  그것을 풀어서 끌고 오너라.
3 만일 누가 너희에게 '왜 이렇게 하시오?' 하고 물으면,
  '주가 쓰실 것이다.' 라고 해라.
  그러면 즉시 보내줄 것이다."
4 제자들이 가서 보니, 나귀 새끼가 문 앞 거리에 매여 있는 것을 보고
5 그것을 푸니, 거기 서 있던 사람들이 물었다.
  "왜 나귀 새끼를 푸느냐?"
6 제자들이 예수께서 가르쳐 주신대로 말하니, 그들이 허락하였다.
7 그들이 나귀 새끼를 예수께 끌고 와서,
  자기들의 겉옷을 그 위에 얹으니, 예수께서 그 위에 타셨다.
8 많은 사람들은 자기 겉옷을 펴고,
  다른 사람들은 밭에서 벤 나뭇가지를 길에 폈다.
9 앞서가고 뒤따르는 사람들이 소리 질렀다.
  "호산나! 찬송하리로다.
  주의 이름으로 오시는 분이시여.
10  찬송하리로다. 오는 우리 조상 다윗의 나라여.
  가장 높은 곳에서 호산나!"
11 예수께서 예루살렘에 도착하여 성전에 들어가 모든 것을 둘러보시고,
  날이 저물 때 열두 제자를 데리고 베다니로 나가셨다.

### 무화과나무에게 말하다

12 이튿날 베다니에서 나올 때에 예수께서 시장하셨다.

13  멀리 잎사귀 있는 무화과나무를 보시고,
    혹시 그 나무에 먹을 것이 있을까 하고 가보니,
    잎사귀 밖에 없었다.
    아직 열매 맺는 철이 아니었기 때문이다.
14  예수께서 나무를 보고 말씀하셨다.
    "지금부터 영원토록 사람들이 네게서 열매를 따 먹지 못할 것이다."
    제자들이 곁에서 이 말을 들었다.

## 성전을 깨끗하게 하다

15  그들이 예루살렘에 들어갔다.
    예수께서 성전에 들어가 그 안에서 매매하는 자들을 내쫓으시고,
    돈 바꾸는 사람들의 상과 비둘기를 파는 사람들의 의자를 엎으시고,
16  아무도 장사할 기구를 가지고 성전 안으로 지나다니지 못하게 하셨다.
17  예수께서 말씀하셨다.
    "성경에 '내 집은 만민이 기도하는 집이라고 칭할 것이다.' 라고 하
    지 않았느냐?.
    그런데 너희는 강도의 소굴을 만들었다."
18  대제사장들과 서기관들이 이 말을 듣고,
    예수를 어떻게 죽일까 의논하였다.
    이는 백성들이 예수의 가르침을 놀랍게 여기므로 예수를 두려워하였
    기 때문이다.
19  날이 저물었을 때, 그들이 성 밖으로 나갔다.

## 무화과나무가 마르다

20  그들이 아침에 지나갈 때에, 무화과나무가 뿌리부터 마른 것을 보았다.
21  베드로가 생각이 나서 여쭈었다.
    "랍비여, 보십시오. 어제 저주하신 무화과나무가 말랐습니다.'
22  예수께서 그들에게 대답하셨다.
    "하나님을 믿어라.

23  내가 진실로 너희에게 말한다.
    누구든지 이 산을 향해 '들리어 저 바다에 던져져라.' 고 하고,
    그 말이 이루어질 줄 믿고 의심하지 않으면 그대로 될 것이다.
24  그러므로 내가 너희에게 말한다.
    무엇이든지 기도하고 구하는 것은 받은 줄로 믿어라.
    그러면 그대로 될 것이다."
25  "서서 기도할 때, 누구에게 섭섭한 일이 있으면 용서해라.
    그렇게 해야 하늘에 계신 너희 아버지께서도
    너희 허물을 용서하실 것이다."
26  (없음)

## 예수의 권세를 두고 말하다

27  그들이 다시 예루살렘에 들어갔다.
    예수께서 성전에서 다니실 때에,
28  대제사장들과 서기관들과 장로들이 와서 물었다.
    "무슨 권세로 이런 일을 하시오? 누가 이런 일을 할 권세를 주었소?"
29  예수께서 말씀하셨다.
    "나도 너희에게 하나 물을 테니 대답해라.
    그러면 나도 무슨 권세로 이런 일을 하는지 말하겠다.
30  요한의 세례가 하늘에서 왔느냐, 사람에게서 왔느냐?
    나에게 대답해라."
31  그들이 서로 의논했다.
    "만일 하늘에서 왔다고 하면,
    어찌하여 그를 믿지 않았느냐고 할 것이고,
32  그렇다고 사람에게서 왔다고 하자니
    모든 사람이 요한을 참 선지자로 여기므로, 백성이 무섭다."
33  그래서 예수께 알지 못한다고 대답하였다.
    예수께서 말씀하셨다.
    "나도 무슨 권세로 이런 일을 하는지 너희에게 말하지 않겠다."

## 제12장

### 포도원 농부 비유

1 예수께서 그들에게 비유로 말씀하셨다.
　"어떤 사람이 포도원을 만들고,
　　울타리를 두르고, 포도즙 짜는 틀을 만들고, 망대를 세웠다.
　　그리고 농부들에게 세를 주고 외국에 갔다.
2 　때가 되어 농부들에게 포도원 소출을 받아오라고 종을 보냈더니,
3 　농부들이 그 종을 잡아 심하게 때리고 빈손으로 돌려보냈다.
4 　다시 다른 종을 보내니,
　　농부들이 그 종의 머리를 때리고 모욕하였다.
5 　또 다른 종을 보내니, 이번에는 그를 죽여버렸다.
　　그 외 많은 종들도 때리고 죽였다.
6 　주인에게는 오직 한 사람이 남았으니, 그가 사랑하는 아들이었다.
　　주인이 마지막으로 아들을 보내며 생각했다.
　　'그들도 내 아들은 존중하겠지.'
7 　그러나 농부들은 서로 말했다.
　　'이 사람은 상속자다. 죽이면 그 유산이 우리 차지가 될것이다.'
8 　이에 농부들이 그 아들을 잡아 죽여 포도원 밖에 내던졌다.
9 　그러면 포도원 주인이 어떻게 하겠느냐?
　　그 농부들을 다 죽이고, 포도원을 다른 사람들에게 줄 것이다.
10 　너희가 성경에,
　　'건축자들의 버린 돌이 모퉁이의 머릿돌이 되었다.
11 　이것은 주께서 하신 일이다. 우리 눈에 기이하도다.'
　　한 것을 읽지 못했느냐?"
12 　그들은 예수께서 자기들을 가리켜 말씀하신 줄 알고,
　　예수를 잡으려고 하였으나,
　　무리가 두려워 예수를 버려두고 그냥 갔다.

## 황제에게 세금을 바치는 것

13 그들이 예수의 말씀을 트집 잡으려고 바리새인과 헤롯당원들을 보냈다.
14 그들이 예수께 와서 물었다.
　　"선생님이여. 우리가 알고 있습니다.
　　당신은 진실하시고, 아무도 꺼리는 일이 없습니다.
　　이는 사람을 외모로 판단하지 않고, 오직 진리로 하나님의 도를 가르치시기 때문입니다.
　　그런데 가이사(황제)에게 세금을 내는 것이 옳습니까, 옳지 않습니까?
　　우리가 세금을 바칠까요 바치지 말까요?"
15 예수께서 그들의 위선을 아시고 대답하셨다.
　　"어찌하여 나를 시험하느냐?
　　데나리온 동전 하나를 가져와서 내게 보여다오."
16 그들이 가져오자, 예수께서 물으셨다.
　　"이 얼굴과 이 글이 누구의 것이냐?"
　　그들이 대답하였다.
　　"황제의 것입니다."
17 이에 예수께서 말씀하셨다.
　　"황제의 것은 황제에게, 하나님의 것은 하나님께 바쳐라."
　　그들이 깜짝 놀랐다.

## 부활 논쟁

18 부활이 없다고 하는 사두개인들이 예수께 와서 물었다.
19 "선생님. 모세는 우리에게 말씀하셨습니다,
　　'형이 자식 없이 아내만 남기고 죽으면,
　　그 동생이 그 형수와 결혼하여 형을 위해 상속자를 세워라.'
20 　칠 형제가 있었는데, 장남이 결혼하였으나 상속자 없이 죽고,
21 　둘째도 그 여자와 결혼하였으나 역시 상속자 없이 죽고,

셋째도 그렇게 하여
22   일곱 형제가 다 상속자 없이 죽고,
    최후에 그 여자도 죽었습니다.
23   이렇게 일곱 형제가 다 그 여자와 결혼하였다면,
    그들이 부활하여 살아날 때에, 그 여자는 누구의 아내가 됩니까?"
24  예수께서 대답하셨다.
    "너희가 성경도, 하나님의 능력도 알지 못하므로
    오해한 것이 아니냐?
25   사람이 죽은 자 가운데서 살아날 때는,
    장가도 가지 않고 시집도 가지 않고. 하늘에 있는 천사 같이 된다.
26   죽은 사람이 살아난다는 것에 관하여
    너희가 모세의 책 중 가시나무 떨기에 관한 글에,
    '하나님께서 모세에게 말씀하시기를 나는 아브라함의 하나님이요,
    이삭의 하나님이요, 야곱의 하나님이다.' 하신 말씀을 읽지 못했느냐?
27   하나님은 죽은 자의 하나님이 아니고, 산 자의 하나님이다.
    너희가 크게 오해하였다."

## 가장 큰 계명

28  서기관 중 한 사람이 그들이 변론하는 것을 듣고,
    예수께서 대답을 잘 하신 줄 알고 예수께 나아와 물었다.
    "모든 계명 중에서 첫째가 무엇입니까?"
29  예수께서 대답하셨다.
    "첫째는 이것이다.
    이스라엘아 들어라! 주 곧 우리 하나님은 유일하신 주시다.
30   네 마음을 다하고, 목숨을 다하고, 뜻을 다하고, 힘을 다하여
    주 너의 하나님을 사랑하라고 하신 것이다.
31   둘째는 이것이다.
    네 이웃을 네 몸과 같이 사랑하라고 하신 것이다.

이것보다 더 큰 계명이 없다."
32 서기관이 말했다.
"선생님. 옳습니다.
하나님은 한 분이시고,
그 외에 다른 분이 없다고 하신 말씀이 옳습니다.
33 또 '마음을 다하고, 지혜를 다하고, 힘을 다하여 하나님을 사랑하
는 것'과 '이웃을 자기 자신과 같이 사랑하는 것'이
모든 번제물과 다른 희생 제물보다 낫습니다."
34 예수께서 그가 지혜롭게 대답하는 것을 보시고 말씀하셨다.
"네가 하나님의 나라에 멀지 않구나."
그 후로는 감히 예수께 묻는 사람이 없었다.

## 그리스도와 다윗의 자손

35 예수께서 성전에서 가르치시면서 이렇게 물으셨다.
"어찌하여 서기관들이 그리스도를 다윗의 자손이라고 하느냐?
36 다윗이 성령에 감동되어 친히 말했다.
'주님(하나님)께서 내 주(예수)께 말씀하셨다.
내가 네 원수를 네 발 아래 둘 때까지 내 오른쪽에 앉아라.'
37 이렇게 다윗이 그리스도를 주라고 하였는데,
그리스도가 어떻게 다윗의 자손이 되겠느냐?"
백성들이 이 말씀을 듣고 기뻐하였다.

## 서기관들을 삼가라

38 예수께서 가르치셨다.
"긴 옷을 입고 다니는 것과 시장에서 문안받는 것과
39 회당의 상좌와 잔치집 상석을 좋아하는 서기관들을 조심해라.
40 그들은 과부의 가산을 삼키고,
위선적으로 길게 기도하는 사람들이다.
이 사람들이 중한 심판을 받을 것이다."

### 가난한 과부의 헌금

41 예수께서 연보궤 맞은편에 앉으셔서,
　　사람들이 연보궤에 돈 넣는 것을 보셨다.
42 부자들은 많은 돈을 넣는데,
　　한 가난한 과부는 와서 겨우 2렙돈(1고드란트)[3]을 넣었다.
43 예수께서 제자들을 불러 말씀하셨다.
　　"내가 진실로 너희에게 말한다.
　　　이 가난한 과부는 연보궤에 돈을 넣는 어떤 사람보다 많이 넣었다.
44 　부자들은 풍족한 중에 넣었지만,
　　이 과부는 그 가난한 중에 자기가 가진 모든 것,
　　곧 생활비 전부를 넣었다."

---

3) 2렙돈은 현재 가치로 1,000원 내지 1,500원 정도라고 한다.

## 제13장

### 성전이 무너질 것을 예언하다
1  예수께서 성전에 나가실 때에 한 제자가 말했다.
    "선생님, 보십시오.
    이 돌들이 얼마나 크고, 이 건물들은 얼마나 웅장합니까?"
2  예수께서 말씀하셨다.
    "네가 이 큰 건물들을 보고 있느냐?
    여기 있는 돌 하나도 돌 위에 남지 않고 다 무너질 것이다."

### 환란의 징조
3  예수께서 감람산에서 성전을 마주 보고 앉으셨을 때에,
    베드로와 야고보와 요한과 안드레가 예수께 조용히 물었다.
4  "우리에게 말씀해 주십시오.
    언제 이런 일이 일어나겠습니까?
    또 이런 일이 일어나기 전에 무슨 징조가 있겠습니까?"
5  예수께서 말씀하셨다.
    "너희는 사람에게 미혹되지 않도록 주의해라
6    많은 사람이 내 이름으로 와서
    '내가 그리스도다' 하여 많은 사람들을 미혹할 것이다.
7    난리와 난리의 소문을 들어도 두려워하지 마라.
    이런 일이 있어야 하지만, 아직 끝은 아니다.
8    민족이 민족을, 나라가 나라를 대적하여 일어나겠고,
    곳곳에 지진이 일어나고, 기근이 있을 것이다.
    이것은 환란의 시작이다."
9  "너희는 스스로 조심해라.
    사람들이 너희를 공회에 넘겨주고, 너희를 회당에서 매질할 것이다.
    너희는 나 때문에 권력자들과 임금들 앞에 서서 증인할 것이다.
10  또 복음이 먼저 모든 나라에 전파되어야 한다.

11 사람들이 너희를 끌어다가 재판에 넘길 때에
무슨 말을 해야 할지 미리 염려하지 마라.
때에 맞게 너희에게 주시는 그 말을 해라.
말하는 이는 너희가 아니라 성령이시다.
12 형제가 형제를, 아버지가 자식을 죽는데 내어주고,
자식들이 부모를 대적하여 죽게 할 것이다.
13 또 너희가 내 이름으로 인하여 모든 사람에게 미움을 받을 것이다.
그러나 끝까지 견디는 사람은 구원을 받을 것이다."

## 가장 큰 환란

14 "'멸망의 가증한 것'이 서지 못할 곳에 서 있는 것을 보면,
(읽는 사람은 깨달아라),
그때 유대에 있는 사람들은 산으로 도망쳐라.
15 지붕 위에 있는 사람들은 내려가지 말고,
집에 있는 물건을 가지러 안으로 들어가지 마라.
16 밭에 있는 사람은 겉옷을 가지러 뒤돌아가지 마라.
17 그날에는 임신한 여자들과 젖먹이는 여자들에게 화가 있을 것이다.
18 이런 일이 겨울에 일어나지 않도록 기도해라.
19 그날이 환난의 날이다.
하나님께서 창조하신 시작부터 지금까지 이런 환난이 없었고,
앞으로도 없을 것이다.
20 만일 주께서 그 날들을 줄여주지 아니하셨더라면
모든 사람이 구원을 받지 못하겠지만,
주께서 선택하신 백성을 위하여 그 날들을 줄여주셨다.
21 그때 사람들이 너희에게 그리스도가 여기 있다, 저기 있다고 해도
믿지 마라.
22 거짓 그리스도와 거짓 선지자들이 나타나 표적과 기적을 행하여,
할 수 있으면 선택받은 백성까지 미혹하려 할 것이다.
23 너희는 조심해라. 내가 모든 일을 너희에게 미리 말한다."

## 인자가 오는 것을 보라

24 "그때 환난 후에, 해가 어두워지고, 달이 빛을 내지 않고
25 별들이 하늘에서 떨어지며, 하늘에 있는 권능들이 흔들릴 것이다.
26 그때 사람들은
   인자가 구름을 타고 큰 권능과 영광으로 오는 것을 볼 것이다.
27 또 그때 인자가 천사들을 보내어,
   자기가 선택한 사람들을 땅끝에서부터 하늘 끝까지 사방에서 모을 것이다."

## 무화과나무에서 배울 교훈

28 "무화과나무의 비유를 배워라.
   그 가지가 연해지고 잎사귀를 내면, 여름이 가까운 줄 안다.
29 이와 같이 너희가 이런 일이 일어나는 것을 보면,
   인자가 가까이, 곧 문 앞에 온 줄 알아라.
30 내가 진실로 말한다.
   이 세대가 지나가기 전에 이 일이 다 일어날 것이다.
31 천지는 없어지겠지만, 내 말은 없어지지 않는다.
32 그러나 그 날과 그 시간은 아무도 모른다.
   하늘에 있는 천사들도, 아들도 모르고, 아버지만 아신다.
33 주의해라 깨어 있어라. 그 시간이 언제인지 알지 못한다.
34 이것은 어떤 사람이 집을 떠나 외국으로 갈때,
   그 종들에게 권한을 주어, 각각 할 일을 맡기고,
   문지기에게는 깨어 있어라고 명령한 것과 같다.
35 그러므로 깨어 있어라. 주인이 언제 올지 모른다.
   저녁에 올지, 밤중에 올지, 닭 울 때 올지, 새벽에 올지 모른다.
36 그가 갑자기 와서 너희가 자는 것을 보지 않도록 해라.
37 깨어 있어라.
   내가 너희에게 하는 이 말은 모든 사람에게 하는 말이다."

# 제14장

## 예수를 죽일 방도를 찾다

1 유월절과 무교절 이틀 전이었다.
　대제사장들과 서기관들이 예수를 흉계로 잡아 죽일 방도를 찾았으나,
2 민란이 일어날까 염려되니 명절에는 하지 말자고 하였다.

## 예수의 머리에 향유를 붓다

3 예수께서 베다니의 나병환자 시몬의 집에서 식사하실 때,
　한 여자가 매우 비싼 향유, 곧 순수한 나드 한 옥합을 가지고 오더니,
　그 옥합을 깨뜨리고 향유를 예수의 머리에 부었다.
4 몇몇 사람들이 화를 내며 그 여자를 책망하였다.
　"왜 이 향유를 낭비하느냐?
5 　이 향유를 3,000만 원[4]에 팔아 가난한 자들에게 줄 수 있었겠다.'
6 예수께서 말씀하셨다.
　"가만두어라. 너희가 어찌하여 그 여자를 괴롭히느냐?
　그가 내게 좋은 일을 하였다.
7 　가난한 사람들은 항상 너희와 함께 있으니,
　너희가 원하면 언제라도 도울 수 있다.
　그러나 나는 너희와 항상 함께 있지 않을 것이다.
8 　그 여자가 힘을 다하여 내 몸에 향유를 부어 내 장례를 준비하였다.
9 　내가 진실로 너희에게 말한다.
　온 세상 어디서든지 복음이 전파되는 곳에는
　이 여자가 행한 일도 말하여 그를 기념할 것이다."

## 유다가 배반하다

10 열두 제자 중 하나인 가룟 유다가 예수를 넘겨주려고
　대제사장들을 찾아갔다.

---

4) 원문은 삼백 데나리온이다.

11  그들이 듣고 기뻐하여 돈을 주기로 약속하였다.
    이에 유다가 예수를 어떻게 넘겨줄까 하고 기회를 찾았다.

## 제자들과 함께 유월절을 지키다

12  무교절 첫날, 곧 유월절 양을 잡는 날에 제자들이 예수께 여쭈었다.
    "우리가 어디로 가서 선생님께서 유월절 음식을 잡수시도록 준비하기를 원하십니까?"
13  예수께서 제자 두 사람을 보내며 말씀하셨다.
    "성안으로 들어가면 물동이를 가지고 가는 사람을 만날 것이다.
14   그를 따라가 그가 들어가는 그 집 주인에게
    '선생님께서 내가 내 제자들과 함께 유월절 음식을 먹을 나의 객실이 어디 있느냐? 라고 하셨다' 고 말해라.
15   그러면 그가 자리를 펴고 잘 차려진 큰 다락방을 보여 줄 것이다.
    거기서 우리를 위하여 준비해라."
16  제자들이 성안으로 들어가서,
    예수께서 하신 말씀대로 유월절을 준비했다.
17  저녁이 되어 예수께서 열두 제자를 데리고 그곳에 가셨다.
18  다 앉아서 음식을 먹을 때에,
    예수께서 말씀하셨다.
    "내가 진실로 너희에게 말한다.
     너희 중 한 사람, 곧 나와 함께 음식을 먹는 자가 나를 팔 것이다."
19  그들이 근심하며 한명씩 물었다.
    "저는 아니지요?"
20  예수께서 대답하셨다.
    "열둘 중 하나, 곧 나와 함께 그릇에 손을 넣는 자다.
21   인자는 자기에 대하여 기록된 대로 가지만,
    인자를 파는 그 사람에게는 화가 있을 것이다.
    그 사람은 차라리 태어나지 않는 것이 자기에게 좋았을 것이다."

**마지막 만찬**

22 그들이 음식을 먹을 때에, 예수께서 빵을 가지고 축복 하시고,
빵을 떼어 제자들에게 주시며 말씀하셨다.
"받아라. 이것은 내 몸이다."
23 또 잔을 가지고 감사기도 하시고 그들에게 주시니,
그들이 모두 받아 마셨다.
24 예수께서 말씀하셨다.
"이것은 많은 사람을 위해 흘리는 나의 피, 곧 언약의 피다.
25 　진실로 너희에게 말한다.
내가 포도나무에서 난 것을 하나님의 나라에서 새 포도주로 마시는
날까지 다시 마시지 않겠다."
26 이에 그들이 찬송하고 감람산으로 갔다.

**베드로가 부인할 것을 예언하다**

27 예수께서 제자들에게 말씀하셨다.
"너희가 모두 나를 버릴 것이다.
성경에도 '내가 목자를 치면. 양들이 흩어지리라.' 고 하였다.
28 　그러나 내가 살아난 후에 너희보다 먼저 갈릴리로 갈 것이다."
29 베드로가 말했다.
"모두 주님을 버려도, 저는 버리지 않겠습니다."
30 예수께서 그에게 말씀하셨다.
"내가 진실로 말한다.
오늘 밤 닭이 두 번 울기 전에, 네가 나를 세 번 부인할 것이다."
31 베드로가 힘주어 말했다.
"제가 주와 함께 죽을지언정 절대로 주를 부인하지 않겠습니다."
모든 제자가 이같이 말했다.

**겟세마네에서 기도하다**

32 그들이 겟세마네라는 곳에 갔다.

예수께서 제자들에게 말씀하셨다.
"내가 기도하는 동안 너희는 여기 앉아 있어라."

33 베드로와 야고보와 요한을 데리고 가셨는데,
매우 놀라시며 슬퍼하셨다.

34 예수께서 말씀하셨다.
"내 마음이 너무 고민되어 죽을 지경이다.
너희는 여기 머물러 깨어 있어라."

35 조금 나아가셔서 땅에 엎드려,
할 수 있으면 이 시간이 자기에게서 지나가기를 구하셨다.

36 "아빠. 아버지. 아버지께서는 모든 일을 하실 수 있으니
이 잔을 제게서 옮겨주십시오.
그러나 저의 원대로 하지 마시고, 아버지의 원대로 하십시오."

37 그리고 돌아오셔서 제자들이 자는 것을 보시고,
베드로에게 말씀하셨다.
"시몬아. 자느냐? 네가 한 시간도 깨어 있을 수 없느냐?

38 시험에 빠지지 않도록 깨어 기도해라.
마음은 원하는데, 육신이 약하구나."

39 다시 나아가 똑같은 말씀으로 기도하셨다.

40 다시 와서 보니 그들이 자고 있었다.
그들은 졸려서 눈을 뜰 수 없었던 것이다.
제자들은 예수께 어떻게 대답해야 할 줄을 알지 못했다.

41 예수께서 세 번째 오셔서 그들에게 말씀하셨다.
"이제는 자고 쉬어라. 그만하면 되었다.
때가 왔다. 보아라. 인자가 죄인의 손에 팔릴 것이다.

42 일어나라. 함께 가자. 보아라.
나를 파는 자가 가까이 왔다."

## 잡히다

43 예수께서 말씀하실 때에, 열두 제자 중 하나인 유다가 나타났다.

대제사장들과 서기관들과 장로들이 보낸 무리가 칼과 몽둥이를 가지고 그와 함께 왔다.

44 예수를 파는 자(유다)가 이미 그들과 암호를 짰다.
"내가 입을 맞추는 자가 그다. 그를 단단히 붙잡아 끌고 가라."

45 그리고 곧 예수께 나아와 "랍비여" 하고 입을 맞추었다.

46 그러자 그들이 예수를 붙잡았아.

47 곁에 서 있는 사람 하나가 칼을 빼어 대제사장의 종을 쳐서 그 귀를 잘랐다.

48 예수께서 무리에게 말씀하셨다.
"너희는 강도를 잡는 것 같이 칼과 몽둥이를 들고 나를 잡으러 왔느냐?

49 내가 날마다 너희와 함께 성전에 있으면서 가르쳤지만,
너희가 나를 잡지 않았다.
그러나 이것은 성경을 이루려 함이다."

50 제자들이 모두 예수를 버리고 도망쳤다.

## 한 청년이 벌거벗고 도망하다

51 한 청년이 맨몸에 베 홑이불을 두르고 예수를 따라오다가 무리에게 잡히자

52 베홑이불을 버리고 벌거벗은 몸으로 도망쳤다.

## 공회 앞에 서다

53 그들이 예수를 끌고 대제사장에게로 가니,
대제사장들과 장로들과 서기관들이 다 모였다.

54 베드로가 예수를 멀찍감치 따라가 대제사장의 집 뜰 안까지 들어가서,
하속들과 함께 앉아 불을 쬐었다.

55 대제사장들과 온 공회가 예수를 죽이려고 그를 칠 증거를 찾았으나 찾지 못했다.

56 예수를 쳐서 거짓 증언을 하는 사람이 많았으나,

그 증언이 들어맞지 않았다.
57 어떤 사람들이 일어나 예수를 쳐서 거짓 증언을 하였다.
58 "우리가 그의 말을 들었는데, '손으로 지은 이 성전을 내가 헐고,
　　손으로 짓지 않은 다른 성전을 사흘만에 짓겠다.' 고 하였소."
59 그러나 그 증언도 들어맞지 않았다.
60 대제사장이 가운데 일어서서 예수께 물었다.
　　"이 사람들이 당신에게 불리한 증언을 하는데
　　　당신은 아무 대답도 하지 않을 작정이오?"
61 그러나 예수께서 잠잠하고 아무 대답도 하지 않으셨다.
　　대제사장이 다시 물었다.
　　"당신이 찬송 받을 분의 아들 그리스도요?"
62 예수께서 말씀하셨다.
　　"내가 그다. 인자가 권능자의 오른쪽에 앉은 것과
　　　하늘 구름을 타고 오는 것을 너희가 볼 것이다."
63 대제사장이 자기 옷을 찢으며 말했다.
　　"우리가 어찌 다른 증인을 요구하겠는가?
64 　너희가 신성 모독 하는 말을 들었는데 어떻게 생각하느냐?"
　　그들이 모두 예수를 사형을 받아야 마땅하다고 하였다.
65 그들 가운데 어떤 사람은 예수께 침을 뱉으며,
　　그의 얼굴을 가리고, 주먹으로 때리며 말했다.
　　'선지자 노릇을 해 보아라.'
　　하속들은 손바닥으로 예수를 쳤다.

### 베드로가 예수를 부인하다

66 베드로는 아래 뜰에 있었다.
　　대제사장의 여종 하나가 와서
67 베드로가 불 쬐는 것을 자세히 보며 말했다.
　　"너도 나사렛 예수와 함께 있었다."
68 베드로가 부인하였다.

"나는 네가 무슨 말을 하는지 모르겠고, 깨닫지도 못하겠다."
그리고 앞뜰로 나갔다.

69 여종이 그를 보고 곁에 서 있는 사람들에게 다시 말했다.
"이 사람은 그 일당이다."

70 베드로가 또 부인하였다.
잠시 후 곁에 서 있는 사람들이 다시 베드로에게 말했다.
"너도 갈릴리 사람이니, 그 일당이 틀림없다."

71 그러나 베드로가 저주하며 맹세하였다.
"나는 너희들이 말하는 이 사람을 모른다."

72 닭이 곧 두 번째 울었다.
이에 베드로는 예수께서 자기에게 하신 말씀,
곧 '닭이 두 번 울기 전에 네가 나를 세 번 부인하리라' 하신 것이 생각나서 울었다.

## 제15장

### 빌라도가 묻다
1 새벽에 대제사장들이 즉시 장로들과 서기관들, 곧 온 공회와 더불어 의논하였다.
그들이 예수를 결박하여 끌고 가서 빌라도에게 넘겨주었다.
2 빌라도가 예수께 물었다.
"당신이 유대인의 왕이요?"
예수께서 말씀하셨다.
"그렇다. 네 말이 맞다."
3 대제사장들이 예수를 여러 가지 죄로 고소하였다.
4 빌라도가 또 물었다.
"아무 대답도 하지 않을 작정이요?
그들이 얼마나 많은 것으로 당신을 고소하는지 보시오."
5 그래도 예수께서 아무 대답도 하지 않으시니,
빌라도가 이상하게 여겼다.

### 사형선고를 받다
6 명절이 되면 백성들이 요구하는 대로 죄수 한 명을 풀어주는 관례가 있었다.
7 민란을 꾸미고 그 와중에 살인한 죄로 체포된 자 중에 바라바라는 자가 있었다.
8 무리가 나아가서 관례대로 해달라고 요구하였다.
9 빌라도가 물었다.
"너희는 내가 유대인의 왕을 풀어주기를 원하느냐?".
10 (이는 그가 대제사장들이 시기 때문에 예수를 넘긴 줄 알았다.)
11 그러나 대제사장들이 무리를 선동하여,
바라바를 풀어달라고 하게 하였다.
12 빌라도가 또 물었다.

"그러면 너희가 유대인의 왕이라고 하는 사람은 내가 어떻게 할까?"
13 그들이 소리 질렀다.
"십자가에 못 박으소서."
14 빌라도가 물었다.
"왜 그러느냐? 그가 무슨 악한 짓을 하였느냐?"
그들은 다시 소리질렀다.
"그를 십자가에 못 박으소서."
15 빌라도가 무리에게 잘 보이려고 바라바를 풀어주고, 예수를 채찍질하고 십자가에 못 박으라고 넘겨주었다.

## 군인들이 예수를 희롱하다

16 군인들이 예수를 끌고 프라이토리온(총독공관)이라는 뜰 안으로 들어가서 온 군대를 집합시켰다.
17 그들은 예수에게 자색 옷을 입히고, 가시 면류관을 엮어 씌우고
18 "유대인의 왕이여, 평안할지어다." 하며 인사하였다.
19 또 갈대로 예수의 머리를 때리고, 침을 뱉으며, 무릎 꿇고 절하였다.
20 이렇게 희롱을 한 후, 자색 옷을 벗기고 그의 옷을 도로 입혔다.
그런다음 그들은 예수를 십자가에 못 박으려고 끌고 나갔다.

## 십자가에 못 박히다

21 때마침 알렉산더와 루포의 아버지인 구레네 사람 시몬이 시골에서 와서 지나가고 있었다.
그들이 시몬에게 예수의 십자가를 지고 억지로 같이 가게 하였다.
22 그들이 예수를 끌고 골고다(번역하면 해골의 곳)로 갔다.
23 그들이 몰약을 탄 포도주를 주었으나, 예수께서 받지 아니하셨다.
24 그들이 예수를 십자가에 못 박았다.
그리고 제비를 뽑아 예수의 옷을 나누었다.
25 그들이 오전 9시[5]에 예수를 십자가에 못 박았다.

---

[5] 개역한글에는 제3시라고 되어 있다. 이 책에서는 현대의 시간으로 바꾸었다.

26 그 위에 있는 죄패에 '유대인의 왕'이라고 썼다.
27 강도 두 사람을 예수와 함께 십자가에 못 박았는데,
하나는 그의 오른쪽에, 하나는 그의 왼쪽에 있었다.
28 (없음)
29 지나가는 자들은 자기 머리를 흔들며 예수를 모욕하여 말했다.
"아하. 성전을 헐고 사흘 만에 짓는 자여
30 　당신 스스로를 구원하여 십자가에서 내려오시오."
31 대제사장들도 서기관들과 함께 조롱하였다.
"이 사람이 남은 구원하였지만, 자기는 구원할 수 없구나.
32 　이스라엘의 왕 그리스도여!
지금 당장 십자가에서 내려와 우리로 보고 믿게 하시오."
예수와 함께 십자가에 못 박힌 두사람도 예수를 욕하였다.

## 숨지다

33 낮 12시가 되자 온 땅에 어두움이 임하여, 오후 3시까지 계속되었다.
34 오후 3시에 예수께서 크게 소리 지르셨다.
"엘리 엘리 라마 사박다니!"
('나의 하나님, 나의 하나님, 어찌하여 나를 버리셨나이까' 하는 뜻이다.)
35 곁에 서 있던 사람이 이 말을 듣고 말했다.
"보라. 그가 엘리야를 부른다."
36 한 사람이 달려가서 해융(스펀지)에 신 포도주를 적시어,
갈대에 꿰어 마시게 하고 말했다.
"가만 두어라. 엘리야가 와서 그를 내려주는지 보자."
37 예수께서 큰소리를 지르시고 숨지셨다.
38 성소의 휘장이 위에서 아래까지 찢어져 둘이 되었다.
39 예수를 향해 섰던 백부장이, 예수께서 숨지시는 것을 보고 말했다.
"이 사람은 진실로 하나님의 아들이었다."
40 멀리서 바라보는 여자들도 있었다.

그중에 막달라 마리아, 작은 야고보와 요세의 어머니 마리아, 또 살로메가 있었다.
41 이들은 예수께서 갈릴리에 계실 때에 예수를 따르며 섬기던 자들이다. 이외에도 예수와 함께 예루살렘에서 올라온 여자가 많이 있었다.

**요셉이 예수의 시체를 무덤에 넣어 두다**
42 이 날은 준비일, 즉 안식일 전날이었다.
43 저물었을 때 아리마대 사람 요셉이 와서 용감하게 빌라도에게 들어가 예수의 시체를 달라고 하였다.
이 사람은 존경받는 공회원이요, 하나님의 나라를 기다리는 자였다.
44 빌라도는 예수께서 벌써 죽었다는 말을 듣고 이상하게 여겨,
백부장을 불러 죽은 지 오래되었느냐고 묻고,
45 백부장으로부터 죽었음을 확인한 후에 요셉에게 시체를 내어주었다.
46 요셉이 예수를 십자가에서 내려다가,
세마포로 싸서 바위 속에 판 무덤에 넣고
돌을 굴려 무덤 문을 막았다.
47 그때 막달라 마리아와 요세의 어머니 마리아가 예수 둔 곳을 보았다.

## 제16장

### 살아나다
1 안식일이 지났을 때에, 막달라 마리아, 야고보의 어머니 마리아, 살로메가 예수의 몸에 바르려고 향품을 사두었다.
2 안식 후 첫날, 매우 일찍 해가 돋을 때,
3 그들이 무덤으로 가면서 서로 말하였다.
 "누가 우리를 위하여 무덤 문에서 돌을 굴려 주면 좋겠다."
4 그들이 눈을 들어 보니 매우 큰 돌이 이미 굴려져 있었다.
5 그들이 무덤에 들어가서,
 흰옷 입은 청년이 오른쪽에 앉아 있는 것을 보고 놀랐다.
6 청년이 말했다.
 "놀라지 마라, 너희가 십자가에 못 박히신 나사렛 예수를 찾는구나.
 그분은 살아나셨고, 여기 계시지 않는다.
 보라. 여기가 그분을 두었던 곳이다.
7 가서 그의 제자들과 베드로에게 전해라.
 '예수께서 너희들보다 먼저 갈릴리로 가실 것이다.
 너희에게 전에 말씀하신 대로 너희가 거기서 뵐 것이다.'"
8 여자들이 몹시 놀라 떨면서 나와 무덤에서 도망하고,
 무서워서 아무에게 아무 말도 하지 못했다.

### 막달라 마리아에게 보이다
9 [예수께서 안식 후 첫날 이른 아침에 살아나신 후,
 전에 일곱 귀신을 쫓아내어 주신 막달라 마리아에게 먼저 나타나셨다.
10 마리아가 가서 예수와 함께 있던 사람들이 슬퍼하며 울고 있는 중에 이 일을 알렸다.
11 그러나 그들은 예수께서 살아나셨다는 것과 마리아에게 나타나셨다는 말을 듣고도 믿지 않았다.

## 두 제자에게 나타나다

12 그 후에 그들 중 두 사람이 걸어서 시골로 갈 때에,
예수께서 다른 모습으로 그들에게 나타나셨다.
13 두 사람이 가서 다른 제자들에게 알렸으나, 그들이 믿지 않았다.

## 만민에게 복음을 전파하라

14 그 후 열한 제자가 음식을 먹고 있을 때에,
예수께서 그들에게 나타나셔서,
그들의 믿음 없음과 마음이 완악함을 꾸짖으셨다.
이는 자기가 살아난 것을 본 사람들의 말을 믿지 않았기 때문이다.
15 예수께서 또 말씀하셨다.
"너희는 온 천하에 다니며 모든 사람에게 복음을 전파해라.
16 믿고 세례를 받는 사람은 구원을 받을 것이요,
믿지 않는 사람은 심판을 받을 것이다.
17 믿는 사람에게는 이런 표적이 따른다.
곧 그들이 내 이름으로 귀신을 쫓아내며, 새 방언을 말하고,
18 손으로 뱀을 잡으며, 무슨 독약을 마셔도 해를 받지 않고,
병든 사람에게 손을 얹으면 나을 것이다."

## 하늘로 올라가다

19 주 예수께서 이 말씀을 하신 후에 하늘에 올라가셔서,
하나님 오른쪽에 앉으셨다.
20 제자들이 나가 두루 복음을 전파하였다.
주께서 함께 역사하셔서 그 따르는 표적으로 말씀을 확실히 증거하셨다.

# 누가복음

## 제1장

### 데오빌로 각하에게
1 우리 가운데 일어난 일에 대하여
2 처음부터 목격자요 말씀의 일꾼 되었던 자들이 전해준 그대로 기록하려고 한 사람이 많았습니다.
3 저도 이 모든 일을 처음부터 자세히 살펴보고,
　데오빌로 각하께 차례대로 기록해서 보내면 좋겠다고 생각했습니다.
4 이는 각하께서 배우신 것이 확실함을 알게 하기 위함입니다.

### 세례 요한의 출생 예고
5 유대 왕 헤롯 때에 아비야 반열에 한 제사장이 있었다.
　그 이름은 사가랴이고, 그 아내는 아론의 자손인 엘리사벳이었다.
6 이 두 사람은 하나님 보시기에 의인이었고,
　주의 계명과 규례대로 흠 없이 살았다.
7 그런데 두 사람에게 자식이 없었다.
　엘리사벳은 임신할 수 없었고, 두 사람 모두 나이가 많았기 때문이다.
8 마침 사가랴가 그 반열의 차례를 따라,
　하나님 앞에서 제사장의 직무를 행하게 되었다.
9 제사장의 관례에 따라 제비를 뽑았고,
　그 결과 사가랴가 주의 성소에 들어가 분향하게 되었다.
10 그 동안 백성들은 밖에서 기도하였다.
11 그때 주의 천사가 사가랴에게 나타나 분향 제단 오른쪽에 섰다.
12 사가랴가 천사를 보고 깜짝 놀라며 무서워하였다.
13 천사가 그에게 말했다.
　　"사가랴야. 무서워하지 마라. 네 간구하는 소리를 들었다.
　　　네 아내 엘리사벳이 네게 아들을 낳아 줄 것이니,
　　　그 이름을 요한이라고 해라.
14 그 아이는 네게 기쁨과 즐거움이 되고,

사람들은 그가 태어난 것을 기뻐할 것이다.
15  그는 주 앞에 큰 자가 될 것이다.
   포도주나 독한 술을 마시지 않고,
   모태에서부터 성령 충만하여
16  이스라엘 자손들을 주 하나님께로 돌아오게 할 것이다.
17  그가 또 엘리야의 심령과 능력으로 주 앞에 먼저 와서,
   아버지의 마음을 자식에게,
   거역하는 자를 의인의 지혜로 돌아오게 하고,
   주를 위해 세운 백성을 준비할 것이다."
18  사가랴가 천사에게 말했다.
   "제가 이 말을 어떻게 믿을 수 있습니까?
    저는 늙었고, 아내도 나이가 많습니다."
19  천사가 대답하였다.
   "나는 하나님 앞에 서 있는 가브리엘이다.
    이 좋은 소식을 네게 전하라고 보내심을 받았다.
20    보아라. 이 일이 일어나는 날까지 네가 말을 못할 것이다.
    네가 내 말을 믿지 않기 때문이다.
    그러나 때가 되면 내 말이 이루어질 것이다."
21  백성들이 밖에서 사가랴를 기다리고 있었는데,
   그가 성소 안에서 너무 오래 지체하므로 이상히 여겼다.
22  그가 밖으로 나왔을 때 말을 못하였다.
   백성들은 그가 성소 안에서 환상을 본 줄 알았다.
   사가랴는 몸짓으로 의사표시를 하였지만, 말은 하지 못하였다.
23  사가랴는 제사장의 직무기간이 끝나자, 자기 집으로 돌아갔다.
24  그 후 그의 아내 엘리사벳이 임신하였다.
   그가 다섯 달 동안 숨어 지내면서 이렇게 말했다.
25  "주께서 나를 돌아보시는 날에,
    사람들 앞에서 내 부끄러움을 없애주시려고 이렇게 행하셨구다."

**예수의 탄생 고지**

26 여섯째 달에 천사 가브리엘이 하나님의 보내심을 받아
 갈릴리 나사렛 동네에 가서
27 다윗의 자손 요셉과 약혼한 처녀에게 이르렀다.
 그 처녀의 이름은 마리아였다.
28 천사가 마리아에게 들어가서 말했다.
 "은혜를 받은 자야. 평안하여라. 주께서 너와 함께 하신다."
29 처녀가 그 말을 듣고 놀라 생각하였다.
 "이런 인사가 어디 있느냐?"
30 천사가 말했다.
 "마리아야. 무서워하지 마라. 네가 하나님께 은혜를 받았다.
31 네가 잉태하여 아들을 낳을 것이니,
 그 이름을 예수라고 해라.
32 그는 위대한 자가 될 것이고,
 지극히 높으신 분의 아들이라 불릴 것이다.
 주 하나님께서 그 조상 다윗의 왕위를 그에게 주실 것이다.
33 그가 영원히 야곱 집에서 왕노릇 하실 것이고,
 그 나라는 영원할 것이다."
34 마리아가 천사에게 말했다.
 "저는 남자를 알지 못하는데, 어떻게 이런 일이 있겠습니까?"
35 천사가 대답했다.
 "성령이 네게 임하시고,
 지극히 높으신 분의 능력이 너를 덮으실 것이다.
 태어나실 거룩한 분은 하나님의 아들이라 불릴 것이다.
36 네 친족 엘리사벳도 늙어서 아들을 임신하였다.
 본래 임신하지 못한다고 하였지만,
 임신한 지 벌써 여섯 달이 되었다.
37 대저 하나님께 불가능은 없다."
38 마리아가 말했다.

"저는 주의 계집종입니다.
　　당신의 말씀대로 이루어지기를 원합니다."
이에 천사가 떠나갔다.

### 마리아가 엘리사벳을 방문하다

39　그때 마리아가 일어나 급히 유다 산골의 한 동네로 가서
40　사가랴의 집에 들어가 엘리사벳에게 문안하였다.
41　엘리사벳이 마리아의 문안하는 소리를 들었을 때,
　　아이가 뱃속에서 뛰어놀았다.
42　엘리사벳이 성령이 충만하여 큰 소리로 외쳤다.
　　"여자 중에 당신이 복이 있고, 당신 뱃속의 아이도 복이 있습니다.
43　내 주의 어머니께서 내게 오시다니, 어떻게 된 일입니까?
44　보십시오. 당신이 문안하는 소리가 내 귀에 들릴 때,
　　아이가 내 뱃속에서 기뻐하며 뛰어놉니다.
45　주께서 하신 말씀이 반드시 이루어진다고 믿은 여자에게 복이 있습니다."

### 마리아의 찬가

46　마리아가 말했다.
　　"내 영혼이 주를 찬양하며
47　내 영이 하나님 내 구주를 기뻐합니다.
48　주께서 계집종의 비천함을 돌보셨습니다.
　　보십시오. 이제 후로는 모든 세대가 나를 복되다 할 것입니다.
49　전능하신 분이 내게 큰일을 행하셨습니다.
　　그분의 이름이 거룩하시고,
50　그분의 긍휼하심은 그를 두려워하는 자에게 대대로 이어질 것입니다.
51　그분은 자기 팔로 힘을 보이셔서,
　　마음의 생각이 교만한 자들을 흩으시고,
52　권세 있는 자를 그 왕위에서 끌어내리시고,

비천한 자를 높이시고,
53  굶주리는 자들을 좋은 것으로 배부르게 하시며,
부자를 빈손으로 보내셨습니다.
54  그 종 이스라엘을 도우시고, 긍휼히 여기시고, 기억하십니다.
55  우리 조상에게 말씀하신 것 같이,
아브라함과 그 자손에게 영원히 있을 것입니다.”
56  마리아가 엘리사벳과 석 달쯤 함께 있다가 집으로 돌아갔다.

## 세례 요한의 출생

57  해산할 때가 되어 엘리사벳이 아들을 낳았다.
58  이웃과 친족들이, 주께서 그를 크게 긍휼히 여기셨다는 말을 듣고 함께 즐거워하였다.
59  팔 일째 되는 날, 아이에게 할례를 하러 왔다.
사람들이 그 아버지의 이름을 따서 사가랴라고 지으려고 하니
60  그 어머니가 말하였다.
“아닙니다. 요한이라고 하겠습니다.”
61  그들이 말했다.
“네 친족 중에 이 이름을 가진 사람이 없다.”
62  그들이 그 아버지에게 '그 이름을 무엇이라고 할까?' 하고
손짓으로 물으니
63  그가 서판을 달라고 하더니, 요한이라고 썼다.
이에 모든 사람이 놀랐다.
64  그 즉시 사가랴의 입이 열리고, 혀가 풀려 말을 하고,
하나님을 찬송하였다.
65  근처에 사는 사람들이 다 두려워하였다.
이 모든 말이 온 유대 산중에 널리 퍼졌다.
66  이 말을 듣는 사람들이 모두 그것을 마음에 두고 말했다.
“이 아이가 장차 어떻게 될까?”
이는 주의 손이 그와 함께하셨기 때문이다.

**사가랴의 예언**

67 그의 아버지 사가랴가 성령이 충만하여 예언하였다.
68 "찬송하리로다. 주 이스라엘의 하나님이시여.
　　주께서 자기 백성을 돌아보시고 구원하시며,
69 우리를 위해 다윗의 집에 구원의 뿔을 일으키셨다.
70 이는 옛날부터 거룩한 선지자의 입으로 말씀하신 것 같이
71 우리 원수에게서 우리를 구원하시고,
　　우리를 미워하는 모든 자의 손에서 견져내셨다.
72 주께서 우리 조상을 긍휼히 여기시고, 당신의 거룩한 언약을 기억하셨다.
73 이것은 우리 조상 아브라함에게 하신 맹세다.
74 우리를 원수의 손에서 건지셔서
75 평생 주의 앞에서 성결과 의로움으로,
　　또 두려움 없이 섬기게 하리라 하셨다.
76 아이야.
　　네가 지극히 높으신 분의 선지자라 불릴 것이고,
　　주 앞에 먼저 가서 주의 길을 준비하여
77 주의 백성에게 죄 용서로 말미암는 구원을 알게 할 것이다.
78 이것은 우리 하나님의 긍휼로 말미암은 것이다.
　　이로써 돋는 해가 위로부터 우리에게 임하여
79 어두움과 죽음의 그늘에 앉아 있는 사람에게 비추고,
　　우리 발을 평강의 길로 인도하실 것이다."
80 아이가 자라며 심령이 강해지고,
　　이스라엘 백성들 앞에 나타나는 날까지 빈 들에서 살았다.

# 제2장

## 예수의 탄생

1 그때 아우구스투스 황제가
   온 천하 백성들에게 다 호적을 하라고 명령하였다.
2 이 호적은 구레뇨가 시리아 총독일 때에 처음 시행한 것이다.
3 모든 사람이 호적을 하러 자기 고향으로 갔다.
4 요셉도 다윗 족속이므로,
   갈릴리 나사렛 동네에서 유대 땅 베들레헴 다윗의 동네로 갔다.
5 그가 약혼한 마리아와 함께 호적을 하러 올라갔다.
   그때 마리아는 임신 중이었다.
6 베들레헴에 있을 때에 해산할 날이 되었다.
7 마리아가 아들을 낳아 포대기로 싸서 구유에 눕혔다.
   여관에 방이 없었기 때문이다.

## 목자들이 예수 탄생 소식을 듣다

8 그 지역 목자들이 밤에 들에서 양떼를 지키고 있었다.
9 주의 천사가 그들 곁에 서고, 주의 영광이 그들을 두루 비추었다.
   그들이 크게 무서워하였다.
10 천사가 말했다.
   "무서워하지 마라.
   내가 온 백성에게 미칠 큰 기쁨의 좋은 소식을 전하러 왔다.
11 오늘날 다윗의 동네에 너희를 위하여 구주가 태어나셨다.
   곧 그리스도 주시다.
12 너희가 가서 포대기에 싸여 구유에 누워있는 아기를 보아라.
   이것이 너희에게 표적이 될 것이다."
13 갑자기 수많은 천군이 그 천사들과 함께 나타나 하나님을 찬송하였다.
14 "지극히 높은 곳에서는 하나님께 영광이요,
   땅에서는 하나님께서 기뻐하시는 사람들에게 평화로다."

15 천사들이 떠나 하늘로 올라가니,
   목자들이 서로 말했다.
   "주께서 말씀하신 일이 정말 일어났는지 베들레헴에 가 보자."
16 그들이 급히 마리아와 요셉과 구유에 누운 아기를 찾아갔다.
17 그리고 천사가 자기들에게 이 아기에 대해 한 말을 알려주었다.
18 듣는 사람들은 모두 목자들이 하는 말에 놀랐다.
19 마리아는 이 모든 말을 마음에 두고 새겼다.
20 목자들은 천사들이 자기들에게 한 말과
   자기들이 듣고 본 것이 똑같았으므로
   하나님께 영광을 돌리고 찬송하며 돌아갔다.
21 할례할 8일이 되자, 그 이름을 예수라고 지었다.
   이는 잉태하기 전에 천사가 알려준 이름이다.

### 예수의 정결 예식

22 모세의 율법대로 결례(정결예식)를 할 날이 되었다.
   그 부모가 아기를 데리고 예루살렘으로 올라갔다.
23 이는 주의 율법에 '첫 태에 처음 태어난 남자는 모두 주의 거룩한 자라 하리라.'고 기록된 대로, 아기를 주께 드리고,
24 또 주의 율법대로 비둘기 한 쌍이나 어린 반구 두 마리로 제사 지내기 위함이었다.
25 예루살렘에 시므온이라는 사람이 있었다.
   그는 의롭고 경건하여 이스라엘의 위로를 기다리는 사람이었다.
   성령께서 그 위에 임하셨다.
26 그가 주의 그리스도를 보기 전에는 죽지 않을 것이라는 성령의 계시를 받았다.
27 그가 성령의 감동으로 성전에 들어가니,
   마침 그 부모가 율법대로 행하려고 아기 예수를 데리고 들어왔다.
28 시므온이 아기를 안고 하나님께 찬송하며 말했다.
29 "주재시여!

이제 주께서 말씀하신 대로 이 종을 평안히 놓아주십시오.
30  제 눈이 주의 구원을 보았습니다.
31  이것은 모든 백성 앞에 준비하신 것이요,
32  이방을 비추는 빛이요,
주의 백성 이스라엘에 영광입니다."
33  그 부모가 이 말을 듣고 매우 놀랐다.
34  시므온이 그들을 축복하고, 그 어머니 마리아에게 말했다.
"보시오.
이 아이는 이스라엘 중 많은 사람을 패하거나 흥하게 하고,
비방받는 표적이 되게 하려고 세움을 받았소.
35  또 칼이 당신의 마음을 찌르듯 할 것이요.
이는 여러 사람의 마음을 드러내려 함이오."
36  또 아셀 지파 바누엘의 딸 안나라 하는 선지자가 있었다.
나이가 매우 많았는데,
결혼한 후 7년 동안 남편과 함께 살다가 과부 된 지 84년 되었다.
37  그가 성전을 떠나지 않고, 밤낮으로 금식하고 기도하며 하나님을 섬기고 있었다.
38  마침 그때 안나가 나아와서 하나님께 감사하고,
예루살렘의 구원을 바라는 모든 사람에게 이 아기에 대하여 말해주었다.
39  그 부모가 주의 율법에 따라 모든 일을 마치고,
갈릴리로 돌아가 본 동네 나사렛으로 돌아갔다.
40  아기가 자라며 강해지고, 지혜가 충만하였고,
또 하나님의 은혜가 그 위에 있었다.

### 열두 살의 예수

41  그 부모가 해마다 유월절이 되면 예루살렘으로 갔다.
42  예수께서 열두 살 되었을 때도,
이 절기의 관례를 따라 예루살렘에 올라갔다.

43 그 날들을 마치고 집으로 돌아갈 때에,
   아이 예수는 예루살렘에 머무셨다.
   그 부모는 이것을 모르고
44 일행 중에 있다고 생각하고 하룻길을 간 후,
   친척과 친구 중에서 찾았으나 만나지 못하였다.
45 그들이 예수를 찾으러 예루살렘으로 돌아갔다.
46 사흘 후 성전에서 예수를 만났는데,
   예수께서는 선생들과 함께 앉아서, 듣기도 하고 묻기도 하셨다.
47 그의 말씀을 듣는 사람은 모두 그 지혜와 대답에 놀랐다.
48 그 부모도 그것을 보고 놀랐다.
   그의 어머니가 말했다.
   "아들아. 어찌하여 우리에게 이렇게 하였느냐?
    네 아버지와 내가 근심하여 너를 찾았다."
49 예수께서 말씀하셨다.
   "왜 저를 찾으셨습니까?
    제가 제 아버지 집에 있어야 하는 줄 알지 못했습니까?"
50 그 부모는 예수께서 하신 말씀을 깨닫지 못했다.
51 예수께서 부모와 함께 나사렛으로 돌아가, 부모를 순종하여 받드셨다.
   그 어머니는 이 모든 일을 마음에 담아두었다.
52 예수께서는 그 지혜와 키가 점점 자라고, 하나님과 사람에게 더 사랑스러워지셨다.

# 제3장

## 세례 요한의 전파

1 티베리우스 황제가 다스린 지 15년째 되던 해,
  곧 본디오 빌라도가 유대의 총독, 헤롯이 갈릴리의 분봉왕,
  그 동생 빌립이 이두래와 드라고닛 지방의 분봉왕,
2 루사니아가 아빌레네의 분봉왕,
  안나스와 가야바가 대제사장으로 있을 때에,
  하나님의 말씀이 빈 들에서 사가랴의 아들 요한에게 임하였다.
3 요한이 요단강 부근 각처에서
  죄 용서함을 받게 하는 회개의 세례를 전파하였다.
4 이는 선지자 이사야의 책에 쓴 것과 같다.
  "광야에서 외치는 자의 소리가 있다.
  '너희는 주의 길을 준비해라.
  그의 지름길을 평탄하게 하여라.
5 모든 골짜기가 메워지고, 모든 산과 언덕이 낮아지고,
  굽은 것은 펴지고, 험한 길은 평탄해져서
6 모든 사람이 하나님의 구원을 볼 것이다.'"
7 요한이 세례를 받으러 오는 무리에게 말했다.
  "독사의 자식들아.
  누가 너희에게 장차 올 진노를 피하라고 하더냐?
8 너희는 회개에 합당한 열매를 맺고,
  마음속으로 아브라함이 우리 조상이라고 말하지 마라.
  내가 말한다.
  하나님께서는 이 돌로도 아브라함의 자손을 만드실 수 있다.
9 도끼가 이미 나무뿌리에 놓였다.
  좋은 열매를 맺지 않는 나무는 모두 찍어 불에 던질 것이다."
10 무리가 물었다.
  "우리가 무엇을 해야 합니까?"

11  요한이 대답하였다.
    "옷 두 벌 가진 자는 옷 없는 자에게 나눠 주고,
     먹을 것 가진 자도 그렇게 해라."
12  세리들도 세례를 받으려고 와서 물었다.
    "선생님. 우리는 무엇을 해야 합니까?"
13  요한이 대답하였다.
    "정해진 세금외에는 거두지 마라."
14  군인들도 물었다.
    "우리는 무엇을 해야 합니까?"
    요한이 말했다.
    "다른 사람의 것을 강탈하지 말고, 거짓 고소하지 말고,
     받는 봉급으로 만족해라."
15  당시 백성들은 그리스도를 기다리고 있었으므로,
    요한이 혹시 그리스도가 아닐까 하고 생각하였다.
16  요한이 그들에게 말했다.
    "나는 물로 너희에게 세례를 주지만,
     곧 나보다 능력이 많으신 분이 오실 것이다.
     나는 그분의 신발끈을 푸는 것도 감당할 자격이 없다.
     그분은 성령과 불로 너희에게 세례를 주실 것이다.
17   그분은 손에 키를 들고 자기 타작마당을 깨끗이 하시고,
     알곡은 모아 곡간에 넣고,
     쭉정이는 꺼지지 않는 불에 태우실 것이다."
18  요한이 여러 말로 백성들을 위로하고, 좋은 소식을 전하였다.
19  분봉왕 헤롯은 그 동생의 아내 헤로디아의 일과
    또 자기가 행한 악한 일들 때문에 요한에게 책망을 받자
20  한가지 악을 더하여 요한을 감옥에 가두었다.

**세례를 받다**
21  백성들이 세례를 받을 때, 예수께서도 세례를 받으셨다.

예수께서 기도하실 때 하늘이 열리며
22 성령이 비둘기 같은 모습으로 그 위에 내려오셨다.
그리고 하늘에서 소리가 났다.
"너는 내 사랑하는 아들이다. 내가 너를 기뻐한다."

**예수의 족보**
23 예수께서 가르치시기 시작할 때에 30세쯤 되셨다.
사람들이 아는 것처럼 그분은 요셉의 아들이었다.
요셉의 위는 헬리요,
24 그 위는 맛닷, 그 위는 레위, 그 위는 멜기, 그 위는 얀나,
그 위는 요셉이요,
25 그 위는 맛다디아, 그 위는 아모스, 그 위는 나훔, 그 위는 에슬리,
그 위는 낙개요,
26 그 위는 마앗, 그 위는 맛다디아, 그 위는 서머인, 그 위는 요섹,
그 위는 요다요,
27 그 위는 요아난, 그 위는 레사, 그 위는 스룹바벨, 그 위는 스알디엘,
그 위는 네리요,
28 그 위는 멜기, 그 위는 앗디, 그 위는 고삼, 그 위는 엘마담,
그 위는 에르요,
29 그 위는 예수, 그 위는 엘리에서, 그 위는 요림, 그 위는 맛닷,
그 위는 레위요,
30 그 위는 시므온, 그 위는 유다, 그 위는 요셉, 그 위는 요남,
그 위는 엘리아김이요,
31 그 위는 멜레아, 그 위는 멘나, 그 위는 맛다다, 그 위는 나단,
그 위는 다윗이요,
32 그 위는 이새, 그 위는 오벳, 그 위는 보아스, 그 위는 살몬,
그 위는 나손이요,
33 그 위는 아미나답, 그 위는 아니, 그 위는 헤스론, 그 위는 베레스,
그 위는 유다요,

34 그 위는 야곱, 그 위는 이삭, 그 위는 아브라함, 그 위는 데라, 그 위는 나홀이요,

35 그 위는 스룩, 그 위는 르우, 그 위는 벨렉, 그 위는 헤버, 그 위는 살라요,

36 그 위는 가이난, 그 위는 아박삿, 그 위는 셈, 그 위는 노아, 그 위는 레멕이요,

37 그 위는 므두셀라, 그 위는 에녹, 그 위는 야렛, 그 위는 마할랄렐, 위는 가이난이요,

38 그 위는 에노스, 그 위는 셋, 그 위는 아담 이요. 그 위는 하나님이시다.

## 제4장

### 시험을 받다

1 예수께서 성령이 충만하여 요단강에서 돌아오신 후,
　성령에게 이끌려 광야에서 40일 동안 마귀에게 시험을 받으셨다.
2 그동안 아무것도 잡수시지 못하셔서, 배가 고프셨다.
3 마귀가 말했다.
　"당신이 만일 하나님의 아들이라면,
　　이 돌들에게 빵이 되라고 하시오."
4 예수께서 대답하셨다.
　"성경에 기록되어 있다.
　'사람이 빵으로만 사는 것이 아니다.'"
5 마귀가 또 예수를 이끌고 올라가 천하만국을 보여주며 말했다.
6 "이 모든 권세와 그 영광을 내가 당신에게 주겠소.
　　이것은 내가 넘겨받은 것이므로, 내가 원하는 자에게 줄 수 있소.
7 　만일 당신이 내게 절하면, 모두 당신 것이 될 것이오."
8 예수께서 대답하셨다.
　"기록되어 있다.
　'주 너의 하나님께 경배하고, 오직 그분만 섬겨라.'"
9 마귀가 예수를 이끌고 예루살렘으로 가서
　성전 꼭대기에 세우고 말했다.
　"당신이 만일 하나님의 아들이라면, 여기서 뛰어내리시오.
10 　이렇게 기록되어 있소.
　'하나님께서 천사들에게 명하여 너를 지키시리라.',
11 　또 '그들이 손으로 너를 받들어, 네 발이 돌에 부딪히지 않게 하시리라.'"
12 예수께서 대답하셨다.
　"하나님께서 말씀하셨다.
　'주 너의 하나님을 시험하지 마라.'"

13  마귀가 이 모든 시험을 마친 후, 얼마 동안 예수를 떠났다.

## 갈릴리에서 가르치다
14  예수께서 성령의 능력을 입고 갈릴리로 돌아가시니,
    그 소문이 사방에 퍼졌다.
15  예수께서 친히 여러 회당에서 가르치시니, 많은 사람들이 칭찬하였다.

## 나사렛에서 배척을 받다
16  예수께서 그 자라신 곳 나사렛에 가셨다.
    평소대로 안식일에 회당에 들어가셔서 성경을 읽으려고 일어서셨다.
17  선지자 이사야의 글을 건네받아 이곳을 찾으셨다.
18  "주의 성령이 내게 임하셨다.
       이는 가난한 자에게 복음을 선포하시려고 기름을 부으시고,
       포로 된 자들에게 해방을,
       눈먼 자에게 다시 보게 함을 전파하시고,
       억눌린 자를 자유하게 하시고,
19     주의 은혜의 해를 선포하게 하려 하심이다."
20  예수께서 책을 덮고, 그 맡은 자에게 돌려주시고 앉으셨다.
    회당에 있는 자들이 다 예수를 주목하였다.
21  예수께서 그들에게 말씀하셨다.
    "이 말씀이 오늘날 너희에게 이루어졌다."
22  그들이 모두 감탄하고, 그 입에서 나오는 은혜로운 말에 놀라서 말했다.
    "이 사람은 요셉의 아들이 아니냐?"
23  예수께서 그들에게 말씀하셨다.
    "너희는 반드시 '의사야. 네 병을 고쳐라.' 하는 속담을 인용하여
    나에게 '우리가 들은 대로 가버나움에서 행한 일을 당신의 고향인
    여기서도 해 보라.'고 할 것이다.
24  내가 진실로 너희에게 말한다.
    고향에서 환영받는 선지자가 없다.

25 내가 참으로 너희에게 말한다.
 엘리야 시대에 하늘이 3년 6개월간 닫혀 온 땅에 큰 흉년이 들었을 때,
 이스라엘에 많은 과부가 있었으나,
26 엘리야가 그중 누구에게도 보내심을 받지 않고,
 오직 시돈 땅 사렙다의 한 과부에게만 보내심을 받았다.
27 또 선지자 엘리사 때에 이스라엘에 많은 나병환자가 있었으나,
 그중 한 사람도 깨끗함을 얻지 못하고,
 오직 시리아 사람 나아만 깨끗해졌다."
28 회당에 있던 자들이 이 말씀을 듣고 모두 화가 잔뜩 났다.
29 그들이 일어나 예수를 동네 밖으로 쫓아내고,
 산 낭떠러지까지 끌고 가서, 밀어 떨어뜨리려고 하였으나
30 예수께서는 그들 가운데로 지나 그곳을 떠나셨다.

## 더러운 귀신 들린 사람을 고치다

31 예수께서 갈릴리의 가버나움 동네에 오셔서, 안식일에 가르치셨다.
32 사람들이 그분의 가르치심에 놀랐다.
 이는 그 말씀이 권세가 있었기 때문이다.
33 회당에 있던 더러운 귀신 들린 사람이 크게 소리 질렀다.
34 "아. 나사렛 예수여!
 우리가 당신과 무슨 상관이 있습니까?
 우리를 멸망시키려고 왔습니까?
 나는 당신이 하나님의 거룩한 분이신 줄 압니다."
35 예수께서 꾸짖으셨다.
 "잠잠하고, 그 사람에게서 나오너라."
 귀신이 그 사람을 무리 중에 넘어뜨리고 나왔다.
 그러나 그 사람은 다치지 않았다.
36 모두 놀라서 서로 말했다.
 "이것은 어떠한 말씀이냐?
 이분이 권세와 능력으로 더러운 귀신에게 명령하니 떠나가는구나."

37 이에 예수의 소문이 그 근처 사방에 퍼졌다.

## 많은 사람을 고치다
38 예수께서 일어나 회당에서 나와, 시몬(베드로)의 집에 들어가셨다.
시몬의 장모가 심한 열병을 앓고 있었는데,
사람들이 그를 위해 예수께 간구했다.
39 예수께서 가까이 가셔서 열병을 꾸짖으시니 열병이 떠났다.
여자가 곧 일어나 그들에게 시중들었다.
40 해 질 무렵에, 사람들이 온갖 병자들을 다 데리고 왔다.
예수께서 일일이 그 위에 손을 얹어 고쳐주셨다.
41 여러 사람에게서 귀신들이 나가며 소리 질렀다.
"당신은 하나님의 아들이십니다."
예수께서는 귀신들을 꾸짖으시며, 그 말을 하지 못하게 하셨다.
그들이 자기가 그리스도인 줄 알았기 때문이다.

## 전도여행을 떠나다
42 날이 밝자 예수께서 한적한 곳으로 가셨다.
사람들이 예수를 찾다가 만나자, 자기들을 떠나지 말라고 사정하였다.
43 예수께서 말씀하셨다.
"내가 다른 동네에서도 하나님 나라의 복음을 전해야 한다.
 나는 이 일을 위해 보내심을 받았다."
44 그리고 갈릴리 여러 회당에서 전도하셨다.

## 제5장

### 어부들을 부르다

1 어느 날 무리가 예수를 둘러싸고 하나님의 말씀을 들었다.
  예수께서 게네사렛 호숫가에 서서 보시니
2 호숫가에 배 두 척이 있었고,
  어부들이 배에서 내려 그물을 씻고 있었다.
3 예수께서 그중 시몬의 배에 오르셔서,
  '배를 육지에서 조금 띄우라' 하시고, 사람들을 가르치셨다.
4 예수께서 다 가르치시고 나서, 시몬에게 말씀하셨다.
  "깊은 데로 가서 그물을 내려 고기를 잡아라."
5 시몬이 대답하였다.
  "선생님. 우리가 밤새도록 수고하였으나 잡은 것이 없지만,
  선생님의 말씀대로 그물을 내리겠습니다."
6 시몬이 그대로 하니,
  고기가 너무 많이 잡혀 그물이 찢어졌다.
7 이에 다른 배에 있는 동료들에게 와서 도와달라고 손짓하였다.
  그들이 와서 잡은 고기가 두 배에 가득 채우니
  배가 물에 잠기려 하였다.
8 시몬 베드로가 이것을 보고 예수의 무릎 아래 엎드려 말했다.
  "주여. 저를 떠나십시오. 저는 죄인입니다."
9 시몬과 그의 동료들이 잡은 고기를 보고 놀랐다.
10 시몬의 동업자인 야고보와 요한도 놀랐다.
  예수께서 시몬에게 말했다.
  "무서워하지 마라. 이제부터는 네가 사람을 낚을 것이다."
11 그들이 배를 육지에 대고, 모든 것을 버리고 예수를 따라갔다.

### 나병환자를 고치다

12 예수께서 어느 동네에 계실 때에,

온몸에 나병 걸린 사람이 예수를 보고 땅에 엎드려 간구하였다.
"주여. 원하시면 저를 깨끗하게 고쳐주십시오."
13 예수께서 손을 내밀어 그에게 대고 말씀하셨다.
"내가 원한다. 깨끗하게 되어라."
그러자 나병이 곧 떠났다.
14 예수께서 그 사람에게 경고하셨다.
"아무에게도 말하지 말고, 가서 제사장에게 네 몸을 보이고,
또 네가 깨끗하게 되었으니 모세의 명령대로 예물을 드려
그들에게 증명해라."
15 그러나 예수에 대한 소문은 더욱 퍼졌다.
큰 무리가 예수의 말씀도 듣고, 병도 고치기 위해 모여들었다.
16 예수께서는 한적한 곳으로 물러가 기도하셨다.

## 중풍병자를 고치다

17 하루는 갈릴리 각 촌과 유대와 예루살렘에서 온 바리새인과 율법교사들이 앉아 있는데서 예수께서 가르치셨다.
그때 병을 고치는 주의 능력이 예수와 함께 하였다.
18 사람들이 한 중풍병자를 침상에 메고 와서, 예수 앞에 나아오려고 하였으나, 무리 때문에 침상을 메고 들어갈 수 없었다.
19 그래서 그들이 지붕에 올라가 기와를 벗기고, 병자를 침상 채 예수 앞에 달아 내렸다.
20 예수께서 그들의 믿음을 보시고 말씀하셨다.
"이 사람아. 네가 죄를 용서받았다."
21 서기관과 바리새인들이 의논하여 말했다.
"이 사람이 누구이기에 하나님을 모욕하느냐?
하나님 한 분 외에 누가 죄를 용서할 수 있느냐?"
22 예수께서 그것을 아시고 대답하셨다.
"너희가 무슨 생각을 하느냐?
23 '네가 죄를 용서받았다' 하는 말과

'일어나 걸어가라' 하는 말 중 어느 것이 쉽겠느냐?

그러나 인자가 땅에서 죄를 용서하는 권세가 있는 줄을 너희로 알게 하겠다."

24 그리고 중풍병자에게 말씀하셨다.

"내가 네게 말한다. 일어나 네 침상을 가지고 집으로 가라."

25 그 사람이 그들 앞에서 곧 일어나, 그 누웠던 침상을 가지고, 하나님께 영광을 돌리며 집으로 돌아갔다.

26 모든 사람이 놀라 하나님께 영광을 돌리며 말했다.

"오늘날 우리가 놀라운 일을 보았다."

## 레위를 부르다

27 그 후 예수께서 레위(마태)라는 세리가 세관에 앉아 있는 것을 보시고 말씀하셨다.

"나를 따라오너라."

28 레위가 모든 것을 버리고 일어나 따라나섰다.

29 레위가 예수를 위하여 자기 집에서 큰 잔치를 벌였는데, 많은 세리들과 다른 사람들이 와서 함께 음식을 먹었다.

30 바리새인과 서기관들이 예수의 제자들을 비판하였다.

"너희가 어찌하여 세리와 죄인과 함께 먹고 마시느냐?"

31 예수께서 대답하셨다.

"건강한 자에게는 의사가 쓸데없고, 병든 자에게라야 쓸 데 있다.

32　내가 의인을 부르러 온 것이 아니라, 죄인을 불러 회개시키러 왔다."

## 금식에 관하여

33 그들이 예수께 말했다.

"요한의 제자들은 자주 금식하며 기도하고, 바리새인의 제자들도 그렇게 하는데, 당신의 제자들은 늘 먹고 마십니다."

34 예수께서 그들에게 말씀하셨다.

"혼인집 손님들이 신랑과 함께 있는 동안에, 손님들에게 금식하게 할 수 있느냐?
35 그러나 신랑이 떠날 날이 올 것이다. 그날에는 금식할 것이다."

## 새 포도주는 새 부대에
36 또 비유로 말씀하셨다.
　"새 옷에서 한 조각을 찢어 낡은 옷에 붙이는 사람이 없다.
　만일 그렇게 하면 새 옷은 찢어지고,
　새 옷에서 찢은 조각은 낡은 옷에 어울리지 않는다.
37 새 포도주를 낡은 가죽 부대에 넣는 사람이 없다.
　만일 그렇게 하면 새 포도주가 부대를 터뜨려,
　포도주는 쏟아지고, 부대도 버리게 된다.
38 새 포도주는 새 부대에 넣어야 한다.
39 묵은 포도주를 마시고 나서 새 포도주를 원하는 사람이 없다.
　모두 묵은 것이 좋다고 여기기 때문이다."

# 제6장

## 안식일에 이삭을 자르다
1 안식일에 예수께서 밀밭 사이로 지나가시는데,
  제자들이 이삭을 잘라 손으로 비비어 먹었다.
2 어떤 바리새인들이 말했다.
  "어째서 안식일에 해서 안되는 일을 하느냐?"
3 예수께서 대답하셨다.
  "너희는 다윗과 그 일행이 시장할 때 한 일을 읽지 못했느냐?
4   그가 하나님의 전에 들어가서, 제사장 외에는 먹으면 안 되는 진설
   병(빵)을 집어먹고, 일행들에게도 주지 않았느냐?"
5 그리고 말씀하셨다.
  "인자는 안식일의 주인이다."

## 안식일에 손 마른 사람을 고치다
6 또 다른 안식일에 예수께서 회당에 들어가서 가르치셨는데,
  거기에 오른손 마른 사람이 있었다.
7 서기관과 바리새인들이 예수를 고소할 증거를 찾으려고,
  예수께서 안식일에 병을 고치시는지 지켜보았다.
8 예수께서 그들의 생각을 아시고, 손 마른 사람에게 말씀하셨다.
  "일어나서 한가운데 서라."
  그러자 그가 일어났다.
9 예수께서 그들에게 물으셨다.
  "안식일에 선을 행하는 것과 악을 행하는 것,
    생명을 구하는 것과 죽이는 것, 그중 어느 것이 옳으냐?
10 그리고 무리를 둘러보시고, 그 사람에게 말씀하셨다.
  "네 손을 내밀어라."
  그가 그렇게 하니 그의 손이 회복되었다.
11 그러자 그들은 화가 잔뜩 나서, 예수를 어떻게 할지 의논하였다.

**열두 제자를 선택하다**

12 이때 예수께서 산에 가셔서, 밤새도록 하나님께 기도하시고,
13 날이 밝자 그 제자들을 부르셨다.
그중 열두 명을 선택하여 사도라고 하셨다.
14 그 열두 명은,
베드로라고도 하는 시몬, 그의 동생 안드레, 야고보와 요한, 빌립,
바돌로매와
15 마태, 도마, 알패오의 아들 야고보, 셀롯이라고 하는 시몬,
16 야고보의 아들 유다와 예수를 팔 가룟 유다였다.
17 예수께서 그들과 함께 내려와 평지에 서셨다.
거기에 그 제자들의 큰 무리와 또 예수의 말씀도 듣고 병도 고치려고 유대 사방과 예루살렘과 두로와 시돈의 해안에서 온 많은 백성도 있었다.
18 더러운 귀신에게 고난받는 사람들은 고침을 받았다.
19 온 무리가 예수를 만지려고 하였다.
이는 예수에게서 능력이 나와 모든 사람을 낫게 하셨기 때문이다.

**복과 화를 선포하다**

20 예수께서 눈을 들어 제자들을 보고 말씀하셨다.
"가난한 사람은 복이 있다. 하나님의 나라가 너희 것이다.
21 지금 굶주린 사람은 복이 있다. 너희가 배부를 것이다.
지금 우는 사람은 복이 있다. 너희가 웃을 것이다.
22 인자 때문에 사람들이 너희를 미워하며, 멀리하고, 욕하고,
너희 이름을 악하다 하며 버릴 때는, 너희에게 복이 있다.
23 그날에 기뻐하고 뛰놀아라. 하늘에서 너희 상이 크다.
그들의 조상들이 선지자들에게 이같이 하였다.
24 그러나 화가 있을 것이다. 너희 부유한 사람아.
너희는 너희의 위로를 이미 받았다.
25 화가 있을 것이다. 너희 지금 배부른 사람아.

너희는 굶주릴 것이다.
화가 있을 것이다. 너희 지금 웃는 사람아.
너희가 애통하며 울 것이다.
26 모든 사람이 너희를 칭찬하면 화가 있을 것이다.
그들의 조상들이 거짓 선지자들에게 이와 같이 하였다."

## 원수를 사랑해라

27 "내 말을 듣는 너희에게 내가 말한다.
너희 원수를 사랑하고, 너희를 미워하는 사람을 선대해라.
28 너희를 저주하는 사람을 위하여 축복하고,
너희를 모욕하는 사람들을 위하여 기도해라.
29 네 이 뺨을 때리는 사람에게 저 뺨도 돌려대고,
네 겉옷을 빼앗는 사람에게 속옷도 거절하지 말고 주어라.
30 네게 요구하는 사람에게 주고,
네 것을 가져가는 사람에게 돌려달라고 하지 마라.
31 남에게 대접을 받고 싶은 대로 너희도 남을 대접해라.
32 너희가 만일 너희를 사랑하는 사람만 사랑하면,
칭찬받을 것이 무엇이냐?
죄인들도 자기를 사랑하는 사람을 사랑한다.
33 너희가 만일 너희에게 선대하는 사람만 선대하면,
칭찬받을 것이 무엇이냐?
죄인들도 이렇게 한다.
34 너희가 돌려받기를 바라고 사람들에게 빌려주면,
칭찬받을 것이 무엇이냐?
죄인들도 고스란히 돌려받을 생각으로 빌려준다.
35 오직 너희는 원수를 사랑하고 선대해라.
아무것도 바라지 말고 빌려주어라.
그러면 너희 상이 크고
또 너희가 지극히 높으신 분의 아들이 될 것이다.

그분은 은혜를 모르는 사람과 악한 사람에게도 인자하시다.
36 너희 아버지께서 자비로우신 것 같이 너희도 자비하여라.
37 비판하지 마라. 그리하면 너희가 비판을 받지 않을 것이다.
  정죄하지 마라. 그리하면 너희가 정죄를 받지 않을 것이다.
  용서해라. 그리하면 너희가 용서를 받을 것이다.
38 주어라. 그러면 너희도 받을 것이다.
  곧 후히 되어 누르고 흔들어 넘치도록 너희에게 안겨 줄 것이다.
  너희가 헤아리는 그 잣대로 너희도 헤아림을 받을 것이다."

## 네 눈 속에 있는 들보

39 예수께서 또 비유로 말씀하셨다.
  "눈먼 사람(소경)이 눈먼 사람을 인도할 수 있느냐?
  자칫하면 두 사람 다 구덩이에 빠지지 않겠느냐?
40 제자가 그 선생보다 높지 못하다.
  그러나 다 배우고나면 그 선생과 같을 것이다.
41 어찌하여 형제의 눈 속에 있는 티는 보면서,
  네 눈 속에 있는 들보는 깨닫지 못하느냐?
42 네가 네 눈 속에 있는 들보를 보지 못하면서,
  형제에게 '형제여. 내가 네 눈 속에 있는 티를 빼게 하라.'고 말할 수 있느냐?
  위선자야. 먼저 네 눈 속에서 들보를 빼어라.
  그 후에야 네가 밝게 보고, 형제의 눈 속에 있는 티를 뺄 수 있다.
43 못된 열매 맺는 좋은 나무가 없고, 좋은 열매 맺는 못된 나무가 없다.
44 나무는 각각 그 열매로 알 수 있다.
  가시나무에서 무화과를, 찔레나무에서 포도를 딸 수 없다.
45 선한 사람은 마음에 쌓은 선에서 선을 내고,
  악한 사람은 그 쌓은 악에서 악을 낸다.
  이는 마음에 가득한 것을 입으로 말하기 때문이다."

**듣고 행하는 사람**

46  "너희는 나를 '주여, 주여' 하면서도,
    어째서 내가 말하는 것을 행하지 않느냐?
47  내게 나아와 내 말을 듣고 행하는 사람이 어떤 사람인지
    너희에게 보여주마.
48  그는 집을 지을 때, 땅을 깊이 파고, 기초를 반석 위에 놓은 사람과
    같다.
    홍수가 나서 탁류가 그 집에 부딪혀도 그 집은 요동하지 않는다.
49  그러나 내 말을 듣고 행하지 않는 사람은,
    기초 없이 흙 위에 집을 지은 사람과 같다.
    탁류가 부딪히면 그 집이 곧 완전히 무너질 것이다."

## 제7장

### 백부장의 하인을 고치다

1 예수께서 모든 말씀을 백성들에게 들려주신 후에, 가버나움으로 들어가셨다.
2 어떤 백부장의 사랑하는 종이 병들어 죽게 되었다.
3 그가 예수의 소문을 듣고, 유대인 장로 몇 사람을 예수께 보내어, 자기 종을 낫게 해 달라고 간청하였다.
4 그들이 예수께 나아와 간절히 구하였다.
  "이 사람에게 이 일을 해주시면 좋겠습니다.
5   그가 우리 민족을 사랑하고, 우리를 위하여 회당을 지어주었습니다."
6 이에 예수께서 그들과 함께 가셨는데,
  그 집 가까이 왔을 때, 백부장이 친구들을 보내어 예수께 말했다.
  "주여. 수고하지 마십시오.
  주께서 저의 집에 들어오시는 것을 제가 감당할 수 없습니다.
7   저도 주께 나아갈 자격이 없습니다.
  그저 말씀만 하셔서 제 종을 고쳐주십시오.
8   저도 남의 수하에 있는 사람이고, 제 밑에도 부하가 있습니다.
  그들에게 가라고 하면 가고, 오라고 하면 옵니다.
  제 종들에게도 무엇을 하라고 하면 합니다.
9 예수께서 이 말을 들으시고 놀라셔서, 따르는 무리에게 말씀하셨다.
  "내가 너희에게 말한다.
  내가 이스라엘 사람 중에서도 이만한 믿음을 보지 못했다."
10 그 사람들이 집에 돌아가 보니, 그 종이 이미 나아 있었다.

### 나인성 과부의 아들을 살리다

11 그 후에 예수께서 나인성으로 가실 때,
  제자들과 많은 무리가 동행하였다.
12 성문 가까이 왔을 때, 사람들이 죽은 자를 메고 나왔다.

그는 어느 과부의 독자였다.
그 성에 사는 많은 사람들도 그 과부와 함께 나왔다.
13 주께서 그 과부를 보시고 불쌍해서 말씀하셨다.
"울지 마라."
14 예수께서 가까이 와서 관에 손을 대시니, 관을 멘 사람들이 멈추었다. 예수께서 말씀하셨다.
"청년아. 내가 네게 말한다. 일어나라."
15 그러자 죽었던 자가 일어나 앉아서 말을 하였다.
이에 예수께서 그를 그 어머니에게 돌려주셨다.
16 모든 사람이 두려워하며 하나님께 영광을 돌려 말했다.
"큰 선지자가 우리 가운데 일어나셨구나.
하나님께서 자기 백성을 돌아보셨다."
17 예수에 대한 이 소문이 온 유대와 사방에 두루 퍼졌다.

**요한의 제자들에게 대답하다**
18 요한의 제자들이 이 모든 일을 요한에게 알렸다.
19 요한이 제자 두 사람을 불러 예수께 보내어, 물어보라고 하였다.
"오실 그분이 당신입니까? 우리가 다른 분을 기다려야 합니까?"
20 그들이 예수께 가서 여쭈었다.
"세례 요한이 우리를 당신에게 보내어 물어보라고 했습니다.
'오실 그분이 당신입니까? 우리가 다른 분을 기다려야 합니까?'"
21 마침 그때 예수께서 질병과 고통과 및 악한 귀신 들린 사람들을 많이 고치시고, 또 눈먼 사람들을 많이 보게 하셨다.
22 예수께서 대답하셨다.
"너희가 가서 지금 보고 들은 것을 요한에게 보고해라.
눈먼 사람이 보고, 앉은뱅이가 걸으며, 나병환자가 깨끗해지고,
귀먹은 사람이 듣고, 죽은 사람이 살아나며, 가난한 사람에게 복음
이 전파된다고.
23 누구든지 나로 인해 실족하지 않는 사람은 복이 있다."

24 요한의 제자들이 떠난 후에,
예수께서 무리에게 말씀하셨다.
"너희가 무엇을 보려고 광야에 나갔더냐?
바람에 흔들리는 갈대냐?
25 그것이 아니면 너희가 무엇을 보려고 나갔더냐?
부드러운 옷을 입은 사람이냐?
화려한 옷을 입고 사치하며 지내는 사람은 왕궁에 있다.
26 그러면 너희가 무엇을 보려고 나갔더냐?
선지자냐? 그렇다. 선지자보다 나은 사람이다.
27 기록에 '보라. 내가 내 사자를 네 앞에 보낸다. 그가 네 앞에서 네 길을 준비하리라.' 한 말씀이 이 사람에 대한 것이다.
28 내가 너희에게 말한다.
여자가 낳은 사람 중에 요한보다 큰 사람이 없다.
그러나 하나님 나라에서는 지극히 작은 사람도 요한보다 크다."
29 (모든 백성과 세리들은 이미 요한의 세례를 받았으므로,
이 말씀을 듣고 하나님을 의롭다고 하였다.
30 그러나 바리새인과 율법교사들은 요한의 세례를 받지 않으므로
그들을 향한 하나님의 뜻을 저버렸다.)
31 예수께서 또 말씀하셨다.
"이 세대 사람을 무엇으로 비유할까? 무엇과 같을까?
32 마치 아이들이 장터에 앉아 서로 불러 말하는 것과 같다.
'우리가 너희를 향해 피리를 불어도 너희가 춤추지 않고,
우리가 애곡해도 너희가 울지 않는다.'
33 세례 요한이 와서 빵도 먹지 않고 포도주도 마시지 않으니,
너희는 그가 귀신이 들렸다고 하더니,
34 인자가 와서 먹고 마시니,
너희가 '먹기를 탐하고, 포도주를 좋아하는 사람이요,
세리와 죄인의 친구다.' 라고 한다.
35 지혜는 자기의 자녀 때문에 옳다는 것이 증명된다."

**여자가 예수께 향유를 붓다**

36 한 바리새인이 예수를 식사에 초대하므로,
　　예수께서 그 집에 들어가 식탁에 앉으셨다.
37 그 동네에 죄인인 한 여자가 있었다.
　　그가 예수께서 바리새인의 집에서 식사하고 계신 것을 알고,
　　향유를 담은 옥합(병)을 가지고 왔다.
38 그가 예수의 뒤로 가서 그 발 곁에 서서 울며,
　　그 발을 눈물로 적시고, 자기 머리카락으로 닦고,
　　그 발에 입 맞추고 향유를 부었다.
39 예수를 초대한 바리새인이 그것을 보고 속으로 생각했다.
　　"이 사람이 선지자라면, 자기를 만지는 이 여자가 누구이며,
　　　어떠한 자, 곧 죄인인 줄 알았을 텐데."
40 예수께서 말씀하셨다.
　　"시몬아. 내가 네게 할 말이 있다."
　　그가 말했다.
　　"선생님. 말씀하십시오."
41 예수께서 말씀하셨다.
　　"어떤 사람에게 빚진 사람 둘이 있었다.
　　　한 사람은 5,000만 원[1]을 빚지고, 한 사람은 500만 원을 빚졌다.
42　두 사람 모두 갚을 돈이 없으므로, 두 사람의 빚을 다 면제해 주었다.
　　　그러면 그중 누가 그를 더 사랑하겠느냐?"
43 시몬이 대답하였다.
　　"더 많이 면제받은 사람입니다."
　　예수께서 말씀하셨다.
　　"네 판단이 옳다."
44 예수께서 그 여자를 돌아보시며, 시몬에게 말씀하셨다.
　　"이 여자를 보아라!
　　　내가 네 집에 들어올 때,

---

1) 원문에는 500데나리온이라고 되어 있다. 편의상 1데나리온을 10만 원으로 환산하였다.

너는 내게 발 씻을 물도 주지 않았으나,
이 여자는 눈물로 내 발을 적시고 머리카락으로 닦아주었다.
45 너는 내게 입을 맞추지 않았으나,
이 여자는 들어올 때부터 내 발에 입 맞추기를 그치지 않았다.
46 너는 내 머리에 감람유도 붓지 않았으나,
이 여자는 내 발에 향유를 부었다.
47 그러므로 내가 네게 말한다.
이 여자는 죄를 많이 용서받았다. 그가 많이 사랑했기 때문이다.
적게 용서받은 사람은 적게 사랑한다."
48 그리고 여자에게 말씀하셨다.
"네가 죄를 용서받았다."
49 함께 앉아 있던 사람들이 속으로 수군거렸다.
"이 사람이 누구이기에 죄를 용서한다는 말인가?"
50 예수께서 여자에게 말씀하셨다.
"네 믿음이 너를 구원하였다. 평안히 가라."

## 제8장

### 여자들이 예수를 섬기다
1 그 후에 예수께서 여러 성과 마을을 두루 다니시면서,
 하나님의 나라를 선포하시고, 그 복음을 전하셨다.
 그때 열두 제자가 함께하였다.
2 또한 악귀가 쫓겨나거나 병 고침을 받은 여자들,
 곧 일곱 귀신이 떠나간 막달라 마리아,
3 헤롯의 청지기 구사의 아내 요안나, 수산나와 그밖에 다른 여자들도
 함께 하며, 자기들의 재산으로 그들을 섬겼다.

### 씨 뿌리는 사람의 비유
4 여러 동네에서 사람들이 예수께 나아와 큰 무리를 이루었다.
 예수께서 비유로 말씀하셨다.
5 "어떤 사람이 씨를 뿌리러 나가서 씨를 뿌렸다.
 어떤 씨는 길가에 떨어져
 사람에게 밟히고, 공중의 새들에게 먹혔다.
6 어떤 씨는 바위 위에 떨어져,
 싹이 났으나 물기가 없으므로 곧 말랐다.
7 어떤 씨는 가시떨기에 떨어져,
 가시가 함께 자라는 바람에 그 기운이 막혔다.
8 어떤 씨는 좋은 땅에 떨어져, 100배의 결실을 하였다."
 예수께서 이 말씀을 하시고 외치셨다.
 "들을 귀 있는 사람은 들어라."

### 비유를 설명하다
9 제자들이 이 비유의 뜻을 물었다.
10 예수께서 말씀하셨다.
 "하나님 나라의 비밀을 아는 것이 너희에게는 허락되었으나,

다른 사람에게는 내가 비유로 말한다.
그들이 보아도 보지 못하고, 들어도 깨닫지 못하게 하려 함이다."

11 "이 비유는 이와 같다.
씨는 하나님의 말씀이다.
12 길가에 떨어졌다는 것은,
말씀을 들었으나 마귀가 그들에게서 말씀을 빼앗아 가는 바람에,
믿고 구원받지 못하는 사람이다.
13 바위 위에 있다는 것은,
말씀을 들을 때에 기쁨으로 받으나,
뿌리가 없어 잠깐 믿다가 시험을 받으면 배반하는 사람이다.
14 가시떨기에 떨어졌다는 것은,
말씀을 들었으나, 세상의 염려와 재물과 쾌락에 기운이 막혀
온전히 결실하지 못하는 사람이다.
15 좋은 땅에 있다는 것은,
착하고 좋은 마음으로 말씀을 듣고 지키고, 인내로 결실하는 사람이다."

## 등불은 등경 위에

16 "누구든지 등불을 켜서 그릇으로 덮거나, 침대 아래 두지 않고
등경 위에 둔다.
이는 들어오는 사람들이 그 빛을 볼 수 있게 하려함이다.
17 숨긴 것이 장차 드러나지 않을 것이 없고,
감춰진 것은 장차 알려지고 나타나게 마련이다.
18 그러므로 너희는 내 말을 조심해서 들어라.
누구든지 있는 사람은 더 받고,
없는 사람은 있다고 생각하는 것까지 빼앗길 것이다."

## 예수의 어머니와 동생들

19 예수의 어머니와 그 동생들이 찾아왔다.

그러나 사람이 너무 많아 예수께 가까이 갈 수 없었다.
20 어떤 사람이 알렸다.
 "선생님의 어머니와 동생들이 선생님을 만나려고 밖에 서 있습니다."
21 예수께서 대답하셨다.
 "내 어머니와 내 동생은 하나님의 말씀을 듣고 행하는 이 사람들이다."

## 바람과 바다를 잔잔하게 하다

22 하루는 예수께서 제자들과 함께 배에 올라 말씀하셨다.
 "호수 저편으로 건너가자."
 그리고 그곳을 떠나셨다.
23 배를 저어가는 동안 예수께서 잠이 드셨는데
 마침 광풍이 호수로 내리쳐, 배에 물이 가득 들어와 위험하였다.
24 제자들이 예수를 깨워 말했다.
 "주여, 주여. 우리가 죽겠습니다."
 예수께서 잠에서 깨어 바람과 물결을 꾸짖으시니,
 폭풍이 그치고 호수가 잔잔해졌다.
25 예수께서 제자들에게 꾸짖으셨다.
 "너희 믿음이 어디 있느냐?"
 그들이 놀라 서로 말했다.
 "저분이 누구신가?
  바람과 물을 명령하시니, 순종하는구나."

## 귀신들린 사람을 고치다

26 그들이 갈릴리 맞은편 거라사인의 땅에 도착하였다.
27 예수께서 육지에 내렸을 때, 귀신 들린 사람 하나를 만났다.
 그 사람은 오랫동안 옷을 입지 않았고,
 집에서 살지 않고, 무덤 사이에서 살고 있었다.
28 그 사람이 예수를 보고, 그 앞에 엎드려 큰 소리로 외쳤다.

"지극히 높으신 하나님의 아들 예수여!
　내가 당신과 무슨 상관이 있습니까?
　제발 나를 괴롭히지 마십시오."
29 이는 예수께서 이미 더러운 귀신에게 '그 사람에게서 나오라' 고 하셨기 때문이다.
(귀신이 가끔 이 사람을 붙잡으므로, 사람들이 쇠사슬과 고랑으로 묶어 두었으나, 그가 그것을 다 끊고 귀신에게 몰려 광야로 뛰쳐 나갔다.)
30 예수께서 물으셨다.
"네 이름이 무엇이냐?"
그가 대답하였다.
"군대입니다."
이는 많은 귀신이 들려있었기 때문이다.
31 귀신들이 자기들을 무저갱으로 보내지 말라고 간구하였다.
32 마침 거기에 많은 돼지 떼가 산에서 먹이를 먹고 있었다.
귀신들이 그 돼지에게로 들어가게 해 달라고 간구하므로 예수께서 허락하셨다.
33 귀신들이 그 사람에게서 나와 돼지에게로 들어가자,
돼지떼가 비탈로 내리달아 호수로 들어가 몰사하였다.
34 돼지를 치던 자들이 그것을 보고 도망하여,
성내와 마을에 가서 이 사실을 알렸다.
35 사람들이 그 일을 보러 나왔다가 귀신 들렸던 사람이 옷을 입고 정신이 돌아와 예수의 발아래 앉아 있는 것을 보고 겁이 났다.
36 목격한 사람들이 귀신 들렸던 사람이 어떻게 구원받는지를 그들에게 말해주었다.
37 거라사인의 땅 근방 모든 백성들이 크게 두려워하여,
예수께 그곳에서 떠나시라고 간청하였다.
그래서 예수께서 배를 타고 떠나셨다.
38 귀신 들렸던 사람이 예수와 함께 가겠다고 사정하였으나,
예수께서 그를 돌려보내시며 말씀하셨다.

"집으로 돌아가 하나님께서 네게 얼마나 큰일을 행하셨는지 알려라."
39 그가 돌아가 예수께서 자기에게 얼마나 큰일을 행하셨는지 온 성에 전하였다.

**야이로의 딸**
40 예수께서 돌아오시니 무리가 환영하였다.
그들은 다 예수를 기다리고 있었던 것이다.
41 그때 회당장 야이로가 오더니 예수의 발아래 엎드려
자기 집에 오시라고 간구하였다.
42 이는 자기의 열두 살 된 외동딸이 죽어가고 있었기 때문이다.
예수께서 그 집에 가실 때에, 무리가 예수를 에워쌌다.
43 그중에 12년 동안 혈루증을 앓던 여자가 있었다.
44 그가 예수의 뒤로 와서 그 옷에 손을 대니, 그의 혈루증이 즉시 그쳤다.
45 예수께서 말씀하셨다.
"내게 손을 댄 자가 누구냐?"
모두 자기가 아니라고 하자, 베드로가 말했다.
"주여. 무리가 주님을 밀고 있습니다."
46 예수께서 말씀하셨다.
"내게 손을 댄 사람이 있다.
내게서 능력이 나간 줄 내가 알고 있다."
47 여자가 스스로 숨기지 못할 줄 알고, 떨며 앞으로 나아와 엎드리더니,
손을 댄 이유와 병이 나은 사실을 사람들 앞에 고했다.
48 예수께서 말씀하셨다.
"딸아. 네 믿음이 너를 구원하였다. 평안히 가라."
49 예수께시 이 말씀을 하고 계실 때에,
회당장의 집에서 사람이 와서 말했다.
"당신 딸이 죽었습니다. 선생님을 더 괴롭히지 마십시오."
50 예수께서 이 말을 듣고 말씀하셨다.
"두려워하지 말고 믿기만 해라. 그러면 네 딸이 나을 것이다."

51 예수께서 그 집에 도착하여, 베드로와 요한과 야고보와 아이의 부모 외에는 아무도 들어오지 못하게 하셨다.
52 모든 사람들이 아이를 위해 울며 통곡하고 있었다.
예수께서 말씀하셨다.
"울지 마라. 아이가 죽은 것이 아니라 자고 있다."
53 그들은 아이가 죽은 것을 알고 있었으므로 비웃었다.
54 예수께서 아이의 손을 잡고 말씀하셨다.
"아이야. 일어나라."
55 그러자 아이의 정신이 돌아와 곧 일어났다.
예수께서 아이에게 먹을 것을 주라고 명령하시니, 그 부모가 깜짝 놀랐다.
56 예수께서 이 일을 아무에게도 말하지 말라고 명하셨다.

# 제9장

## 열두 제자를 보내다

1 예수께서 열두 제자를 불러 모으셨다.
  그들에게 귀신을 쫓아내고, 병을 고치는 능력과 권능을 주시고,
2 하나님 나라를 전파하고, 병든 사람을 고치게 하려고 보내시며
3 말씀하셨다.
  "여행을 위하여 아무것도 가져가지 마라.
  지팡이나 가방이나 양식이나 돈이나 두 벌 옷을 가져가지 마라.
4 어느 집에 들어가면, 거기 머물다가 거기서 떠나라.
5 누구든지 너희를 영접하지 않으면,
  그 성에서 떠날 때 너희 발에서 먼지를 떨어 그들에게 증거로 삼아라."
6 이에 제자들이 나가서 각 마을을 두루 다니며,
  곳곳에서 복음을 전파하고, 병을 고쳐주었다.

## 헤롯이 당황하다

7 분봉왕 헤롯이 이 모든 일을 듣고 몹시 당황하였다.
  어떤 사람들은 죽은 요한이 살아났다고 하고,
8 어떤 사람은 엘리야가 나타났다고 하고,
  어떤 사람은 옛 선지자 중 하나가 다시 살아났다고 했기 때문이었다.
9 헤롯이 "요한은 내가 목을 베었는데, 지금 이런 말이 들리는데,
  이 사람이 누구지?" 하며 예수를 만나고 싶어 하였다.

## 5,000명을 먹이다

10 사도들이 돌아와 자기들이 행한 일을 예수께 보고하였다.
   예수께서는 그들을 따로 데리고 벳새다로 가셨다.
11 무리가 이 사실을 알고 따라왔다.
   예수께서 그들을 맞아

하나님 나라의 일에 대해 말씀하시고, 병자들을 고쳐주셨다.

12 날이 저물자, 열두 사도가 나아와 말했다.
"우리가 있는 여기는 빈 들입니다. 사람들을 인근 마을로 보내어 잠 잘 곳과 먹을 것을 구하라고 하십시오."

13 예수께서 말씀하셨다.
"너희가 먹을 것을 주어라."
그들이 대답하였다.
"우리에게 떡 다섯 개와 물고기 두 마리밖에 없습니다.
이 사람들을 다 먹이려면 먹을 것을 많이 사와야 합니다."

14 그곳에 남자만 해도 5,000명 정도 있었다.
예수께서 제자들에게 말씀하셨다.
"사람들을 50명씩 떼를 지어 앉혀라."

15 제자들이 사람들을 그렇게 앉혔다.

16 예수께서 떡 다섯 개와 물고기 두 마리를 가지고 하늘을 우러러 감사 기도를 하시고,
빵을 떼어 제자들에게 주어 사람들 앞에 갖다 놓게 하셨다.

17 사람들이 모두 배불리 먹고, 남은 조각을 거두니 열두 바구니에 가득 찼다.

## 베드로의 고백

18 예수께서 따로 기도하시면서, 함께 있는 제자들에게 물으셨다.
"사람들이 나를 누구라고 하느냐?"

19 제자들이 대답하였다.
"어떤 사람은 세례 요한이라고 하고,
어떤 사람은 엘리야라고 하고,
어떤 사람은 옛 선지자 중 한 사람이 살아났다고 합니다."

20 예수께서 물으셨다.
"너희는 나를 누구라고 생각하느냐?"
베드로가 대답하였다.

"하나님의 그리스도이십니다."

## 예수께서 죽음과 부활을 처음 예고하다

21 예수께서 경고하였다.
"아무에게도 이 말을 하지 마라"
22 그리고 말씀하셨다.
"인자가 많은 고난을 받고,
장로들과 대제사장들과 서기관들에게 버려져 죽임을 당하고,
3일만에 살아날 것이다."
23 또 무리에게 말씀하셨다.
"누구든지 나를 따라오려거든 자기를 부인하고,
날마다 자기 십자가를 지고 나를 쫓아야 한다.
24 누구든지 자기 목숨을 구원하고자 하면 잃을 것이고,
나를 위하여 자기 목숨을 잃으면 구원할 것이다.
25 사람이 만일 온 천하를 얻고도
자기 목숨을 잃거나 빼앗기면 무슨 유익이 있겠느냐?
26 누구든지 나와 내 말을 부끄러워하면,
인자도 자기와 아버지와 거룩한 천사들의 영광으로 올 때에
그를 부끄러워할 것이다.
27 내가 참으로 너희에게 말한다.
여기 있는 사람 중에 죽기 전에 하나님의 나라를 볼 자도 있다."

## 영광스러운 모습으로 변화되다

28 이 말씀을 하신 후 8일쯤 되었다.
예수께서 베드로와 요한과 야고보를 데리고 산에 올라가셨다.
29 예수께서 기도하실 때, 얼굴이 변하고, 옷이 하얗게 빛났다.
30 그때 갑자기 두 사람이 나타나 예수와 이야기를 하였다.
이들은 모세와 엘리야였다.
31 그들이 영광중에 나타나,

예수께서 장차 예루살렘에서 별세하실 것에 대해 말하였다.
32 베드로와 그 일행이 피곤하여 졸다가 깨어,
예수의 영광과 함께 서 있는 두 사람을 보았다.
33 두 사람이 떠날 때, 베드로가 예수께 말했다.
"주여. 우리가 여기 있는 것이 좋습니다.
우리가 초막 세 개를 짓겠습니다.
하나는 주를 위하여, 하나는 모세를 위하여, 하나는 엘리야를 위하여 짓겠습니다."
(베드로는 자기가 하는 말을 자기도 알지 못하였다.)
34 이 말을 하고 있을 때, 구름이 와서 그들을 덮었다.
구름 속으로 들어갈 때에, 그들이 무서워하였다.
35 그리고 구름 속에서 소리가 났다.
"이는 나의 아들, 곧 내가 선택한 자다. 너희는 그의 말을 들어라."
36 그 소리가 그치자 오직 예수만 보였다.
제자들은 입을 다물고, 자기들이 본 것을 아무에게도 말하지 않았다.

## 귀신들린 아이를 고치다

37 이튿날 산에서 내려오시니 큰 무리가 반갑게 맞이하였다.
38 무리 중에서 한 사람이 소리 질렀다.
"선생님. 제발 제 외아들을 고쳐주십시오.
39 귀신이 제 아들을 사로잡아 갑자기 부르짖게 하고,
경련을 일으켜 거품을 흘리게 하며,
아이를 몹시 상하게 하고서야 떠납니다.
40 그래서 선생님의 제자들에게 귀신을 내쫓아 달라고 부탁하였으나,
그들이 쫓아내지 못했습니다."
41 예수께서 대답하셨다.
"믿음 없고 패역한 세대야!
내가 얼마나 너희와 함께 있으면서 참겠느냐?
네 아들을 이리로 데려오너라."

42 아이가 예수께로 오는 도중에도
  귀신이 아이를 거꾸러뜨리고, 심한 경련을 일으키게 하였다.
  예수께서 더러운 귀신을 꾸짖으시고 아이를 고쳐 그 아버지에게 돌려주셨다.
43 사람들이 모두 하나님의 위엄에 놀랐다.

## 죽음을 예고하다

  그들이 모두 예수께서 행하시는 일들을 보고 놀라서 감탄할 때,
  예수께서 제자들에게 말씀하셨다.
44 "이 말을 너희 귀에 담아 두어라.
    인자가 장차 사람들의 손에 넘겨질 것이다."
45 그러나 그들은 이 말씀을 깨닫지 못하였다.
  이는 그들이 깨닫지 못하게 그 뜻이 숨겨져 있었기 때문이다.
  또한 그들은 이 말씀에 관해 물어보는 것도 두려워 하였다.

## 누가 크냐

46 제자들 사이에서 누가 제일 크냐 하는 다툼이 벌어졌다.
47 예수께서 그들이 다투는 것을 아시고,
  어린이 하나를 데려와 자기 곁에 세우시고 말씀하셨다.
48 "누구든지 내 이름으로 이 어린이를 영접하면,
    곧 나를 영접하는 것이고,
    또 누구든지 나를 영접하면,
    곧 나를 보내신 분을 영접하는 것이다.
    너희 중 가장 작은 사람이 가장 큰 사람이다."

## 너희를 위하는 사람

49 요한이 말했다.
  "주여. 어떤 사람이 주의 이름으로 귀신을 내쫓는 것을 우리가 보고,
  우리를 따르는 사람이 아니므로 금하였습니다."

50 예수께서 말씀하셨다.
"금하지 마라.
너희를 반대하지 않는 사람은 너희를 위하는 사람이다."

## 사마리아에서 예수를 거부하다

51 예수께서 승천하실 날이 다가오자,
예루살렘으로 올라가시기로 굳게 결심하시고, 사람들을 먼저 보내셨다.
52 그들이 사마리아의 한 마을에 들어가니,
53 사마리아인들은 예수께서 예루살렘으로 가시므로, 영접하지 않았다.
54 제자 야고보와 요한이 이것을 보고 말했다.
"주여. 우리가 하늘에서 불을 내려 저 사람들을 다 죽여 버리라고 할까요?"
55 예수께서 돌아보시며 그들을 꾸짖으시고,
56 함께 다른 마을로 가셨다.

## 예수를 따르려면

57 예수께서 길을 가실 때에, 어떤 사람이 말했다.
"선생님께서 어디로 가시든지 제가 따라가겠습니다."
58 예수께서 말씀하셨다.
"여우도 굴이 있고, 공중의 새도 집이 있지만, 인자는 머리 둘 곳도 없다."
59 또 다른 사람에게 말씀하셨다.
"나를 따라오너라."
그가 말했다.
"제가 먼저 가서 아버지 장례를 치르고 오겠습니다."
60 예수께서 말씀하셨다.
"죽은 자들이 죽은 자들을 장사하게 하고,
너는 가서 하나님의 나라를 전파해라."

61 또 다른 사람이 말했다.
 "주여. 제가 주를 따라가겠습니다만,
  먼저 가족들과 작별인사를 하게 허락해 주십시오."
62 예수께서 말씀하셨다.
 "손에 쟁기를 잡고 뒤를 돌아보는 사람은
  하나님 나라에 합당하지 않다."

## 제10장

### 70인 파송

1 그 후 주께서 따로 70인을 세우시고,
    친히 가시려는 동네에 두 명씩 먼저 보내시며 말씀하셨다.
2 "추수할 것은 많은데 일꾼이 적구나.
    추수하는 주인에게 요청하여 추수할 일꾼들을 보내 주소서 해라.
3 이제 가라.
    내가 너희를 보내는 것이 어린 양을 이리 가운데로 보내는 것 같다.
4 여행을 가면서 지갑이나 주머니나 신발을 가지고 가지 마라.
    길에서 아무에게도 인사하지 마라.
5 어느 집에 들어가든지 먼저 말해라.
    '이 집이 평안할지어다.'
6 만일 평안을 받을 사람이 거기 있으면, 그 평안이 그에게 머물 것이고,
    그렇지 않으면 그 평안이 너희에게 돌아올 것이다.
7 그 집에 머물면서 그들이 주는 것을 먹고 마셔라.
    일꾼이 그 삯을 받는 것이 마땅하다.
    이 집 저 집 옮겨 다니지 마라.
8 어느 동네에 들어가든지 사람들이 너희를 영접하면
    너희 앞에 차려놓은 것을 먹어라.
9 거기 있는 병자들을 고쳐주고,
    또 '하나님의 나라가 너희에게 가까이 왔다.' 고 전해라.
10 어느 동네에 들어가든지, 너희를 영접하지 않으면,
    거리로 나와서 이렇게 말해라.
11 '너희 동네에서 우리 발에 묻은 먼지까지 너희에게 떨어 버린다.
    그러나 하나님 나라가 가까이 온 줄을 알아라.'
12 내가 너희에게 말한다.
    그날에 소돔이 그 동네보다 견디기 쉬울 것이다.
13 화가 있을 것이다. 고라신아,

화가 있을 것이다. 벳새다야,
너희에게 행한 모든 권능을 두로와 시돈에서 행했더라면,
그들은 벌써 베옷을 입고 재에 앉아 회개하였을 것이다.
14 심판 때에 두로와 시돈이 너희보다 견디기 쉬울 것이다.
15 가버나움아. 네가 하늘에까지 높아지겠느냐?
아니다. 지옥에까지 떨어질 것이다.
16 너희 말을 듣는 자는 곧 내 말을 듣는 것이요,
너희를 저버리는 자는 곧 나를 저버리는 것이요,
나를 저버리는 자는, 나를 보내신 분을 저버리는 것이다."

## 70인이 돌아오다

17 70인이 기뻐하며 돌아와서 말했다.
"주여! 주의 이름을 대니, 귀신들도 우리에게 항복하였습니다."
18 예수께서 말씀하셨다.
"사탄이 하늘에서 번개같이 떨어지는 것을 내가 보았다.
19 내가 너희에게 뱀과 전갈을 밟고,
원수의 모든 능력을 제압할 권세를 주었으니,
너희를 해칠 자가 없다.
20 그러나 귀신들이 너희에게 항복한 것을 기뻐하지 말고,
너희 이름이 하늘에 기록된 것을 기뻐해라."

## 예수의 감사기도

21 이때 예수께서 성령으로 기뻐하시며 기도하셨다.
"천지의 주재이신 아버지여!
이것을 지혜롭고 슬기로운 자들에게는 숨기시고,
어린이들에게는 나타내시니 감사합니다.
옳습니다. 이것이 아버지의 뜻입니다.
22 아버지께서 모든 것을 제게 주셨습니다.
아버지 외에는 아들이 누구인지 아는 자가 없고,

아들과 또 아들이 선택하여 계시를 받는 자 외에는
아버지가 누군지 아는 자가 없습니다."
23 그리고 제자들을 돌아보시며 조용히 말씀하셨다.
"너희가 지금 보는 것을 보는 눈은 복이 있다.
24 내가 너희에게 말한다.
많은 선지자와 임금이 너희가 보는 것을 보려고 하였으나
보지 못하였으며,
너희가 듣는 것을 들으려고 하였으나 듣지 못하였다."

## 선한 사마리아인

25 어떤 율법교사가 일어나 예수를 시험하여 말했다.
"선생님. 제가 무엇을 해야 영생을 얻을 수 있습니까?"
26 예수께서 말씀하셨다.
"율법에 무엇이라고 기록되어 있으며, 네가 어떻게 읽느냐?"
27 그가 대답하였다.
"네 마음을 다하고, 목숨을 다하고, 힘을 다하고, 뜻을 다하여
주 너의 하나님을 사랑하고,
또 네 이웃을 네 몸같이 사랑하라고 하였습니다."
28 예수께서 말씀하셨다.
"네 대답이 옳다. 그대로 행해라. 그러면 살 것이다."
29 그 사람이 잘난척 하려고 예수께 여쭈었다.
"그런데 제 이웃이 누구입니까?"
30 예수께서 비유로 대답하셨다.
"어떤 사람이 예루살렘에서 여리고로 내려가다가 강도를 만났다.
강도들이 그 옷을 벗기고 때려 거의 죽게 되자 버리고 갔다.
31 마침 한 제사장이 그 길로 내려가다가 그를 보고 피하여 지나갔다.
32 또 한 레위인도 그곳에 이르렀다가 그를 보고 피하여 지나갔다.
33 그런데 어떤 사마리아인은 여행하다가 그곳에 이르러 그를 보고
불쌍한 마음이 들어

34  가까이 가서 기름과 포도주를 그의 상처에 붓고 싸매고,
자기 나귀에 태워 여관으로 데리고 가서 돌보아주었다.
35  이튿날 여관 주인에게 20만 원[2]을 주며 말했다.
'이 사람을 돌보아주시오.
비용이 더 들면 내가 돌아올 때 갚겠소.'
36  네 생각에는 이 세 사람 중에
누가 강도 만난 사람의 이웃이겠느냐?"
37  그가 말했다.
"자비를 베푼 사람입니다."
예수께서 말씀하셨다.
"너도 가서 이와 같이 해라."

**마르다와 마리아**

38  예수께서 한 마을에 들어가시니,
마르다라는 여자가 예수를 자기 집으로 영접하였다.
39  그에게 마리아라는 동생이 있었는데,
그는 주의 발아래 앉아 주의 말씀을 들었다.
40  마르다는 준비할 일이 많아 마음이 분주하였다.
그래서 예수께 나아가 말했다.
"주여. 제 동생이 저 혼자 일하게 두었는데 신경도 안 쓰십니까?
그에게 저를 도와주라고 명하십시오."
41  주께서 대답하였다.
"마르다야. 마르다야.
네가 많은 일로 염려하고 근심하는구나.
42  그러나 여러 가지를 다 할 필요 없고, 한 가지만 해도 충분하다.
마리아는 좋은 것을 선택하였으니 빼앗기지 않을 것이다."

---

2) 원문에는 데나리온 둘이라고 되어 있다.

## 제11장

**기도를 가르치다**

1 예수께서 어느 곳에서 기도를 하고 계셨다.
  기도를 마치시고 나니 제자 중 하나가 부탁하였다.
    "주여. 요한이 자기 제자들에게 기도를 가르친 것 같이,
    우리에게도 기도를 가르쳐 주십시오."
2 예수께서 말씀하셨다.
    "너희는 이렇게 기도해라.
    '아버지여. 이름이 거룩히 여김을 받으소서.
    나라가 임하소서.
3   우리에게 날마다 일용할 양식을 주소서.
4   우리가 우리에게 죄를 지은 모든 사람을 용서하오니,
    우리 죄도 용서하여 주소서.
    우리를 시험에 들지 않게 하소서.'"
5 그리고 말씀하셨다.
    "너희 친구가 밤중에 찾아와서 말했다.
    '친구야. 빵 세 개만 빌려주게.
6   내 친구가 여행 중에 나를 찾아왔는데, 먹일 것이 없구나.'
7   그러면 그가 집안에서 '나를 귀찮게 하지 마라. 내가 문을 잠그고
    아이들과 함께 침대에 누웠으니 일어나 네게 줄 수 없다.' 하겠느냐?
8   내가 너희에게 말한다.
    비록 친구라는 이유로는 일어나서 빵을 주지 않을지라도,
    그 간청하는 것 때문에 일어나서 필요한 만큼 줄 것이다.
9   내가 또 너희에게 말한다.
    구해라. 그러면 너희에게 주실 것이다.
    찾아라. 그러면 찾을 것이다.
    문을 두드려라. 그러면 너희에게 열릴 것이다.
10  구하는 사람마다 받고,

찾는 사람이 찾고,
두드리는 사람에게 열릴 것이다.
11  너희 중에 어떤 아버지가 아들이 생선을 달라고 하면 뱀을 주고,
12  달걀을 달라고 하면 전갈을 주겠느냐?
13  너희가 악할지라도 자식에게 좋은 것을 줄 줄 안다.
하물며 하늘 아버지께서 구하는 자에게 성령을 주시지 않겠느냐?"

## 바알세불

14  예수께서 말 못하게 하는 귀신을 쫓아내셨다.
그 귀신이 나가니, 그 사람이 말하게 되었다.
15  무리가 매우 놀랐다.
그 중에 어떤 사람은
'그가 귀신의 왕 바알세불을 힘입어 귀신을 쫓아낸다.' 고 하고,
16  또 어떤 사람은 예수를 시험하여 하늘에서 오는 표적을 요구하였다.
17  예수께서 그들의 생각을 아시고 말씀하셨다.
"스스로 분쟁하는 나라는 황폐해지고,
스스로 분쟁하는 가정은 무너진다.
18  만일 사탄이 스스로 분쟁하면, 그 나라가 어떻게 설 수 있느냐?
너희는 내가 바알세불을 힘입어 귀신을 쫓아낸다고 한다.
19  그런데 내가 바알세불을 힘입어 귀신을 쫓아내면,
너희 아들들은 누구를 힘입어 귀신을 쫓아내느냐?
그들이 너희 재판관이 될 것이다.
20  그러나 내가 만일 하나님을 힘입어 귀신을 쫓아내는 것이라면,
하나님의 나라는 이미 너희에게 임하였다.
21  강한 자가 완전무장을 하고 집을 지키면 그 재산이 안전하지만,
22  더 강한 자가 와서 그를 이기면,
그가 믿던 무기들을 빼앗고, 그의 재산을 가져 갈 것이다.
23  나와 함께 하지 않는 자는 나를 반대하는 자요,
나와 함께 모으지 않는 자는 흩는 자다."

24 "더러운 귀신이 사람에게서 나갔을 때에,
　　물 없는 곳으로 다니며 쉴 곳을 찾았으나 찾지 못하고,
　　'내가 나온 내 집으로 돌아가야겠다.' 하고,
25 　돌아와 보니, 그 집이 청소되고 수리되어 있었다.
26 　이에 가서 자기보다 악한 귀신 일곱을 데리고 들어와 살았다.
　　그래서 그 사람의 나중 형편이 처음보다 더 나빠졌다.

## 복이 있는 자

27 이 말씀을 하실 때, 무리 중에서 한 여자가 소리 높여 말했다.
　　"당신을 밴 태와 당신을 먹인 젖이 복이 있습니다."
28 예수께서 말씀하셨다.
　　"아니다. 하나님의 말씀을 듣고 지키는 자가 복이 있다."

## 악한 세대가 표적을 구하나

29 무리가 모였을 때, 예수께서 말씀하셨다.
　　"이 세대는 악한 세대다. 그들이 표적을 구하나,
　　요나의 표적밖에는 보여줄 표적이 없다.
30 　요나가 니느웨 사람들에게 표적이 된 것 같이,
　　인자도 이 세대에게 표적이 될 것이다.
31 　심판 때에 남쪽 여왕이 일어나 이 세대 사람들을 정죄할 것이다.
　　그는 솔로몬의 지혜로운 말을 들으려고 땅끝에서 찾아왔다.
　　그러나 솔로몬보다 더 큰 이가 여기 있다.
32 　심판 때에 니느웨 사람들이 일어나 이 세대 사람들을 정죄할 것이다.
　　그들은 요나의 전도를 듣고 회개하였다.
　　그러나 요나보다 더 큰 이가 여기 있다."

## 눈은 몸의 등불

33 "누구든지 등불을 켜서 은밀한 곳이나 그릇 아래 두지 않고
　　등경 위에 둔다.

이는 집에 들어가는 자가 그 빛을 볼 수 있게 하려 함이다.
34  네 몸의 등불은 눈이다.
    네 눈이 좋으면 온몸이 밝을 것이요,
    네 눈이 나쁘면 네 몸도 어두울 것이다.
35  그러므로 네 속에 있는 빛이 어둡지 않은지 보아라.
36  네 온몸이 밝아 조금도 어두운 데가 없으면,
    등불이 너를 비출 때 같이, 네 몸도 온전히 밝을 것이다.”

### 바리새인과 서기관들

37  예수께서 말씀을 마치시니
    한 바리새인이 점심식사에 초대하였다.
    이에 예수께서 그 집에 들어가 식탁에 앉으셨다.
38  예수께서 식사하시기 전에 손을 씻지 않는 것을 이 바리새인이 보고
    이상하게 생각했다.
39  그러자 주께서 말씀하셨다.
    “너희 바리새인은 지금 잔과 대접의 겉을 깨끗이 하지만,
    너희 속에는 탐욕과 악독이 가득하구나.
40  어리석은 자들아.
    겉을 만드신 분이 속도 만들지 아니하셨느냐?
41  오직 그 안에 있는 것으로 남을 구제해라.
    그러면 너희의 모든 것이 깨끗할 것이다.
42  화가 있을 것이다. 너희 바리새인들아.
    너희가 박하와 운향과 온갖 채소의 십일조는 드리지만,
    공의와 하나님에 대한 사랑은 버린다.
    그러나 이것도 행하고 저것도 버리지 말아야 한다.
43  화가 있을 것이다. 너희 바리새인들아.
    너희가 회당의 높은 자리와 시장에서 문안받기를 좋아한다
44  너희에게 화가 있을 것이다.
    너희는 평토장한 무덤 같아서,

그 위를 밟고 다니는 사람이 무덤인지 알지 못한다."
45 한 율법교사가 예수께 말했다.
"선생님. 이렇게 말씀하시면 우리까지 모욕하시는 것입니다."
46 예수께서 말씀하셨다.
"화가 있을 것이다. 또 너희 율법교사들아.
너희는 무거운 짐을 다른 사람에게 지우고,
자기는 손가락 하나도 까딱하지 않는다.
47 화가 있을 것이다.
너희가 선지자들을 위해 무덤을 쌓는다.
그런데 선지자들을 죽인 자는 너희 조상들이다.
48 이같이 너희 조상들은 선지자들을 죽이고,
너희는 선지자들의 무덤을 쌓으니
너희가 너희 조상들이 행한 일을 옳다고 증언하는 것이다.
49 그러므로 하나님의 지혜가 말씀하셨다.
'내가 선지자와 사도들을 그들에게 보내면,
그들이 그중 어떤사람은 죽이고, 어떤사람은 핍박할 것이다.'
50 창세 이후로 흘린 모든 선지자의 피에 대해,
이 세대가 책임져야 한다.
51 곧 아벨의 피로부터 제단과 성전 사이에서 죽은 사가랴의 피까지다.
내가 너희에게 말한다. 과연 이 세대가 책임져야 한다.
52 화가 있을 것이다. 너희 율법교사들아.
너희는 지식의 열쇠를 가지고가서,
너희도 들어가지 않고, 또 들어가려는 사람도 막았다."
53 예수께서 거기서 나오실 때,
서기관과 바리새인들이 사납게 달려들어 여러 가지를 따져 묻고.
54 예수께서 하시는 말씀에 트집을 잡았다.

# 제12장

## 바리새인들의 위선을 주의하라

1  그동안 수만 명이 모여들어 서로 밟힐 지경이 되었다.
   예수께서 먼저 제자들에게 말씀하셨다.
   "바리새인들의 누룩, 곧 위선을 주의해라.
2  감춘 것이 드러나지 않을 것이 없고,
   숨긴 것이 알려지지 않을 것이 없다.
3  그러므로 너희가 어두운 데서 말한것이, 밝은 데서 들리고,
   골방에서 귀에 대고 말한 것이, 지붕 위에서 전파될 것이다."

## 바리새인들과 율법학자들을 책망하다

4  "내 친구들아. 내가 너희에게 말한다.
   너희 몸을 죽이지만, 그 이상 어쩌지 못하는 자들을 두려워하지 마라.
5  마땅히 두려워할 자가 누구인지 너희에게 보여주마.
   곧 몸을 죽인 후에 지옥에 던질 권세 있는 분을 두려워해라.
   내가 참으로 너희에게 말한다. 그분을 두려워해라.
6  참새 다섯 마리가 2 앗사리온[3]에 팔리지 않느냐?
   그러나 하나님께서는 그중 하나도 잊지 않으신다.
7  하나님께서는 너희 머리카락까지도 다 세신다.
   두려워하지 마라. 너희는 많은 참새보다 귀하다."

## 그리스도를 시인해라

8  "내가 또 너희에게 말한다.
   누구든지 사람 앞에서 나를 시인하면,
   인자도 하나님의 천사들 앞에서 그를 시인할 것이요.

---

[3] 1앗사리온은 1/16데나리온이다. 1데나리온을 10만 원으로 계산하면, 2앗사리온 12,000원 정도에 해당한다.

9    사람 앞에서 나를 부인하는 자는,
     자기도 하나님의 천사들 앞에서 부인당할 것이다.
10   누구든지 말로 인자를 거역하면 용서받지만,
     성령을 모독하는 자는 용서받지 못한다.
11   사람들이 너희를 회당이나 통치자나 권력자 앞에 끌고 가면,
     어떻게 대답하고, 무엇을 말할까 염려하지 마라.
12   마땅히 할 말을 성령께서 그때에 너희에게 가르쳐 주실 것이다."

**어리석은 부자 비유**

13   무리 중 한 사람이 예수께 말했다.
     "선생님. 제 형에게 명하여 유산을 저와 나누라고 하십시오."
14   예수께서 말씀하셨다.
     "이 사람아. 누가 나를 너희의 재판장이나 분배인으로 세웠느냐?"
15   그들에게 또 말씀하셨다.
     "삼가 모든 탐심을 물리쳐라.
     사람의 생명이 그 재산이 넉넉한 데 있지 않다."
16   또 비유로 그들에게 말씀하셨다.
     "한 부자가 그 밭에 소출이 풍성하므로
17     마음속으로 생각했다.
     '내가 곡식 쌓아 둘 곳이 없으니 어떻게 하지?
18     이렇게 해야겠다. 내 곡간을 헐고 더 크게 지어 내 모든 곡식과 물건을 거기 쌓아 두자.'
19   또 '내 영혼아. 내가 여러 해 쓸 물건을 많이 쌓아 두었으니 평안히 쉬고 먹고 마시고 즐거워하자.' 해야겠다.
20   그러자 하나님께서 말씀하셨다.
     '어리석은 사람아. 오늘 밤에 네 영혼을 도로 찾을 것이다.
     그러면 네가 준비한 것들이 누구의 것이 되겠느냐?'
21   자기를 위하여 재물을 쌓아 두고,
     하나님께 부유하지 못한 사람이 이와 같다."

**염려하지 마라**

22 예수께서 또 제자들에게 말씀하셨다.
"그러므로 내가 너희에게 말한다.
너희 목숨을 위하여 무엇을 먹을까,
몸을 위하여 무엇을 입을까 염려하지 마라.
23 목숨이 음식보다 중요하고, 몸이 옷보다 중요하다.
24 까마귀를 생각해 보아라.
심지도 않고, 거두지도 않고, 골방이나 창고도 없지만,
하나님께서 기르신다.
너희가 새보다 귀하지 않느냐?
25 또 너희 중에 누가 염려함으로
그 키를 10센티미터[4]라도 키울 수 있느냐?
26 그런즉 너희가 지극히 작은 것도 제대로 못하면서,
어찌하여 다른 것을 염려하느냐?
27 백합화를 생각해 보아라.
실도 만들지 않고, 짜지도 않는다.
그러나 내가 너희에게 말한다.
솔로몬의 모든 영광으로도 입은 것이 이 꽃 하나만 못하였다.
28 오늘 있다가 내일 아궁이에 던져지는 들풀도 하나님께서 이렇게 입
히시는데, 하물며 너희에게 어떻게 하시겠느냐?
믿음이 적은 사람들아.
29 너희는 무엇을 먹을까, 무엇을 마실까 구하지 말고,
근심하지도 마라
30 이 모든 것은 세상 사람들이 구하는 것이다.
너희 아버지께서는 이런 것이 너희에게 있어야 할 줄 아신다.
31 오직 너희는 하나님의 나라를 구해라.
그리하면 이런 것을 너희에게 더하여 주실 것이다.
32 얘들아. 무서워하지 마라.

---
[4] 편의상 10센티미터라고 각색하였다.

너희 아버지께서 그 나라를 너희에게 주시기를 기뻐하신다.
33 너희 재산을 팔아 구제해라.
너희를 위해 닳지 않는 주머니를 만들어 없어지지 않는 보물을 하늘에 두어라.
거기는 도둑이 들거나, 좀 먹는 일이 없다.
34 너희의 보물이 있는 곳에 너희의 마음도 있다."

## 깨어 준비해라

35 "허리에 띠를 띠고 등불을 켜고 서 있어라.
36 너희는 마치 그 주인이 잔치집에서 돌아와 문을 두드리면 곧 열어 주려고 기다리는 사람 같이 되어라.
37 주인이 와서 종들이 깨어 있는 것을 보면, 그 종들은 복이 있다.
내가 진실로 너희에게 말한다.
그 주인이 띠를 띠고 그 종들을 식탁에 앉히고, 곁에서 시중 들 것이다.
38 주인이 밤중이나 새벽에 와서 종들이 이같이 하는 것을 보면, 그 종들은 복이 있다.
39 집주인이 도둑이 언제 올 줄 알면, 그 집을 뚫지 못하게 하였을 것이다.
40 그러므로 너희도 준비하고 있어라.
생각하지 않은 때에 인자가 올 것이다."
41 베드로가 여쭈었다.
"이 비유를 우리에게 말씀하시는 것입니까?
모든 사람에게 하시는 것입니까?"
42 주께서 말씀하셨다.
"그 집 종들을 관리하면서 때를 따라 양식을 나누어 주는 지혜 있고 진실한 청지기가 누구냐?
43 주인이 왔을 때에, 그 종이 이렇게 하는 것을 보면, 그 종은 복이 있다.
44 내가 참으로 너희에게 말한다.

주인이 자기의 모든 재산을 그 종에게 맡길 것이다.
45 그러나 만일 그 종이 마음으로 '주인이 더디 오겠지' 생각하고,
다른 종들을 때리며 먹고 마시고 취하면,
46 생각하지 않은 날, 알지 못하는 시간에 주인이 돌아와서,
그 종을 때리고, 벌을 내릴 것이다.
47 주인의 뜻을 알고도 준비하지 않고,
그 뜻대로 행하지 않는 종은 많이 맞을 것이다.
48 그러나 알지 못하고 맞을 짓을 한 종은 적게 맞을 것이다.
무릇 많이 받은 자에게는 많이 찾을 것이고,
많이 맡은 자에게는 많이 요구할 것이다."

## 불을 던지러 왔다

49 "내가 불을 땅에 던지러 왔다.
이 불이 이미 붙었으면 내가 무엇을 더 바라겠느냐?
50 나는 받을 세례가 있다.
이 일이 이루어지기까지 내가 얼마나 답답하겠느냐?
51 내가 세상에 화평을 주려고 온 줄 아느냐?
아니다. 도리어 분쟁을 일으키려고 왔다.
52 이제부터 한 집에 다섯 사람이 있으면,
셋이 둘과, 둘이 셋과 분쟁할 것이고,
53 아버지가 아들과, 아들이 아버지와, 어머니가 딸과, 딸이 어머니와,
시어머니가 며느리와, 며느리가 시어머니와 분쟁할 것이다."

## 시대를 분간해라

54 예수께서 또 무리에게 말씀하셨다.
"너희가 서쪽에서 구름이 일어나면, '소나기가 오겠구나.' 하는데,
과연 그렇게 된다.
55 또 남풍이 불면, '매우 덥겠구나.' 하는데, 과연 그렇게 된다.
56 위선자들아. 너희가 천지의 기상은 분간할 줄 알면서,

어찌하여 이 시대는 분간하지 못하느냐?"

**화해해라**

57 "너희는 어찌하여 무엇이 옳은지 스스로 판단하지 못하느냐?
58 네가 너를 고소한 자와 함께 법관에게 갈 때에,
길에서 화해하려고 힘쓰라.
그가 너를 재판장에게 끌고 가고, 재판장은 너를 교도관에게 넘겨 주어 교도관이 너를 감옥에 가둘까 염려해라.
59 내가 네게 말한다.
네가 한 푼도 남김없이 갚지 않으면, 결코 거기에서 나오지 못할 것이다."

## 제13장

### 회개하지 않으면 망한다

1 그때 두어 사람이 와서, 빌라도가 어떤 갈릴리 사람들의 피를 자기들의 제물에 섞었다는 소식을 예수께 알렸다.
2 예수께서 말씀하셨다.
  "너희는 이 갈릴리 사람들이 이런 해를 당한것을 보고
  다른 모든 갈릴리 사람들보다 죄가 더 있다고 생각하느냐?
3 너희에게 말한다. 아니다.
  너희도 만일 회개하지 않으면, 다 이와 같이 망할 것이다.
4 또 실로암에서 망대가 무너져 치어 죽은 열여덟 사람이
  다른 모든 예루살렘 사람들보다 죄가 더 있다고 생각하느냐?
5 너희에게 말한다. 아니다.
  너희도 만일 회개하지 않으면, 다 이와 같이 망할 것이다."

### 열매 맺지 못하는 무화과나무 비유

6 예수께서 비유로 말씀하셨다.
  "어떤 사람이 농장에 무화과나무를 심었다.
  그가 열매를 거두러 갔으나 열매가 없었다.
7 그래서 포도원지기에게 말했다.
  '내가 3년을 와서 이 무화과나무에서 열매를 구하였으나 열매가 없구나. 찍어버려라. 어째서 땅만 버리고 있느냐?'
8 포도원지기가 대답하였다.
  '주인님. 올해는 그대로 두십시오. 제가 땅을 파고 거름을 주겠습니다.
9 그러면 내년에는 열매를 맺을 것입니다.
  그래도 열리지 않으면 찍어 버리십시오.'"

### 안식일에 허리가 굽은 여자를 고치다

10 예수께서 안식일에 한 회당에서 가르치셨다.

11 거기에 18년 동안 귀신 들려 허리가 굽어 조금도 펴지지 않는 여자가 있었다.
12 예수께서 그 여자를 보시고 불러내어 말씀하셨다.
"여자야. 네가 네 병에서 해방되었다."
13 그리고 안수하시니,
그 여자가 곧 허리를 펴고, 하나님께 영광을 돌렸다.
14 회당장이 예수께서 안식일에 병 고치시는 것을 보고 화가 나서 무리에게 말했다.
"일할 날이 엿새나 있으니, 그때 고치고, 안식일에는 고치지 마라."
15 주께서 말씀하셨다.
"이 위선자들아. 너희가 안식일에도 자기의 소나 나귀를 마구간에서 풀어내어 이끌고 가서 물을 먹이지 않느냐?
16 그렇다면 18년 동안 사탄에게 매여 있는 이 아브라함의 딸을 안식일에 고쳐주는 것이 잘못되었느냐?"
17 예수께서 이 말씀을 하시니, 반대하는 자들은 부끄러워하였으나 온 무리는 이 모든 영광스러운 일을 기뻐하였다.

### 겨자씨와 누룩 비유

18 예수께서 말씀하셨다.
"하나님의 나라는 무엇과 같을까? 내가 무엇과 비교할까?
19 마치 사람이 자기 밭에 갖다 심은 겨자씨 한 알과 같다.
그것이 자라 나무가 되어, 공중의 새들이 그 가지에 깃들인다."
20 예수께서 또 말씀하셨다.
"내가 하나님의 나라를 무엇과 비교할까?
21 마치 밀가루 속에 갖다 넣어 밀가루를 잔뜩 부풀게 한 누룩과 같다."

### 좁은 문으로 들어가라

22 예수께서 각 성과 각 마을로 다니시고 가르치시며 예루살렘으로 여행하셨다.

23  어떤 사람이 여쭈었다.
    "주여. 구원받을 사람이 적습니까?"
24  예수께서 그들에게 말씀하셨다.
    "좁은 문으로 들어가기를 힘써라.
    내가 너희에게 말한다.
    들어가려고 해도 못 들어가는 사람이 많다.
25  집 주인이 일어나 문을 닫은 후에는,
    너희가 밖에 서서 문을 두드리며 '주여. 열어 주세요.' 해도
    그가 '나는 너희가 어디서 왔는지 모른다.' 고 할 것이다.
26  그때 너희가 말하기를
    '우리가 주 앞에서 먹고 마셨고,
    또한 주께서는 우리 동네에서 가르치셨습니다.' 해도,
27  그가 너희에게 말할 것이다.
    '나는 너희가 어디서 왔는지 모른다.
    행악자들아. 내게서 떠나가라.'
28  아브라함과 이삭과 야곱과 모든 선지자는 하나님 나라에 있고,
    너희는 밖에 쫓겨나, 거기서 슬피 울며 이를 갈 것이다.
29  사람들이 동서남북에서 와서, 하나님의 나라의 잔치에 참여할 것이다.
30  보아라. 나중 된 자로서 먼저 될 자도 있고,
    먼저 된 자로서 나중 될 자도 있다."

### 선지자를 죽이려는 예루살렘아

31  그때 어떤 바리새인들이 나아와 말했다.
    "여기서 떠나 다른 곳으로 가십시오.
    헤롯이 당신을 죽이려고 합니다."
32  예수께서 말씀하셨다.
    "가서 저 여우에게 말해라.
    내가 오늘과 내일은 귀신을 쫓아내며 병을 고치고,

셋째 날에는 내 뜻을 이룰 것이다.
33 그러나 오늘, 내일 그리고 모레도 나는 내 길을 가야 한다.
선지자가 예루살렘 밖에서 죽는 법이 없다.
34 예루살렘아! 예루살렘아!
선지자들을 죽이고, 네게 파송된 자들을 돌로 치는 자들아.
암탉이 자기 새끼를 날개 아래 모으는 것같이.
내가 몇 번이나 너희 자녀를 모으려고 했느냐?
그러나 너희가 원하지 않았다.
35 보아라. 너희 집이 황폐하여 버려질 것이다.
내가 너희에게 말한다.
너희가 '주의 이름으로 오시는 분을 찬송하리라.' 할 때까지
나를 보지 못할 것이다."

## 제14장

### 고창병 걸린 사람을 고치다

1  어느 안식일에 예수께서 한 바리새인 지도자의 집에 식사하러 들어가
   시니, 사람들이 지켜보았다.
2  거기에 고창병(수종병) 걸린 사람이 있었다.
3  예수께서 율법교사들과 바리새인들에게 물으셨다.
   "안식일에 병을 고치는 것이 옳으냐? 옳지 않느냐?"
4  그들이 아무 말을 하지 않자,
   예수께서 그 사람을 데려와 고쳐 주셨다.
5  그리고 그들에게 말씀하셨다.
   "너희들은 자기 아들이나 소가 우물에 빠지면,
   안식일이라도 곧 끌어내지 않느냐?"
6  그들이 아무 대답도 하지 못했다.

### 끝자리에 앉아라

7  초청받은 사람들이 서로 상좌에 앉으려는 것을 보시고,
   예수께서 그들에게 비유로 말씀하셨다.
8  "네가 혼인 잔치에 초청을 받으면, 상좌에 앉지 마라.
   그랬다가 너보다 더 높은 사람이 초청받아 오면,
9  너를 초청한 사람이 너에게 말할 것이다.
   '이분께 자리를 양보해라.'
   그러면 네가 부끄러워서 말석으로 가게 될 것이다.
10 그러므로 초청을 받으면 아예 말석에 앉아라.
   그러면 너를 초청한 사람이 와서 너에게 말할 것이다.
   '친구야. 좋은 자리에 올라가서 앉아라.'
   그때 네가 함께 앉은 사람들 앞에서 영광을 받을 것이다.
11 무릇 자기를 높이는 사람은 낮아지고,
   자기를 낮추는 사람은 높아질 것이다."

12  예수께서 또 자기를 초청한 사람에게 말씀하셨다.
　　"네가 점심이나 저녁을 대접할 때는
　　친구나 형제나 친척이나 부유한 이웃을 초청하지 마라.
　　그들이 너를 초청하여 네게 도로 갚을 수 있다.
13  잔치를 베풀 때는 차라리 가난한 자, 장애인, 다리 저는 자, 눈먼 자들을 초청해라
14  그러면 그들은 갚을 것이 없으므로, 네가 복을 받을 것이다.
　　의인들이 부활할 때에 네게 갚을 것이다."

## 큰 잔치 비유

15  함께 식사하던 사람 중 하나가 이 말씀을 듣고 말했다.
　　"무릇 하나님의 나라에서 먹는 사람이 복됩니다."
16  예수께서 말씀하셨다.
　　"어떤 사람이 큰 잔치를 준비하고, 많은 사람을 초청하였다.
17  잔치시간이 되자, 초청받은 사람들에게 종을 보내어 알렸다.
　　'오십시오. 준비가 다 되었습니다'
18  그러나 그들은 모두 거절을 하였다.
　　한 사람은 '내가 밭을 샀는데, 나가 봐야겠소, 용서하시오' 하고,
19  또 한 사람은 '내가 소 다섯 쌍을 샀는데, 시험하러 가니, 용서하시오' 하고,
20  또 한 사람은 '내가 장가를 들어서 못 가겠소' 하였다.
21  종이 돌아와 주인에게 그대로 보고하니,
　　주인이 화가 나서 그 종에게 명했다.
　　'빨리 시내의 거리와 골목으로 나가서, 가난한 자들과 장애인들과 눈먼 자들과 다리 저는 자들을 데려오너라.'
22  종이 말했다.
　　'주인님. 명령하신 대로 했는데도 아직 자리가 남았습니다.'
23  주인이 종에게 말했다.
　　'큰길에 나가서 사람들을 강권하여 데려와 내 집을 채워라.

24  내가 너희에게 말한다.
   전에 초청받은 사람들은 아무도 내 잔치를 맛보지 못할 것이다.'"

## 제자가 되는 길

25  큰 무리가 예수와 함께 갈때, 예수께서 돌이켜 말씀하셨다.
26  "무릇 내게 오는 자가 사람이
   부모와 처자와 형제와 자매와 자기 목숨까지 미워하지 않으면
   내 제자가 될 수 없다.
27  누구든지 자기 십자가를 지고 나를 따르지 않는 사람도
   내 제자가 될 수 없다.
28  너희 중에 누가 망대를 세운다고 하자.
   그러면 먼저 앉아서 자기 재산이 그것을 준공하기에 충분한지
   비용을 계산하지 않겠느냐?
29  그렇게 하지 않아 그 기초만 쌓고 완공하지 못하면,
   보는 사람들이 다 비웃으며 말할 것이다.
30  '이 사람이 공사를 시작하더니 끝내지 못하였구나.'
31  또 어느 임금이 다른 임금과 싸우러 간다고 하자.
   그가 먼저 앉아서 군사 10,000명으로 20,000명을 거느리고 쳐들
   어오는 적을 이길 수 있을지 계산하지 않겠느냐?
32  만약 이길 수 없을 것 같으면,
   적이 아직 멀리 있을 동안에 사신을 보내 화친을 청해야 할 것이다.
33  이와같이 너희들도 자기의 모든 재산을 버리지 않으면,
   내 제자가 될 수 없다."

## 맛을 잃은 소금

34  "소금은 좋은 것이나,
   소금이 만일 그 맛을 잃으면 무엇으로 짜게 하겠느냐?
35  땅에도 거름에도 쓸 수 없어 밖에 버린다.
   들을 귀 있는 사람은 들어라."

# 제15장

### 잃은 양 비유
1  세리들과 죄인들이 모두 예수의 말씀을 들으러 가까이 오니
2  바리새인과 서기관들이 수군거렸다.
    "이 사람이 죄인을 영접하고 함께 음식을 먹는구나."
3  예수께서 그들에게 이런 비유를 하셨다.
4  "너희 중에 어떤 사람이 양 100마리가 있는데, 그중 하나를 잃으면, 아흔아홉 마리를 들에 두고, 그 잃은 양 한 마리를 찾으러 다니지 않겠느냐?
5  그러다가 찾으면 기뻐서 그 양을 어깨에 메고,
6  집에 와서 친구들과 이웃을 불러 모아 말할 것이다.
    '나와 함께 기뻐하자. 내가 잃은 양을 찾았다.'
7  내가 너희에게 말한다.
    이와같이 죄인 하나가 회개하면,
    하늘에서는 회개할 필요 없는 의인 아흔아홉 때문에 기뻐하는 것보다 더 기뻐할 것이다."

### 잃은 드라크마 비유
8  "어떤 여자가 열 드라크마(은화)를 가지고 있다가 하나를 잃으면, 등불을 켜고 집을 쓸며 부지런히 찾지 않겠느냐?
9  그러다가 찾으면, 친구들과 이웃을 불러 모으고 말할 것이다.
    '나와 함께 기뻐하자. 내가 잃은 드라크마를 찾았다.'
10  내가 너희에게 말한다.
    이와같이 죄인 하나가 회개하면, 하나님의 천사들이 기뻐할 것이다."

### 잃은 아들을 찾은 아버지 비유
11  예수께서 또 말씀하셨다.
    "어떤 사람에게 두 아들이 있었다.

12 그 둘째가 아버지에게 말했다.
'아버지. 아버지 재산 중에서 제 몫을 주십시오.'
그래서 아버지가 두 아들에게 살림을 각각 나누어 주었다.
13 며칠 후 둘째 아들은 자기 재산을 다 챙겨 먼 나라로 떠났다.
그가 거기서 허랑방탕하게 살면서 그 재산을 허비하였다.
14 그가 재산을 다 허비하였을 때, 그 나라에 큰 흉년이 들었고,
그는 매우 궁핍해졌다.
15 그래서 그가 그 나라 사람에게 고용되어 살았다.
그 사람이 그를 들로 보내어 돼지를 치게 하였다.
16 그는 돼지가 먹는 쥐엄나무 열매로라도 배를 채우고 싶었으나,
그것도 주는 사람이 없었다.
17 그가 정신을 차리고 말했다.
'내 아버지 집에는 양식이 풍족한 일꾼이 얼마나 많은데,
나는 여기서 굶어 죽는구나.
18 내가 일어나 아버지께 돌아가서 이렇게 말해야겠다.
아버지. 제가 하늘과 아버지께 죄를 지었습니다.
19 지금부터는 아버지의 아들이라고 불릴 자격도 없습니다.
저를 일꾼 중 하나로 보십시오.'
20 이에 그가 일어나 아버지께로 돌아갔다.
아직 집까지 거리가 먼데, 아버지가 그를 보고 불쌍히 여겨 달려가더니, 그의 목을 껴안고 입을 맞추었다.
21 아들이 말하였다.
'아버지. 제가 하늘과 아버지께 죄를 지었습니다.
저는 아버지의 아들이라고 불릴 자격도 없습니다.'
22 아버지가 종들에게 말했다.
'이 아들에게 집에서 가장 좋은 옷을 꺼내 입히고,
손에 반지를 끼우고, 발에 신을 신겨라.
23 그리고 살진 송아지를 끌고 와서 잡아라. 우리가 먹고 즐기자.
24 이 아들은 죽었다가 다시 살아났고, 내가 잃었다가 다시 얻었다.'

아버지가 이렇게 즐거워하였다.
25  큰아들이 밭에서 일을 하고 돌아왔는데,
    집에 가까이 오니 음악 소리와 춤추는 소리가 들렸다.
26  그래서 한 종을 불러, 무슨 일인가 하고 물으니,
27  그가 대답하였다.
    '당신 동생이 돌아왔소, 그가 건강하게 돌아왔다고 당신의 아버지가 살진 송아지를 잡았소.'
28  큰아들이 화가 나서 집에 들어가지 않으려 하자
    아버지가 나와서 그를 달랬다.
29  큰아들이 아버지께 말하였다.
    '제가 여러 해 동안 아버지를 섬기면서 한번도 아버지의 말씀을 어긴 적이 없었습니다.
    그래도 아버지께서는 친구와 즐기라고 제게 염소 새끼라도 주신 적이 없습니다.
30  그런데 아버지의 재산을 창녀들과 함께 먹어버린 이 아들이 돌아왔다고, 그를 위해 살진 송아지를 잡으셨네요.'
31  아버지가 말했다.
    '얘야. 너는 항상 나와 함께 있으니, 내 것은 다 네 것이다.
32  네 동생은 죽었다가 살아났고, 내가 잃었다가 다시 얻었다.
    그러니 우리가 즐거워하고 기뻐하는 것이 마땅하다.' "

# 제16장

## 불의한 청지기 비유

1 예수께서 제자들에게 이런 말씀도 하셨다.
  "어떤 부자에게 청지기가 있었는데,
  그가 주인의 재산을 낭비한다는 말이 주인에게 들렸다.
2 주인이 그를 불러서 말했다.
  '너에 관하여 이런 소문이 들리는데, 어떻게 된 일이냐?
  어제 청지기 일을 그만두고, 정산을 하자.'
3 청지기가 속으로 말했다.
  '주인이 내 일을 빼앗으니, 내가 이제 무엇을 하지?
  땅을 파자니 힘이 없고, 빌어먹자니 부끄럽구나.
4 옳지. 내가 할 일을 알았다. 이렇게 하면 일을 그만둔 후에도 사람들이 나를 자기 집으로 맞이하겠지.'
5 그리고 주인에게 빚진 사람들을 하나씩 불렀다.
  그가 먼저 온 사람에게 물었다.
  '네가 내 주인에게 얼마나 빚졌느냐?'
  그가 기름 100말이라고 하자,
6 청지기가 말했다.
  '여기 네 차용증이 있다. 앉아서 50말이라고 고쳐쓰라.'
7 또 다른 채무자에게 말했다.
  '너는 얼마나 빚졌느냐?'
  그가 밀 100석이라고 하자,
  청지기가 말했다.
  '여기 네 차용증에 80석이라고 고쳐쓰라.'
8 주인이 이 불의한 청지기가 일을 지혜롭게 하였다고 칭찬하였다.
  이 세상의 아들들이 자기들끼리 거래할 때는 빛의 아들들보다 더 지혜롭다.
9 내가 너희에게 말한다.

　　　　불의한 재물로 친구를 사귀어라.
　　　　그러면 재물이 없어질 때,
　　　　그것들이 너희를 영원한 처소로 영접할 것이다.
10　지극히 작은 것에 충성된 자는 큰 것에도 충성되고,
　　　지극히 작은 것에 불의한 자는 큰 것에도 불의할 것이다.
11　너희가 만일 불의한 재물에 충성하지 않으면,
　　　누가 참된 재물을 너희에게 맡기겠느냐?
12　너희가 만일 남의 재물에 충성하지 않으면,
　　　누가 너희에게 너희의 것을 주겠느냐?
13　집 하인이 두 주인을 섬길 수 없다.
　　　혹 한 주인을 미워하고 다른 주인을 사랑하거나,
　　　혹 한 주인을 귀중히 여기고 다른 주인을 가볍게 여길 것이다.
　　　너희가 하나님과 재물을 겸하여 섬길 수 없다."

## 율법과 하나님 나라

14　바리새인들은 돈을 좋아하는 사람이라, 이 말을 듣고 비웃었다.
15　예수께서 말씀하셨다.
　　　"너희는 사람 앞에서 스스로 옳다 하는 자들이다.
　　　그러나 너희 마음을 하나님께서 아신다.
　　　사람에게 높임을 받는 것은 하나님께 미움받는 것이다.
16　율법과 선지자는 요한의 때까지다.
　　　그 후에는 하나님 나라의 복음이 전파되어,
　　　사람마다 그리로 침입한다.
17　그러나 율법의 한 획이 떨어지는 것보다, 천지가 없어지는 것이 쉽다.
18　무릇 자기 아내를 버리고 다른 여자에게 장가가는 자는
　　　간음하는 것이고,
　　　무릇 버림받은 여자에게 장가드는 자도 간음하는 것이다."

## 부자와 거지 나사로

19 "한 부자가 있었다.
그가 자색 옷과 고운 베옷을 입고 날마다 호화롭게 즐기며 살았다.
20 그 집 대문 앞에 나사로라 하는 거지가 헌데를 앓으며 누워 있었다.
21 그가 부자의 식탁에서 떨어지는 것으로 배를 채웠다.
심지어 개들이 와서 그 헌데를 핥기도 하였다.
22 나중에 그 거지가 죽자 천사들에게 받들려 아브라함의 품에 들어가고, 부자도 죽어 장사되었다.
23 부자가 지옥에서 고통받고 있었는데,
눈을 들어보니, 멀리 아브라함과 그의 품에 안긴 나사로가 보였다.
24 그가 말했다.
'아버지 아브라함이여. 나를 불쌍히 여기십시오.
나사로를 보내서 그 손가락 끝에 물을 찍어 내 혀를 시원하게 해 주십시오. 내가 불 속에서 고통받고 있습니다.'
25 아브라함이 대답하였다.
'얘야. 너는 생전에 좋은 것을 받았고, 나사로는 고난을 받았다는 것을 기억해라.
이제 나사로는 여기서 위로를 받고, 너는 고통을 받는다.
26 그뿐 아니다. 너와 우리 사이에 큰 구덩이가 있어서,
여기서 너에게 건너가려고 해도 갈 수 없고,
거기서 우리에게 건너올 수도 없다.'
27 부자가 말했다.
'부탁드립니다. 아버지여.
나사로를 내 아버지의 집에 보내 주십시오.
28 제게 형제 다섯이 있는데 그들에게 증언하여,
그들이 이 고통스러운 곳에 오지 않게 하십시오.'
29 아브라함이 말했다.
'그들에게는 모세와 선지자들이 있으니, 그들에게 들으면 된다.'
30 부자가 말했다.

'그렇지 않습니다. 아버지 아브라함이여.

만일 죽은 사람이 그들을 찾아 가면, 그들이 회개할 것입니다.'

31  아브라함이 말했다.

'모세와 선지자들의 말을 듣지 않는 사람은

비록 죽은 자 가운데서 살아나는 자가 있어도 그 말을 믿지 않을 것이다.' "

## 제17장

### 용서, 믿음, 종의 자세

1 예수께서 제자들에게 말씀하셨다.
  "실족하게 하는 일이 없을 수 없으나,
  실족하게 하는 사람에게는 화가 있을 것이다.
2 그가 이 작은 사람 중 하나를 실족하게 하는 것보다,
  차라리 연자맷돌을 목에 매고 바다에 던져지는 것이 낫다.
3 너희는 스스로 조심해라.
  만일 네 형제가 죄를 범하면 경고하고, 회개하면 용서해라.
4 만일 하루에 일곱 번 네게 죄를 짓고,
  일곱 번 네게 와서 회개한다고 하면 너는 용서해라."
5 사도들이 주께 말했다.
  "우리에게 믿음을 더하여 주십시오."
6 주께서 말씀하셨다.
  "너희에게 겨자씨 한 알만한 믿음이 있어도
  이 뽕나무에게 '뿌리가 뽑혀 바다에 심겨라.'고 하면,
  그것이 너희에게 순종할 것이다.
7 너희 중 누구에게 밭을 갈거나 양을 치는 종이 있다고 하자,
  그 종이 밭에서 돌아오면,
  그에게 '어서 와서 앉아 식사해라.'고 할 자가 있느냐?
8 도리어 그에게 '너는 어서 내 먹을 것을 준비하고, 내가 식사하는 동안 띠를 띠고 시중 들어라, 너는 그 후에 먹고 마셔라.'고 하지 않겠느냐?
9 종이 그 명령대로 하였다고, 네가 고맙다고 하겠느냐?
10 이와 같이 너희도 명령받은 것을 다 행한 후에 이렇게 말해야 한다.
  '우리는 무익한 종입니다. 마땅히 할 일을 한 것뿐입니다.'"

### 열 명의 나병환자

11 예수께서 예루살렘으로 가시는 길에, 사마리아와 갈릴리 사이로 지나 가셨다.
12 한 마을에 들어가시니, 나병환자 열 명이 예수를 멀리서 보고
13 소리 높여 말했다.
　"예수 선생님이여. 우리를 불쌍히 여기소서."
14 예수께서 그들을 보시고 말씀하셨다.
　"가서 제사장들에게 너희 몸을 보여주어라."
　그들이 가는 도중에 깨끗해졌다.
15 그중 한 사람이 자기가 나은 것을 보고, 큰소리로 하나님께 영광을 돌리며 돌아와
16 예수의 발아래 엎드려 감사하였다.
　이 사람은 사마리아 사람이었다.
17 예수께서 말씀하셨다.
　"열 사람이 다 깨끗해지지 않았느냐? 나머지 아홉 명은 어디 있느냐?
18 　이 이방인 외에는 하나님께 영광을 돌리러 온 자가 없느냐?"
19 그에게 말씀하셨다.
　"일어나 가라. 네 믿음이 너를 구원하였다."

### 하나님 나라는 너희 안에 있다

20 바리새인들이 물었다.
　'하나님의 나라가 언제 옵니까?'
　예수께서 대답하셨다.
　"하나님 나라는 볼 수 있게 오는 것이 아니다.
21 　또 '여기 있다', '저기 있다'고 할 수도 없다.
　하나님의 나라는 너희 안에 있다."
22 또 제자들에게 말씀하셨다.
　"너희가 인자의 날 하루를 보려고 해도 보지 못할 것이다.
23 　사람들이 너희에게 '저기 있다', '여기 있다'고 해도

| | |
|---|---|
| | 너희는 가지도 말고 따르지도 마라. |
| 24 | 번개가 하늘 아래 이쪽에서 번쩍하여 하늘 저쪽까지 비추는 것같이, |
| | 인자도 자기의 날에 그러할 것이다. |
| 25 | 그러나 인자가 먼저 많은 고난을 받고, 이 세대에게 버림받아야 한다. |
| 26 | 노아의 때와 같이, 인자의 때도 그럴 것이다. |
| 27 | 노아가 방주에 들어가던 날까지, |
| | 사람들이 먹고 마시고 장가들고 시집을 가더니, |
| | 홍수가 나서 그들을 다 멸망시켰다. |
| 28 | 또 롯의 때와도 같다. |
| | 사람들이 먹고 마시고, 사고팔고, 나무를 심고 집을 지었다. |
| 29 | 그러나 롯이 소돔에서 나가던 날에, |
| | 하늘에서 불과 유황이 비처럼 내려 그들을 멸망시켰다. |
| 30 | 인자가 나타나는 날에도 이와 같을 것이다. |
| 31 | 그날에 만일 사람이 지붕 위에 있으면 |
| | 집 안에 있는 세간을 가지러 내려오지 마라. |
| | 밭에 있는 사람도 이와 같이 뒤로 돌아가지 마라. |
| 32 | 롯의 처를 생각해라. |
| 33 | 무릇 자기 목숨을 지키려는 자는 잃을 것이요, |
| | 잃는 자는 살 것이다. |
| 34 | 내가 너희에게 말한다. |
| | 그 밤에 두 남자가 한 자리에 누워있는데, |
| | 하나는 데려가고, 하나는 버려둘 것이다. |
| 35 | 두 여자가 함께 맷돌을 갈고 있는데, |
| | 하나는 데려가고, 하나는 버려둘 것이다." |
| 36 | (없음) |
| 37 | 그들이 물었다. |
| | "주여. 어디에서 이런 일이 일어나겠습니까?" |
| | 예수께서 말씀하셨다. |
| | "주검이 있는 곳에는 독수리가 모인다." |

# 제18장

## 과부와 재판장 비유

1 예수께서 제자들에게 항상 기도하고 낙심하지 말 것을
   비유로 가르치셨다.
2 "어떤 도시에 하나님을 두려워하지 않고,
   사람을 무시하는 한 재판관이 있었다.
3 또 그 도시에 한 과부가 있었는데,
   그가 그 재판관에게 자주 가서 졸랐다.
   '내 원수에 대한 원한을 풀어주십시오.'
4 그 재판장이 얼마 동안 거절하다가 나중에 이렇게 생각하였다.
   '내가 하나님을 두려워하지 않고, 사람을 무시하지만,
5 이 과부가 나를 귀찮게 하니, 그 원한을 풀어주어야겠다.
   그렇지 않으면 계속 찾아와서 나를 괴롭히겠다.'"
6 주께서 또 말씀하셨다.
   "불의한 재판관이 말하는 것을 들어라.
7 하물며 하나님께서 밤낮 부르짖는, 택하신 사람들의 원한을 속히
   풀어주시지 않겠느냐? 오래 미루시겠느냐?
8 내가 너희에게 말한다.
   하나님께서 그 원한을 속히 풀어주실 것이다.
   그러나 인자가 올 때에 세상에서 믿음을 보겠느냐?"

## 바리새인과 세리 비유

9 예수께서 또 자기를 의롭다고 생각하고 다른 사람을 멸시하는 사람들
   에게 이런 비유로 말씀하셨다.
10 "두 사람이 기도하러 성전에 올라갔다.
    한 사람은 바리새인이고, 다른 사람은 세리였다.
11 바리새인은 서서 따로 기도하였다.
    '하나님이여. 제가 토색, 불의, 간음을 하는 자들과 같지 않고,

이 세리와도 같지 않음을 감사합니다.
12 저는 일주일에 두 번씩 금식하고, 소득의 십일조를 드립니다.'
13 그러나 세리는 멀찍이 서서,
감히 눈을 들어 하늘을 쳐다보지도 못하고, 가슴을 치며 말했다.
'하나님이여. 저를 불쌍히 여기소서. 저는 죄인입니다.'
14 내가 너희에게 말한다.
세리가 바리새인보다 의롭다고 인정받고 집으로 돌아갔다.
무릇 자기를 높이는 자는 낮아지고, 자기를 낮추는 자는 높아질 것이다."

**어린 아이들을 막지 마라**

15 사람들이 예수께 자기 아이를 만져달라고 데려오니,
제자들이 보고 꾸짖었다.
16 그러나 예수께서 그 아이들을 가까이 불러 말씀하셨다.
"어린 아이들이 내게 오는 것을 막지 마라.
하나님의 나라는 이런 아이들의 것이다.
17 내가 진실로 너희에게 말한다.
누구든지 하나님 나라를 어린 아이와 같이 받아들이지 않는 사람은
하나님의 나라에 결코 들어가지 못한다."

**부자 관원**

18 어떤 관원이 예수께 물었다.
"선한 선생님이여.
내가 무엇을 하여야 영생을 얻을 수 있습니까?"
19 예수께서 말씀하셨다.
"네가 어찌하여 나를 선하다고 말하느냐?
하나님 한 분 외에는 선한 분이 없다.
20 네가 계명을 알고 있다.
간음하지 마라, 살인하지 마라, 도둑질하지 마라,

거짓 증언 하지 마라, 네 부모를 공경하라는 계명 말이다."
21 그가 말했다.
"이것들은 제가 어릴 때부터 다 지키고 있습니다."
22 예수께서 이 말을 들으시고 말씀하셨다.
"네게 부족한 것이 한 가지 있다.
네가 가진 것을 다 팔아 가난한 자들에게 나눠 주어라.
그러면 하늘에 네 보화가 있을 것이다.
그리고 와서 나를 따라오너라."
23 그 사람은 큰 부자였으므로, 이 말씀을 듣고 매우 근심하였다.
24 예수께서 그를 보시고 말씀하셨다.
"부자가 하나님의 나라에 들어가기가 얼마나 어려운지 모른다.
25 　낙타가 바늘귀로 들어가는 것이,
부자가 하나님의 나라에 들어가는 것보다 쉽다."
26 듣는 사람들이 말했다.
"그러면 누가 구원을 얻을 수 있습니까?"
27 예수께서 말씀하셨다.
"무릇 사람이 할 수 없는 것을 하나님께서는 하실 수 있다."
28 베드로가 말했다.
"보십시오. 우리는 가진 것을 다 버리고 주를 따랐습니다."
29 예수께서 말씀하셨다.
"내가 진실로 너희에게 말한다.
하나님의 나라를 위하여 집이나 아내나 형제나 부모나 자녀를 버린 사람은
30 이 세상에서 여러 배로 받고, 내세에는 영생을 받을 것이다."

## 죽음과 부활을 세 번째 예고하다

31 예수께서 열두 제자를 곁에 불러 말씀하셨다.
"보아라. 우리가 예루살렘으로 올라간다.
선지자들이 인자에 관하여 기록한 것이 다 이루어질 것이다.

32 인자가 이방인들에게 넘겨져 조롱과 모욕과 침 뱉음을 당할 것이고,
33 그들은 인자를 채찍질하고, 죽일 것이다.
"그러나 인자는 3일 만에 살아날 것이다."
34 제자들이 이 말씀을 하나도 깨닫지 못하였다.
그 말씀의 뜻이 감추어졌으므로, 그들이 그 말씀을 이해하지 못했다.

## 눈먼 사람을 고치다

35 예수께서 여리고에 가까이 가셨다.
그때 한 눈먼 사람(소경)이 길가에 앉아 구걸하다가
36 무리가 지나가는 소리를 듣고, 무슨 일이냐고 물었다.
37 사람들이 나사렛 예수께서 지나가신다고 하니
38 그가 외쳤다.
"다윗의 자손 예수여. 저를 불쌍히 여기소서."
39 앞서가던 사람들이 그를 꾸짖으며 조용히 하라고 하였으나,
그가 더 크게 소리 질렀다.
"다윗의 자손이여. 저를 불쌍히 여기소서."
40 예수께서 멈추어 서서, 그를 데려오라고 명령하시고,
41 그가 가까이 오자 그에게 물으셨다.
"네게 무엇을 해 주기를 원하느냐?"
그가 말했다.
"주여. 제가 보기를 원합니다."
42 예수께서 그에게 말씀하셨다.
"보아라. 네 믿음이 너를 구원하였다."
43 그가 즉시 보게 되어, 하나님께 영광을 돌리며 예수를 따라갔다.
백성들이 이것을 보고 하나님을 찬양하였다.

## 제19장

### 예수와 삭개오

1 예수께서 여리고로 들어가 거리를 지나가고 계셨다.
2 삭개오라는 사람이 있었는데, 그는 세리장이고 부자였다.
3 그가 예수께서 어떤 분인지 보려고 하였으나,
   키가 작고, 사람이 많아서 볼 수 없었다.
4 그가 예수를 보려고 앞으로 달려가 뽕나무(돌무화과나무)에 올라갔다.
   예수께서 그리로 지나가실 예정이었기 때문이다.
5 예수께서 그곳에 이르러, 그를 보시고 말씀하셨다.
   "삭개오야. 어서 내려오너라. 내가 오늘 네 집에 묵어야겠다."
6 삭개오가 급히 내려와 기뻐하며 예수를 영접하였다.
7 사람들이 이것을 보고 수군거렸다.
   "저 사람이 죄인의 집에 머물려고 들어갔다."
8 삭개오가 일어서서 주께 말했다.
   "주여. 보십시오.
   제 재산의 절반을 가난한 사람들에게 주겠습니다.
   제가 누구의 재산을 속여 빼앗은 것이 있으면 네 배로 갚겠습니다."
9 예수께서 말씀하셨다.
   "오늘 구원이 이 집에 이르렀다. 이 사람도 아브라함의 자손이다.
10   인자가 온 것은 잃어버린 자를 찾아 구원하려 함이다."

### 열 므나 비유

11 그들이 이 말씀을 듣고 있을 때에,
   예수께서 비유를 하나 더 말씀하셨다.
   이는 예수께서 예루살렘에 가까이 오시니,
   그들은 하나님의 나라가 당장 나타난다고 생각했기 때문이다.
12 예수께서 말씀하셨다.
   "어떤 귀족이 왕위를 받아 오려고 먼 나라로 갔다.

13    그가 그 종 열 명을 불러 은 1므나[5]씩을 주면서 말했다.
      '내가 돌아올 때까지 이 돈으로 장사를 해라.'
14    그런데 백성들이 그를 미워하여, 사자를 뒤로 보내어 말했다.
      '우리는 이 사람이 우리의 왕이 되는 것을 원하지 않습니다.'
15    그러나 그 귀족은 왕위를 받고 돌아왔다.
      그리고 돈을 받은 종들이 각각 어떻게 장사했는지 알아보려고
      그들을 불렀다.
16    첫 번째 종이 와서 말했다.
      '주여, 주의 1므나로 10므나를 남겼습니다.'
17    주인이 말했다.
      '잘했다. 착한 종아.
      네가 지극히 작은 것에 충성했으니 열 고을 권세를 차지해라.'
18    두 번째 종이 와서 말했다.
      '주인이여. 주의 1므나로 5므나를 만들었습니다.'
19    주인이 그에게도 말했다.
      '너도 다섯 고을을 차지해라.'
20    또 다른 종이 와서 말했다.
      '주여. 보십시오. 주의 1므나가 여기 있습니다.
      내가 이것을 수건으로 싸 두었습니다.
21    이는 당신이 엄한 사람이라 제가 무서웠기 때문입니다.
      당신은 맡기지 않은 것을 찾고, 심지 않은 것을 거두는 사람입니다.'
22    주인이 말했다.
      '이 악한 종아. 내가 네가 한 말로 너를 판단하겠다.
      너는 내가 맡기지 않은 것을 찾고,
      심지 않은 것을 거두는 엄한 사람인 줄을 알고 있었느냐?
23    그러면 어째서 내 돈을 은행에 맡기지 않았느냐?
      그렇게 했으면 내가 와서 그 이자까지 찾았을 것이다.'

---

[5] 므나는 약 20데나리온에 해당하고, 1데나리온은 근로자의 일당이다.
  그러니 1므나는 대략 200만원 정도 된다.

24    그리고 곁에 서 있는 사람들에게 말했다.
      '그에게서 1므나를 빼앗아 10므나 있는 종에게 주어라.'
25    그들이 말했다.
      '주여 그 종에게는 이미 10므나가 있습니다.'
26    주인이 말했다.
      '내가 너희에게 말한다.
      무릇 있는 자는 더 받겠고, 없는 자는 그 있는 것도 빼앗길 것이다.
27    그리고 내가 왕이 되는 것을 원하지 않던 저 원수들을 이리로 끌어
      내어 내 앞에서 죽여라.'"

### 예루살렘으로 가다
28 예수께서 이 말씀을 하시고, 예루살렘을 향해 앞서서 가셨다.
29 감람산 근처 벳바게와 베다니 가까이 오셨을 때에,
   제자 두 사람을 보내시며 말씀하셨다.
30 "너희는 맞은편 마을로 가라.
    거기 가면 아직 아무도 탄 적 없는 나귀새끼가 매여 있을 것이다.
    그것을 풀어서 끌고 오너라.
31    만일 누가 너희에게 왜 푸느냐고 묻거든 '주가 쓰실 것이다.' 해라."
32 그들이 가서 말씀하신 대로 나귀새끼를 보고,
33 나귀 새끼를 풀 때에, 그 주인들이 물었다.
    "왜 나귀새끼를 푸느냐?"
34 그들이 대답하였다.
    "주께서 쓰실 것이다."
35 그들이 나귀새끼를 예수께로 끌고 와서,
    자기들의 겉옷을 나귀새끼 위에 얹고, 예수를 그 위에 태웠다.
36 사람들은 예수께서 가실 때에 자기들의 겉옷을 길에 폈다.
37 예수께서 감람산의 내리막길에 가까이 오시니,
    모든 제자들이 자기들이 본 기적들 때문에 기뻐하며
    큰소리로 하나님을 찬양하였다.

38 "찬송하리로다. 주의 이름으로 오시는 왕이시여.
　　하늘에는 평화요, 가장 높은 곳에는 영광이로다."
39 무리 가운데 있던 어떤 바리새인들이 말했다.
　　"선생님. 당신의 제자들을 책망하십시오."
40 예수께서 말씀하셨다.
　　"내가 너희에게 말한다.
　　만일 이 사람들이 잠잠하면, 돌들이 소리 지를 것이다."
41 예수께서 예루살렘 가까이 와서, 그 성을 보고 우시면서
42 말씀하셨다.
　　"너도 오늘날 평화에 관한 일을 알았으면 좋을 뻔하였다.
　　그러나 지금 네 눈에는 숨겨져 있다.
43 　이런 날이 올 것이다.
　　네 원수들이 토성을 쌓고, 너를 둘러 사면으로 가두고,
44 　또 그들이 너와 네 자식들을 땅에 메어치고,
　　돌 하나도 돌 위에 남겨두지 않을 것이다.
　　이는 하나님께서 오시는 날을 네가 알지 못하였기 때문이다."

## 성전을 정결하게 하다

45 예수께서 성전에 들어가셔서 장사하는 자들을 내쫓으시며
46 그들에게 말씀하셨다.
　　"성경에 '내 집은 기도하는 집이 되리라.' 고 하였다.
　　그런데 너희는 강도의 소굴로 만들었다."
47 예수께서 날마다 성전에서 가르치시니,
　　대제사장들과 서기관들과 백성의 지도자들이 예수를 죽이려 하였다.
48 그러나 백성들이 모두 예수의 말씀을 귀를 기울여 들으므로,
　　어찌할 수가 없었다.

# 제20장

## 예수의 권세 논쟁

1 하루는 예수께서 성전에서 백성을 가르치시며 복음을 전하시는데,
대제사장들과 서기관들이 장로들과 함께 와서 물었다.
2 "당신이 무슨 권세로 이런 일을 하고 있소?
그리고 이런 권세를 준 사람이 누구인지 말해 보시오."
3 예수께서 말씀하셨다.
"나도 너희에게 한 가지 물을 테니 내게 말해라.
4 요한의 세례가 하늘에서 왔느냐? 사람에게서 왔느냐?"
5 그들이 서로 의논하였다.
"만일 하늘에서 왔다고 하면, 왜 그를 믿지 않느냐고 할 것이고,
6 만일 사람에게서 왔다고 하면, 우리를 돌로 칠 것이다.
이는 모든 백성이 요한을 선지자로 인정하기 때문이다."
7 그래서 그들이 대답하였다.
"그가 어디에서 왔는지 모르겠소."
8 예수께서 말씀하셨다.
"나도 무슨 권세로 이런 일을 하는지 너희에게 말하지 않겠다."

## 포도원 농부 비유

9 예수께서 사람들에게 이런 비유를 하셨다.
"어떤 사람이 포도원을 만들어 농부들에게 세를 주고,
외국에 가서 오래 있었다.
10 때가 되어 포도원 소출을 받으려고 한 종을 농부들에게 보내니,
농부들이 그 종을 몹시 때리고 빈손으로 돌려보냈다.
11 다시 다른 종을 보내니,
농부들이 그 종도 몹시 때리고 모욕하고 빈손으로 돌려보냈다.
12 다시 세 번째 종을 보내니,
농부들이 그 종도 상처를 입히고 쫓아버렸다.

13 포도원 주인이 생각했다.
'어떻게 하지? 내 사랑하는 아들을 보내야겠다.
그들도 내 아들은 존중하겠지'
14 그러나 농부들은 그 아들을 보고 서로 의논하였다.
'이 사람은 상속자다. 그를 죽이고 그 유산을 우리가 차지하자.'
15 그래서 아들을 포도원 밖에 내쫓아 죽였다.
그러면 포도원 주인이 그 농부들을 어떻게 하겠느냐?
그가 그 농부들을 다 죽이고, 포도원을 다른 사람들에게 줄 것이다."
16 사람들이 듣고 말했다.
"그렇게 되지 않기를 바랍니다."
17 예수께서 그들을 보시고 말씀하셨다.
"성경에 '건축자들의 버린 돌이 모퉁이의 머릿돌이 되었다.' 고 하였는데, 이것이 무슨 뜻이냐?
18 무릇 이 돌 위에 떨어지는 자는 깨어지겠고,
이 돌이 사람 위에 떨어지면 그를 가루로 만들어 버릴 것이다."

## 황제의 것은 황제에게

19 서기관들과 대제사장들이 예수의 이 비유가 자기들을 가리켜 말씀하신 줄 알고 즉시 예수를 잡으려고 하였으나 백성이 두려웠다.
20 이에 그들이 기회를 엿보다가, 예수를 총독에게 넘기려고 정탐들을 보내면서, 정탐들이 의인인체 하며 예수의 말씀을 트집 잡게 하였다.
21 정탐들이 예수께 물었다.
"선생님이여.
당신은 바르게 말씀하시고 가르치시며, 사람을 외모로 취하지 않고, 오직 진리로 하나님의 도를 가르치시는 분인줄 우리가 압니다.
22 그런데 우리가 가이사(황제)에게 세금을 바치는 것이 옳습니까, 옳지 않습니까?"
23 예수께서 그들의 속셈을 알아차리고 말씀하셨다.
24 "데나리온 동전 하나를 가져오너라.

여기에 누구의 얼굴과 글이 있느냐?"
그들이 대답하였다.
"황제의 것입니다."
25 예수께서 말씀하셨다.
"황제의 것은 황제에게, 하나님의 것은 하나님께 바쳐라."
26 그들이 예수께서 백성들 앞에서 예수의 말을 트집 잡지 못하고,
그 대답에 놀라서 더이상 말을 못 하였다.

**부활 논쟁**

27 부활이 없다고 주장하는 사두개인 몇이 예수께 와서 물었다.
28 "선생님. 모세가 우리에게 이렇게 명령했습니다.
'사람이 자식 없이 아내를 남겨두고 죽으면, 그 동생이 형수와 결혼하여 그 형을 위한 상속자를 세워야 한다.'
29 일곱 형제가 있었는데, 맏이 아내를 취하였다가 자식 없이 죽고,
30 그 둘째와 셋째가 그 여자와 결혼하였습니다.
31 일곱이 다 그와 같이 자식 없이 죽고,
32 최후에 그 여자도 죽었습니다.
33 이렇게 일곱이 다 그 여자와 결혼하였다면,
부활 때에 그 여자는 그중 누구의 아내가 됩니까?"
34 예수께서 말씀하셨다.
"이 세상 사람들은 장가도 가고 시집도 가지만,
35 저 세상과 죽은 자 가운데서 부활하기에 합당한 사람들은 장가가고 시집가지 않는다.
36 그들은 천사와 같아서 다시 죽을 수도 없다.
그들은 부활의 자녀이므로 하나님의 자녀이다.
37 죽은 자가 살아난다는 것에 관하여,
모세도 가시나무떨기에 관한 글에서 주를 이렇게 불렀다.
'아브라함의 하나님, 이삭의 하나님, 야곱의 하나님'
38 하나님께서는 죽은 자의 하나님이 아니고,

　　　　살아 있는 자의 하나님이시기 때문이다.
　　　　하나님에 대하여는 모든 사람이 살아있다."
39　몇몇 서기관들이 말했다.
　　　　"선생님이여. 그 말씀이 옳습니다."
40　그들이 감히 아무것도 더 물을 수 없었다.

**그리스도와 다윗의 자손**

41　예수께서 그들에게 말씀하셨다.
　　　　"사람들이 어째서 그리스도를 다윗의 자손이라고 하느냐?
42　시편에서 다윗이 친히 말하였다.
　　　　'주님(하나님)께서 내 주(예수)께 말씀하셨다.
43　　내가 네 원수를 네 발의 발등상으로 둘 때까지,
　　　　너는 내 오른쪽에 앉아 있어라.'
44　　이렇게 다윗이 그리스도를 주라고 불렀는데,
　　　　그리스도가 어떻게 다윗의 자손이 되겠느냐?"

**서기관들을 조심해라**

45　모든 백성이 듣고 있을 때에,
　　　예수께서 제자들에게 말씀하셨다.
46　"긴 옷을 입고 다니는 것을 좋아하고,
　　　시장에서 인사받는 것과 회당의 상좌와 잔치의 상석을 좋아하는
　　　서기관들을 조심해라.
47　그들은 과부의 가산을 삼키며, 위선적으로 길게 기도한다.
　　　그들이 받을 벌은 매우 엄할 것이다."

## 제21장

### 가난한 과부의 헌금

1 예수께서 눈을 들어 부자들이 연보궤에 헌금 넣는 것과
2 또 어떤 가난한 과부가 두 렙돈⁶⁾ 넣는 것을 보시고 말씀하셨다.
3 "내가 참으로 너희에게 말한다.
　이 가난한 과부가 모든 사람보다 많이 넣었다.
4 　부자들은 넉넉한 중에 헌금을 넣었지만,
　이 과부는 가난한 중에 자기 생활비 전부를 넣었다."

### 환난의 징조

5 어떤 사람이 성전을 가리키며 아름다운 돌과 헌물로 꾸몄다고 말하자
6 예수께서 말씀하셨다.
　"너희가 보는 이것들이 돌 하나도 돌 위에 남지 않고 다 무너질 날이
　올 것이다."
7 그들이 물었다.
　"선생님. 언제 이런 일이 일어납니까?.
　또 이런 일이 일어나려 할 때에 어떤 징조가 있겠습니까?"
8 예수께서 말씀하셨다.
　"너희는 미혹을 받지 않도록 주의해라.
　많은 사람이 내 이름으로 와서 '내가 그리스도다', '때가 가까이 왔
　다.'고 해도 그들을 따라가지 마라.
9 　난리와 전쟁의 소문을 들어도 두려워하지 마라.
　이런 일이 먼저 있어야 하지만, 끝이 곧 오는 것은 아니다."
10 예수께서 또 말씀하셨다.
　"민족이 민족을, 나라가 나라를 대적하여 일어나고,
11 　곳곳에 큰 지진과 기근과 전염병이 있고,
　또 하늘에서 무서운 일과 큰 징조들이 있을 것이다.

---

6) 1렙돈은 데나리온의 64분의 1의 가치가 있고, 약 1,000원 정도 된다고 한다.

12 이 모든 일이 일어나기 전에,
　　사람들이 내 이름 때문에 너희에게 손을 대어 핍박하고,
　　회당과 감옥에 넘겨주며, 임금들과 관원들 앞에 끌고 갈 것이다.
13 그러나 이 일이 도리어 너희가 증언할 기회가 될 것이다.
14 그러므로 너희는 변명할 말을 미리 연구하지 마라.
15 너희의 대적들이 대항하거나 반박할 수 없는 말과 지혜를
　　내가 너희에게 줄 것이다.
16 심지어 부모, 형제와 친척, 친구가 너희를 넘겨주어
　　너희 중 몇 명을 죽일 것이다.
17 또 너희가 내 이름 때문에 모든 사람에게 미움을 받겠지만,
18 너희 머리카락 하나도 상하지 않을 것이다.
19 너희가 인내함으로 너희 영혼을 얻을 것이다.”

## 예루살렘의 환난

20 "너희는 예루살렘이 군대들에 포위되는 것을 보면,
　　그 멸망이 가까운 줄 알아라.
21 그때에 유대에 있는 사람들은 산으로 도망가고,
　　성안에 있는 사람은 밖으로 나가고,
　　촌에 있는 사람들은 성안으로 들어가지 마라.
22 이날들은 기록된 모든 말씀이 이루어지는 형벌의 날이다.
23 이날에 아이 밴 여자들과 젖먹이는 여자들에게 화가 있을 것이다.
　　땅에 큰 환난이 있고, 이 백성에게 진노가 있을 것이다.
24 그들이 칼로 죽임을 당하고, 이방에 포로로 사로잡혀가고,
　　예루살렘은 이방인의 때가 차기까지 이방인들에게 밟힐 것이다.”
25 "해와 달과 별들에 징조가 있겠고,
　　땅에서는 민족들이 바다와 파도의 우는 소리 때문에 혼란스럽고 괴
　　로울 것이다.
26 사람들이 세상에 닥칠 일을 생각하고 무서워서 기절할 것이다.
　　이는 하늘의 권능들이 흔들릴 것이기 때문이다.

27   그때 사람들이 인자가 구름을 타고 능력과 큰 영광으로 오는 것을
     볼 것이다.
28   이런 일이 일어나기 시작하면, 너희는 일어나 머리를 들어라.
     너희의 구원이 가까이 왔다."

## 무화과나무의 비유

29   예수께서 비유로 말씀하셨다.
     "무화과나무와 다른 모든 나무를 보아라.
30   싹이 나면 너희가 그것을 보고, 여름이 가까이 온 줄을 안다.
31   이와 같이 너희가 이런 일이 일어나는 것을 보면,
     하나님의 나라가 가까이 온 줄을 알아라.
32   내가 진실로 너희에게 말한다.
     이 세대가 지나가기 전에, 이 모든 일이 일어날 것이다.
33   천지는 없어지겠으나, 내 말은 없어지지 않을 것이다."

## 깨어 있어라

34   "너희는 스스로 조심해라.
     조심하지 않으면 방탕함과 술 취함과 생활의 염려로 마음이 둔하여
     지고, 그날이 덫과 같이 너희에게 갑자기 임할 것이다.
35   이 날은 온 지구상에 있는 모든 사람에게 임할 것이다.
36   그러므로 너희는 장차 일어날 이 모든 일을 피하고,
     인자 앞에 서도록, 항상 기도하며 깨어 있어라."
36   예수께서 낮에는 성전에서 가르치시고,
     밤에는 감람원이라고 하는 산에서 쉬셨다.
37   모든 사람이 예수의 말씀을 들으려고 아침 일찍 성전으로 갔다.

## 제22장

### 유다가 배반하다
1  유월절이라고도 하는 무교절이 다가왔다.
2  대제사장들과 서기관들이 예수를 어떻게 죽일까 연구하였다.
   이는 그들이 백성을 두려워하였기 때문이다.
3  열둘 중의 하나인 가룟 사람 유다에게 사탄이 들어갔다.
4  이에 유다가 대제사장들과 군관들에게 가서
   예수를 넘겨줄 방법을 의논하였다.
5  그들이 기뻐하여 유다에게 돈을 주기로 약속하였다.
6  유다가 동의하고,
   아무도 없을 때 예수를 넘겨주려고 기회를 엿보았다.

### 유월절 준비
7  유월절 양을 잡는 무교절이 되었다.
8  예수께서 베드로와 요한을 보내시며 말씀하셨다.
   "가서 우리가 유월절 음식을 먹도록 준비해라."
9  그들이 여쭈었다.
   "어디서 준비하면 좋겠습니까?"
10 예수께서 말씀하셨다.
   "너희가 성안으로 들어가면, 물동이를 메고 가는 사람을 만날 것이다. 그가 들어가는 집으로 따라 들어가서,
11 그 집 주인에게 말해라.
   '선생님께서 내가 내 제자들과 함께 유월절을 먹을 방이 어디 있느냐고 말씀하셨다.'
12 그러면 그가 잘 정리된 큰 다락방을 보여줄 것이다.
   거기서 준비해라."
13 그들이 나가서, 예수께서 말씀하신 대로 유월절을 준비하였다.

누가복음  275

## 마지막 만찬

14  때가 되어, 예수께서 사도들과 함께 식탁에 앉으셔서 말씀하셨다.
15  "내가 고난을 받기 전에 너희와 함께 이 유월절 음식 먹기를 원하고
    원하였다.
16  내가 너희에게 말한다.
    이 유월절이 하나님의 나라에서 이루어지기까지,
    다시는 이것을 먹지 않겠다."
17  그리고 잔을 받아 감사기도를 하시고 말씀하셨다.
    "이것을 가지고 너희끼리 나누어 마셔라.
18  내가 너희에게 말한다.
    내가 지금부터 하나님의 나라가 임할 때까지,
    포도나무에서 난 것을 다시 마시지 않겠다."
19  또 빵을 가지고 감사기도를 하시고, 떼어 주시며 말씀하셨다.
    "이것은 너희를 위하여 주는 내 몸이다.
    이것을 행하여 나를 기념해라."
20  빵을 잡수신 후에 잔을 들고 말씀하셨다.
    "이 잔은 내 피로 세우는 새 언약이다.
    곧 너희를 위하여 붓는 것이다.
21  그러나 보아라. 나를 파는 자의 손이 나와 함께 식탁 위에 있다.
22  인자는 이미 작정된 대로 가지만,
    그를 파는 그 사람에게는 화가 있을 것이다."
23  그들이 서로 물었다.
    "우리 중에 이 일을 할 자가 누구일까?"

## 큰 사람

24  제자들 사이에서 누가 크냐 하고 다툼이 벌어졌다.
25  예수께서 말씀하셨다.
    "이방인의 임금은 백성들을 주관하고,
    그 집권자들은 자칭 은인이라고 한다.

26  그러나 너희는 그렇게 하면 안 된다.
    너희 중에 가장 큰 자는 가장 어린 자와 같고,
    다스리는 사람은 섬기는 자와 같아야 한다.
27  앉아서 먹는 자가 크냐? 서서 섬기는 자가 크냐?
    앉아서 먹는 자가 아니냐?
    그러나 나는 너희를 섬기는 자가 되었다.
28  너희는 내가 시험받을 때 항상 나와 함께 하였으므로,
29  내 아버지께서 나라를 내게 맡기신 것 같이,
    나도 너희에게 나라를 맡긴다.
30  그리하여 너희가 내 나라에 있으면서 내 식탁에 앉아 먹고 마시고,
    또 보좌에 앉아 이스라엘 열두 지파를 다스리게 하려 한다."

## 베드로의 부인을 예고하다

31  "시몬아. 시몬아. 보아라.
    사탄이 밀 까부르듯 하려고 너희를 요구하였다.
32  그러나 내가 네 믿음이 떨어지지 않기를 기도하였다.
    너는 돌이킨 후에 네 형제를 굳세게 해라."
33  베드로가 말하였다.
    "주여. 저는 주와 함께 감옥에도, 죽음에도 갈 각오가 되어 있습니다."
34  예수께서 말씀하셨다.
    "베드로야. 내가 네게 말한다.
    오늘 닭 울기 전에 네가 나를 모른다고 세 번 부인할 것이다."

## 지갑과 배낭과 칼

35  예수께서 그들에게 말씀하셨다.
    "내가 너희를 지갑과 배낭과 신발도 없이 보냈을 때,
    너희에게 부족한 것이 있었느냐?"
    그들이 대답했다.
    "없었습니다."

36　예수께서 말씀하셨다.
　　"이제는 지갑 있는 자는 가지고, 배낭도 가져라.
　　칼이 없는 자는 겉옷을 팔아서라도 사라.
37　내가 너희에게 말한다.
　　성경에 '그가 불법자와 한패로 여김을 받았다.' 고 기록되어 있다.
　　그것이 내게 이루어져야 한다.
　　과연 내게 관한 일이 이루어지고 있구나."
38　그들이 말했다.
　　"주여. 보십시오. 여기 칼 두 자루가 있습니다."
　　예수께서 대답하셨다.
　　"그것으로 충분하다."

## 감람산에서 기도하다

39　예수께서 평소처럼 감람산에 가시니, 제자들도 따라갔다.
40　그곳에 이르러 그들에게 말씀하셨다.
　　"시험에 들지 않도록 기도해라."
41　그들을 떠나 돌을 던지면 닿을 만큼 가셔서, 무릎을 꿇고 기도하셨다.
42　"아버지여!
　　만일 아버지의 뜻이면 이 잔을 제게서 옮겨주십시오.
　　그러나 제 뜻대로 하지 마시고, 아버지의 뜻대로 하십시오."
43　그때 하늘에서 천사가 나타나 힘을 보탰다.
44　예수께서 힘쓰고 애써 더욱 간절히 기도하시니,
　　땀이 핏방울같이 되어 땅에 떨어졌다.
45　예수께서 기도하신 후에, 일어나 제자들에게 가 보니,
　　그들이 슬픔에 지쳐 잠들어 있었다.
46　그래서 말씀하셨다.
　　"어찌하여 자고 있느냐?
　　시험에 빠지지 않도록 일어나 기도해라."

### 잡히다

47 예수께서 말씀하실 때 한 무리가 오는데,
   열둘 중 하나인 유다가 그들을 데리고 앞장서서 왔다.
48 그가 예수께 입을 맞추려고 가까이 다가오니
   예수께서 말씀하셨다.
   "유다야. 네가 입맞춤으로 인자를 파느냐?"
49 주위 사람들이 그것을 보고 예수께 여쭈었다.
   "주여. 우리가 칼로 칠까요?"
50 그중 한 사람이 대제사장의 종의 오른쪽 귀를 칼로 잘랐다.
51 예수께서 말씀하셨다.
   "그렇게 하지 말고 참아라."
   그리고 그의 귀를 만져 고쳐주셨다.
52 예수께서 그를 잡으러 온 대제사장들과 성전의 군관들과 장로들에게
   말씀하셨다.
   "너희가 강도를 잡는 것 같이 칼과 몽둥이를 가지고 왔느냐?
53 내가 날마다 너희와 함께 성전에 있을 때에,
   너희가 내게 손을 대지 않았다.
   그러나 지금은 너희 때요, 어두움이 권세를 부릴 때다."

### 베드로가 부인하다

54 그들이 예수를 잡아끌고 대제사장의 집으로 들어갈 때
   베드로는 멀찍이 따라갔다.
55 사람들이 뜰 가운데 불을 피우고 함께 앉아 있고,
   베드로도 그들 중에 앉았다.
56 한 여종이 베드로가 불빛을 향해 앉아 있는 것을 주목하여 보고
   말했다.
   "이 사람도 예수와 함께 있었다."
57 베드로가 부인하였다.
   "이 여자야. 나는 그를 모른다."

58 조금 후에 다른 사람이 베드로를 보고 말했다.
"너도 그 일당이다."
베드로가 말했다.
"이 사람아. 나는 아니다."
59 한 시간쯤 있다가 또 한 사람이 장담하며 말했다.
"이 사람이 갈릴리 사람이고, 틀림없이 그와 함께 있었다."
60 베드로가 말했다.
"이 사람아. 나는 네가 무슨 말을 하는지 모르겠다."
그때 닭이 울었다.
61 주께서 돌이켜 베드로를 보셨다.
베드로는 주께서 '오늘 닭이 울기 전에 네가 나를 세 번 부인할 것이다.' 하신 말씀이 생각나서
62 밖에 나가 심히 통곡하였다.

## 예수를 희롱하고 때리다

63 예수를 지키는 사람들이 그를 희롱하고 때리고
64 그의 눈을 가리고 물었다.
"선지자야. 너를 때린 사람이 누구냐?"
65 그들이 그 외에도 온갖 말로 예수를 모욕하였다.

## 공회 앞에 서다

66 날이 밝자 백성의 장로들, 곧 대제사장들과 서기관들이 모여, 예수를 공회로 끌고 갔다.
67 그들이 물었다.
"당신이 그리스도가 맞으면, 우리에게 맞다고 하시오."
예수께서 대답하셨다.
"내가 말해도 너희가 믿지 않을 것이다.
68  또 내가 물어도 너희가 대답하지 않을 것이다.
69  그러나 이제부터는 인자가 하나님의 권능의 오른쪽에 앉을 것이다."

70 그들이 물었다.
 "그러면 당신이 하나님의 아들이요?"
 예수께서 대답하셨다.
 "그렇다. 너희 말과 같이 내가 그다."
71 그들이 말했다.
 "무슨 증거가 더 필요하겠느냐?
  우리가 직접 그 입에서 나오는 말을 들었다."

# 제23장

### 빌라도가 예수께 묻다
1 무리가 다 일어나 예수를 빌라도에게 끌고 가서
2 예수를 이렇게 고소하였다.
　"이 사람은 우리 백성을 미혹하고,
　　황제에게 세금 바치는 것을 반대하고,
　　자칭 왕이고 그리스도라고 주장합니다."
3 빌라도가 예수께 물었다.
　"당신이 유대인의 왕이요?"
　예수께서 대답하셨다.
　"네 말이 옳다."
4 빌라도는 대제사장들과 무리에게 말했다.
　"내가 보니 이 사람은 죄가 없다."
5 무리가 더욱 강하게 말하였다.
　"그가 온 유대에서 가르치더니,
　　갈릴리에서 여기까지 와서 백성들을 선동하고 있습니다."
6 빌라도가 이 말을 듣고 물었다.
　"이 사람이 갈릴리 사람이냐?"
7 빌라도는 예수께서 헤롯의 관할에 속한 줄 알고, 헤롯에게 보냈다. 마침 헤롯은 예루살렘에 있었다.

### 헤롯 앞에 서다
8 헤롯이 예수를 보고 매우 기뻐하였다.
　이는 그가 예수의 소문을 듣고 오래전부터 보고 싶어하였고
　또 예수께서 무슨 이적을 행하시는 것을 보고 싶었기 때문이다.
9 그가 여러 가지를 물었으나,
　예수께서 아무 대답도 하지 않으셨다.
10 대제사장들과 서기관들이 곁에 서서 예수를 힘껏 고소하였다.

11  헤롯이 그 군병들과 함께 예수를 업신여기며 조롱하고,
    번쩍이는 옷을 입혀 빌라도에게 돌려보냈다.
12  헤롯과 빌라도가 전에는 원수였으나, 그날에 서로 친구가 되었다.

**사형 선고를 받다**

13  빌라도가 대제사장들과 관리들과 백성을 불러 모으고 말했다.
14  "너희가 이 사람을 백성을 미혹하는 자라 하여 내게 끌고 왔다.
    그래서 내가 너희 앞에서 심문하였으나,
    너희가 고소하는 일에 대하여 이 사람에게서 죄를 찾지 못했다.
15  헤롯도 그래서 그를 우리에게 돌려보냈다.
    보아라. 그가 행한 것은 죽일 일이 아니다.
16  그러므로 나는 이 사람을 때리고 풀어주려고 한다."
17  (없음)
18  무리가 일제히 소리 질러 말했다.
    "이 사람을 없애고, 바라바를 우리에게 풀어주시오."
19  이 바라바는 성안에서 일어난 민란과 살인죄로 감옥에 갇힌 자였다.
20  빌라도는 예수를 풀어주려고, 그들에게 다시 똑같이 말했다.
21  그러나 그들은 계속 소리 질렀다.
    "그를 십자가에 못 박으시오. 십자가에 못 박으시오."
22  빌라도가 세 번째 말했다.
    "이 사람이 무슨 악한 일을 하였느냐?
    나는 그에게서 죽일 죄를 찾지 못했다.
    그래서 그를 때리고 풀어주려고 한다."
23  그들이 큰소리로 십자가에 못 박으라고 재촉하였고,
    결국 그들의 소리가 이겼다.
24  이에 빌라도가 그들의 요구대로 하기로 결정하고
25  그들이 요구하는 자, 즉 민란과 살인죄로 감옥에 갇힌 자를 풀어주고,
    예수는 마음대로 하라고 넘겨주었다.

## 십자가에 못 박히다

26 그들이 예수를 끌고 갈 때에,
　　시몬이라는 구레네 사람이 시골에서 오는 것을 보고 붙잡아,
　　그에게 십자가를 지워 예수를 따르게 하였다.
27 또 백성들과 많은 여자들이 예수를 위하여 가슴을 치고 슬피 울며 따라갔다.
28 예수께서 돌이켜 그들을 향하여 말씀하셨다.
　　"예루살렘의 딸들아.
　　　나를 위해 울지 말고, 너희와 너희 자녀를 위해 울어라.
29 　보아라. 그날이 오면 사람들이 이렇게 말할 것이다.
　　'잉태하지 못한 여자와 해산하지 못한 배와
　　젖 먹여 본 적 없는 가슴이 복이 있다.'
30 　그때 사람이 산들을 향하여 '우리 위에 무너져라.'고 하고,
　　언덕들을 향하여 '우리를 덮어라.'고 할 것이다.
31 　사람들이 나무가 푸를 때도 이같이 하는데,
　　나무가 말랐을 때는 어떻게 되겠느냐?"
32 또 다른 두 행악자도 사형을 선고받고 예수와 함께 끌려갔다.
33 그들이 해골(골고다)이라는 곳에 가서,
　　예수를 십자가에 못 박았다.
　　두 행악자도 하나는 그의 오른쪽에, 하나는 그의 왼쪽에 못 박았다.
34 예수께서 말씀하셨다.
　　"아버지여! 저 사람들을 용서하여 주십시오.
　　　자기들이 하는 짓을 알지 못합니다."
　　군인들이 예수의 옷을 제비 뽑아 나누었다.
35 백성들은 서서 구경하고, 관리들은 비웃으며 말했다.
　　"저 사람이 남을 구원하였으니.
　　　만일 하나님께서 택하신 자, 그리스도라면 자기도 구원해 보시오."
36 군인들도 그를 조롱하고, 그에게 신 포도주를 주며 말했다.
37 "당신이 만일 유대인의 왕이라면, 당신 자신을 구하시오."

38 그의 위에 '이 사람은 유대인의 왕이다.' 라고 쓴 패가 있었다.
39 십자가에 달린 한 행악자가 예수를 비방하여 말했다.
"당신이 그리스도가 아니오? 당신과 우리를 구원하시오."
40 다른 행악자는 그를 꾸짖었다.
"네가 그와 동일한 형을 받고서도 하나님을 두려워하지 않느냐?
41 우리는 우리가 행한 일에 합당한 벌을 받지만,
이 분이 행한 일은 옳지 않은 것이 없다."
42 그리고 말했다.
"예수님! 당신의 나라가 임하실 때에 저를 기억해 주십시오."
43 예수께서 말씀하셨다.
"내가 진실로 네게 말한다.
오늘 네가 나와 함께 낙원에 있을 것이다."

## 숨지다

44 정오[7]쯤 되어, 해가 빛을 잃고
온 땅에 어두움이 임하여 오후 3시까지 계속되었다.
45 성소의 휘장이 한가운데가 찢어졌다.
46 예수께서 큰소리로 부르짖으셨다.
"아버지여! 제 영혼을 아버지 손에 부탁합니다."
이 말씀을 하신 후 숨을 거두셨다.
47 백부장이 그것을 보고, 하나님께 영광을 돌려 말했다.
"이 사람은 정녕 의인이었다."
48 구경하러 모인 무리도 그것을 보고 모두 가슴을 치며 돌아갔다.
49 예수를 아는 사람들과 갈릴리에서부터 따라온 여자들도
멀리 서서 이 일을 지켜보았다.

## 묻히다

50 공회 의원으로 선하고 의로운 요셉이라는 사람이 있었다.

---
7) 개역한글에는 제6시로 되어 있다.

(그들의 공회의 결의와 행사에 찬성하지 않은 사람이다.)
51 그는 유대인의 동네 아리마대 사람으로. 하나님의 나라를 기다리는 사람이었다.
52 그가 빌라도에게 가서 예수의 시체를 내어달라 하였다.
53 그가 예수의 시체를 십자가에서 내려 세마포로 싸고,
   아직 사람을 장사한 일이 없는, 바위에 판 무덤에 넣어 두었다.
54 이날은 준비일이고, 안식일이 거의 다 되었다.
55 갈릴리에서 예수를 따라온 여자들이 요셉의 뒤를 따라가서,
   그 무덤과 그의 시체를 어떻게 두었는지 보고,
56 돌아가서 향품과 향유를 준비하였다.
   그리고 계명에 따라 안식일에 쉬었다.

## 제24장

### 살아나다

1 안식 후 첫날 새벽에,
   여자들이 준비한 항품을 가지고 무덤에 갔다.
2 그런데 돌이 무덤에서 굴려 옮겨진 것을 보고,
3 무덤에 들어가니, 주 예수의 시체가 보이지 않았다.
4 이 일로 근심할 때,
   갑자기 찬란한 옷을 입은 두 사람이 그 곁에 섰다.
5 여자들이 두려워 얼굴을 땅에 대고 절하니,
   두 사람이 말했다.
   "어찌하여 살아있는 분을 죽은 자 가운데서 찾느냐?
6    그분은 여기 계시지 않고 살아나셨다.
     갈릴리에 계실 때에 어떻게 말씀하셨는지 기억해보아라.
7    그분이 말씀하셨다.
     '인자가 죄인의 손에 넘겨져 십자가에 못 박히고,
     제3일에 다시 살아날 것이다.' "
8 여자들이 예수의 말씀을 기억하고
9 돌아가서 이 일을 열한 사도와 다른 모든 사람들에게 보고하였다.
10 (이들은 막달라 마리아, 요안나, 야고보의 어머니 마리아다.
    또 그들과 함께 한 다른 여자들도 이것을 사도들에게 말했다.)
11 사도들은 그 여자들의 말이 허황된 것 같아서 믿지 않았다.
12 베드로는 일어나 무덤으로 달려가서, 구부려 안을 들여다보니,
    세마포만 보였으므로 이상하게 여기며 집으로 돌아갔다.

### 엠마오로 가는 두 제자

13 그날, 그들 중 두 사람이 예루살렘에서 25리[8] 되는 엠마오라는 마을로 가면서

---

8) 약 15킬로미터라고 한다.

14 이 모든 일들에 관하여 서로 이야기하였다.
15 그들이 서로 이야기도 하고 묻기도할 때에,
   예수께서 가까이 오셔서 그들과 함께 걸으셨다.
16 그러나 그들의 눈이 가려져 그분을 알아보지 못하였다.
17 예수께서 물으셨다.
   "너희가 길을 걸으면서 무슨 이야기를 주고받았느냐?"
   두 사람이 슬픈 기색을 하고 멈추어 섰다.
18 그중 글로바라는 사람이 말했다.
   "당신이 예루살렘에 있으면서
     요즘 거기서 일어난 일을 어떻게 혼자만 모르십니까?"
19 예수께서 물으셨다.
   "무슨 일을 말하시오?"
   그들이 대답하였다.
   "나사렛 예수에 관한 일입니다. 그분은 하나님과 모든 백성 앞에서
    말과 일에 능력 있는 선지자입니다.
20  그런데 우리 대제사장들과 관리들이 사형판결에 넘겨주어
    십자가에 못 박았습니다.
21  우리는 이 사람이 이스라엘을 구원하실 분이라고 생각하였습니다.
    이 일이 일어난 지 벌써 사흘째 되었습니다.
22  또한 우리 중에 어떤 여자들이 우리를 놀라게 했습니다.
    이는 그들이 새벽에 무덤에 갔다가
23  그분의 시체는 보지 못하고, '그분이 살아나셨다' 고 하는 천사들
    을 보았다고 했기 때문입니다.
24  또 우리와 함께 한 자 중 두어 사람이 무덤에 가서 여자들이 말한
    바와 같음을 보았으나, 예수는 보지 못했다고 하였습니다."
25 예수께서 말씀하셨다.
   "이 미련하고 선지자들이 말한 것을 마음에 더디 믿는 사람들아.
26  그리스도께서 이런 고난을 받고,
     자기의 영광에 들어가야 하지 않느냐?"

27  이에 모세와 모든 선지자의 글에서 시작하여
　　성경에 기록된 자기에 관한 것들을 자세히 설명하셨다.
28  그들이 가려던 엠마오에 가까이 갔는데,
　　예수께서는 계속 가시려고 했다.
29  그들이 강권하여 말했다.
　　"우리와 함께 묵읍시다. 때가 저물어가고, 날이 어둡습니다."
　　이에 예수께서 그들과 함께 묵으려고 들어가셨다.
30  예수께서 그들과 함께 음식 잡수실 때에,
　　빵을 가지고 감사기도 하시고, 떼어서 그들에게 주셨다.
31  그러자 그들의 눈이 밝아져 예수를 알아보았다.
　　그러나 예수는 사라지고 보이지 않으셨다.
32  그들이 서로 말하였다.
　　"그분이 길에서 우리에게 말씀하시고, 우리에게 성경을 해석해 주실
　　때, 우리 마음이 뜨겁지 않더냐?"
33  그들이 즉시 일어나 예루살렘에 돌아가 보니,
　　열한 사도들이 다른 사람들과 함께 모여 있었다.
34  그들이 말하였다.
　　"주께서 과연 살아나셨고, 시몬에게 나타나셨다."
35  이에 두 사람도 자기들이 길에서 일어난 일과
　　예수께서 빵을 떼실 때 그분을 알아 본 것을 말해주었다.

**열한 제자들에게 나타나다**

36  이 말을 하고 있을 때,
　　예수께서 친히 그들 가운데 서시더니 말씀하셨다.
　　"너희에게 평강이 있을지어다."
37  그들이 놀라고 무서워서 유령을 본다고 생각하였다.
38  예수께서 말씀하셨다.
　　"어찌하여 두려워하며, 어찌하여 마음으로 의심하느냐?
39   내 손과 발을 보고 나인 줄을 알아라.

또 나를 만져 보아라.
유령은 살과 뼈가 없지만, 너희가 보는 바와 같이 나는 있다."
40 이 말씀을 하시고 손과 발을 보여주셨다.
41 그들이 너무 기뻐서 오히려 믿지 못하고 놀라워할 때,
예수께서 말씀하셨다.
"여기 먹을 것이 있느냐?"
42 그들이 구운 생선 한 토막을 드리니
43 예수께서 받으시고 그 앞에서 잡수셨다.
44 또 말씀하셨다.
"내가 너희와 함께 있을 때에 이렇게 말했다.
'모세의 율법과 선지자의 글과 시편에 나를 가리켜 기록된 모든 것
이 이루어져야 한다.'"
45 이에 그들의 마음을 열어 성경을 깨닫게 하시고
46 또 말씀하셨다.
"이같이 그리스도가 고난을 받고,
제3일에 죽은 자 가운데서 살아날 것이다.
47 또 그의 이름으로 죄 용서함을 받게 하는 회개가
예루살렘에서 시작하여 모든 족속에게 전파될 것이다.
48 너희는 이 모든 일의 증인이다.
49 보아라. 내가 내 아버지께서 약속하신 것을 너희에게 보내겠다.
너희는 위에서 오는 능력을 입을 때까지 이 성에 머물러라."

## 하늘로 올라가다

50 예수께서 그들을 베다니까지 데리고 가셔서,
손을 들고 그들을 축복하셨다.
51 예수께서 축복하시면서 그들을 떠나 하늘로 들려 올라가셨다.
52 그들은 예수께 경배하고 크게 기뻐하며 예루살렘에 돌아가
53 늘 성전에서 하나님을 찬송하며 지냈다.

# 요한복음

## 제1장

### 말씀이 육신이 되다

1 태초에 말씀이 계셨다.
  이 말씀이 하나님과 함께 계셨다.
  이 말씀은 곧 하나님이시다.
2 그가 태초에 하나님과 함께 계셨다.
3 만물이 그에 의해 지어졌다.
  지은 것이 하나도 그가 없이 된 것이 없다.
4 그의 안에 생명이 있었다.
  이 생명은 사람들의 빛이다.
5 빛이 어두움에 비취었으나, 어두움이 깨닫지 못했다.
6 하나님께서 보내신 사람이 있었다. 그 이름은 요한이다.
7 요한이 증언하러 왔다.
  곧 빛에 대하여 증언하여,
  모든 사람이 자기로 인하여 그 빛을 믿게 하려고 하였다.
8 요한은 이 빛이 아니라,
  이 빛에 대하여 증언하러 온 사람이다.
9 참빛, 곧 세상에 와서 각 사람에게 비추는 빛이 있었다.
10 그가 세상에 계셨고, 세상은 그에 의해 지어졌다.
  그러나 세상은 그를 알아보지 못했다.
11 그가 자기 땅에 왔으나, 자기 백성이 영접하지 아니하였다.
12 그러나 영접하는 자, 곧 그의 이름을 믿는 자들에게는
  하나님의 자녀가 되는 권세를 주셨다.
13 이는 혈통이나 육정이나 사람의 뜻으로 나지 않고,
  오직 하나님으로부터 난 자들이다.
14 말씀이 육신이 되어 우리 가운데 계셨다.
  우리가 그의 영광을 보니,
  아버지의 독생자의 영광이요, 은혜와 진리가 충만하였다.

15  요한이 그에 대하여 증언하였다.
    "내가 전에 말하기를 '내 뒤에 오시는 분이 나보다 앞선 것은, 나보다 먼저 계시기 때문이다.' 라고 했는데, 바로 이분이다."
16  우리가 다 그의 충만한 데서 은혜 위에 은혜를 받았다.
17  율법은 모세를 통해 주신 것이고,
    은혜와 진리는 예수 그리스도를 통해 온 것이다.
18  본래 하나님을 본 사람이 없으나,
    아버지 품속에 있는 독생하신 하나님이 나타내셨다.

**세례 요한의 증언**

19  유대인들이 예루살렘에서 제사장들과 레위인들을 보내
    요한에게 물었다.
    "네가 누구냐?"
20  요한은 숨기지 않고 말하였다.
    "나는 그리스도가 아니다."
21  그들이 또 물었다.
    "그러면 너는 누구냐? 엘리야냐?"
    요한이 아니라고 했다.
    그들이 또 물었다.
    "그러면 네가 그 선지자냐?"
    요한은 역시 아니라고 대답했다.
22  그들이 또 물었다.
    "그러면 너는 누구냐?
    우리를 보낸 사람들에게 대답할 수 있게 분명하게 말해라.
    너는 스스로 누구라고 하느냐?"
23  요한이 말했다.
    "나는 선지자 이사야의 말과 같이,
    주의 길을 곧게 하라고 광야에서 외치는 자의 소리다."
24  그들은 바리새인들이 보낸 자였다.

25  그들이 또 물었다.
   "네가 만일 그리스도도 아니고, 엘리야도 아니고, 그 선지자도 아니면, 어찌하여 세례를 주느냐?"
26  요한이 대답했다.
   "나는 물로 세례를 주지만,
   너희 가운데 너희가 알지 못하는 분이 계신다.
27  곧 내 뒤에 오시는 그분이다.
   나는 그분의 신발끈 푸는 것도 감당할 자격이 없다."
28  이 일은 요한이 세례 주던 곳, 곧 요단강 건너편 베다니에서 일어났다.

**하나님의 어린 양**

29  이튿날 요한이 예수께서 자기에게 오시는 것을 보고 말했다.
   "보아라! 세상 죄를 지고 가는 하나님의 어린 양이다.
30  내가 전에 '내 뒤에 오는 분이 있고, 그가 나보다 앞선 것은 나보다 먼저 계시기 때문이다.' 라고 했는데, 바로 이분이다.
31  나도 이분을 알지 못했다.
   내가 물로 세례를 주는 것은, 이분을 이스라엘에 나타내려 함이다."
32  요한이 또 증언하였다.
   "내가 성령이 비둘기같이 하늘에서 내려와 그의 위에 머무는 것을 보았다.
33  나도 그를 알지 못했으나,
   나를 보내어 물로 세례를 주라고 하신 분이 말씀하셨다.
   '성령이 내려와 누구 위에 머무는 것을 보거든,
   그가 곧 성령으로 세례를 주시는 분인 줄 알아라.'
34  내가 그것을 보고, 이분이 하나님의 아들이라고 증언하였다."

**요한의 두 제자**

35  이튿날 요한이 자기 제자 중 두 사람과 함께 서 있다가
36  예수께서 지나가시는 것을 보고 말했다.

"보아라. 하나님의 어린 양이시다."
37 두 제자가 그 말을 듣고 예수를 따라갔다.
38 예수께서 돌이켜 그들이 따라오는 것을 보고 물으셨다.
"너희는 무엇을 원하느냐?"
그들이 물었다.
"랍비여. 어디에 계십니까?" (랍비는 번역하면 선생이다)
39 예수께서 말씀하셨다.
"와 봐라."
그들이 예수께서 계신 곳에 가보고, 그날부터 함께 지냈다.
그때가 오후 4시쯤[1] 되었다.
40 요한의 말을 듣고 예수를 따라간 두 사람 중 한 사람은
시몬 베드로의 동생 안드레다.
41 안드레가 자기 형 시몬을 찾아가 말했다.
"우리가 메시야를 만났다." (메시야는 번역하면 그리스도다)
42 시몬을 데리고 예수께 오니, 예수께서 시몬을 보고 말씀하셨다.
"네가 요한의 아들 시몬이구나. 장차 게바라고 부를 것이다."
(게바는 번역하면 베드로다)

## 빌립과 나다나엘을 부르다

43 이튿날 예수께서 갈릴리로 가시다가, 빌립을 보고 말씀하셨다.
"나를 따라오너라."
44 빌립은 안드레, 베드로와 한 동네 벳새다 사람이었다.
45 빌립이 나다나엘을 찾아가서 말했다.
"모세가 율법에 기록하고, 여러 선지자가 기록한 그분을 만났다.
바로 요셉의 아들 나사렛 예수다."
46 나다나엘이 말했다.
"나사렛에서 무슨 선한 것이 날 수 있느냐?"
빌립이 말했다.

---

1) 원문에는 10시라고 되어 있는데, 현재 시간으로 고쳤다. 이하 같다.

"와 봐라."
47 예수께서 나다나엘이 자기에게 오는 것을 보시고, 말씀하셨다.
"보아라! 이 사람은 참 이스라엘 사람이다.
그 속에 간사한 것이 없구나."
48 나다나엘이 물었다.
"저를 어떻게 아십니까?"
예수께서 대답하셨다.
"빌립이 너를 부르기 전에 네가 무화과나무 아래 있는 것을 보았다."
49 나다나엘이 말했다.
"랍비여! 당신은 하나님의 아들이요, 이스라엘의 임금이십니다."
50 예수께서 말씀하셨다.
"내가 너를 무화과나무 아래에서 보았다고 하므로 믿느냐?
네가 이것보다 더 큰 일도 볼 것이다."
51 또 말씀하셨다.
"진실로 진실로 너희에게 말한다.
너희가 하늘이 열리고, 하나님의 천사들이 인자의 위에 오르락내리락 하는 것도 보게 될 것이다."

## 제2장

### 가나의 혼인잔치

1 사흘째 되던 날에 갈릴리 가나에 혼인잔치가 열렸다.
　예수의 어머니도 거기 계시고
2 예수와 그 제자들도 그 잔치에 초청을 받았다.
3 잔치 도중에 포도주가 떨어지자, 예수의 어머니가 예수께 말했다.
　"저 사람들에게 포도주가 떨어졌구나."
4 예수께서 말씀하셨다.
　"어머니. 그것이 나와 무슨 상관이 있습니까?
　　나의 때는 아직 이르지 않았습니다."
5 그 어머니가 하인들에게 말했다.
　"예수께서 너희에게 무슨 말씀을 하시든지 시키는 대로 해라."
6 거기에 유대인의 정결예식에 쓰는 두세 통 들어가는 돌항아리 여섯 개가 있었다.
7 예수께서 그들에게 말씀하셨다.
　"항아리에 물을 가득 채워라."
　하인들이 그 말씀대로 물을 가득 채웠다.
8 예수께서 말씀하셨다.
　"이제 물을 떠서 연회장에게 갖다 주어라."
　이에 그들이 갖다 주었다.
9 연회장은 물로 된 포도주를 맛보고도 그것이 어디서 났는지 알지 못했지만, 물 떠온 하인들은 알았다.
10 연회장이 신랑을 불러서 말했다.
　"사람들은 먼저 좋은 포도주를 내고, 취한 후에는 값싼 포도주를 내는 것이 보통인데, 그대는 지금까지 좋은 포도주를 남겨 놓았구나."
11 예수께서 이 처음 표적을 갈릴리 가나에서 행하여 그의 영광을 나타내셨다.
　이에 제자들이 예수를 믿었다.

12 그 후 예수께서 그 어머니와 형제들과 제자들과 함께 가버나움으로
   내려가셨다.
   그러나 거기에 오래 계시지는 않았다.

## 성전을 깨끗이 하다
13 유대인의 유월절이 다가오자, 예수께서 예루살렘으로 올라가셨다.
14 예수께서 성전 안에서 소와 양과 비둘기를 파는 사람들과 돈 바꾸는
   사람들이 앉아 있는 것을 보시고,
15 노끈으로 채찍을 만들어 양과 소를 성전에서 내쫓으셨다.
   또 돈 바꾸는 사람들의 돈을 쏟으시고, 상을 엎으시고,
16 비둘기를 파는 사람들에게 말씀하셨다.
   "이것들을 가지고 여기서 나가라.
   내 아버지 집을 장사하는 집으로 만들지 마라."
17 제자들은 '주의 성전을 사모하는 열심이 나를 삼키리라' 하신 성경
   말씀을 기억하였다.
18 이에 유대인들이 예수께 물었다.
   "당신이 이 일을 행할 수 있다는 표적을 우리에게 보여주시오."
19 예수께서 대답하셨다.
   "너희가 이 성전을 허물어라. 내가 3일만에 세우겠다."
20 유대인들이 말했다.
   "이 성전은 46년 동안에 지은 것인데,
   당신이 3일만에 세운다는 말이요?"
21 그러나 예수께는 성전된 자기 육체를 가리켜 말씀하신 것이다.
22 예수께서 죽은 사람들 가운데서 살아나신 후에야,
   제자들이 이 말씀을 기억하고, 성경과 예수께서 하신 말씀을 믿었다.

## 예수는 사람의 마음을 안다
23 유월절에 예수께서 예루살렘에 계셨다.
   많은 사람들이 예수께서 행하시는 표적을 보고, 그를 믿었다.

24 그러나 예수께서는 그 몸을 그들에게 맡기지 아니하셨으니
   이는 친히 모든 사람을 아셨기 때문이다.
25 또 사람에 대하여 누구의 증언도 필요 없었으니
   이는 사람의 속에 무엇이 있는지 아셨기 때문이다.

## 제3장

### 니고데모

1 바리새인 중에 니고데모라는 유대인 관원이 있었다.
2 니고데모가 밤에 예수께 와서 말했다.
　"랍비여. 우리는 당신이 하나님에게서 오신 선생인 줄 압니다.
　하나님께서 함께 하지 않으시면,
　당신이 행하시는 이 표적을 아무도 행할 수 없습니다."
3 예수께서 대답하셨다.
　"진실로 진실로 네게 말한다.
　사람이 거듭 태어나지 않으면, 하나님의 나라를 볼 수 없다."
4 니고데모가 말했다.
　"사람이 늙으면 어떻게 태어날 수 있습니까?
　어머니 뱃속에 다시 들어갔다가 태어날 수 있습니까?"
5 예수께서 대답하셨다.
　"진실로 진실로 네게 말한다.
　사람이 물과 성령으로 태어나지 않으면, 하나님 나라에 들어갈 수
　없다.
6 　육으로 태어난 것은 육이고, 영으로 태어난 것은 영이다.
7 　내가 네게 거듭 태어나야 한다고 한 말을 이상하게 여기지 마라.
8 　바람은 제멋대로 분다.
　네가 그 소리를 들어도 어디서 와서 어디로 가는지 알지 못한다.
　성령으로 태어난 사람도 다 이렇다."
9 니고데모가 물었다.
　"어떻게 이런 일이 있을 수 있습니까?"
10 예수께서 대답하셨다.
　"너는 이스라엘의 선생이면서, 이런 일을 모르느냐?
11 　진실로 진실로 네게 말한다.
　우리는 아는 것을 말하고, 본 것을 증언한다.

|     | 그러나 너희는 우리 증언을 받아들이지 않는다. |
| --- | --- |
| 12  | 내가 땅의 일을 말해도 너희가 믿지 않는데, |
|     | 하늘의 일을 말하면 어떻게 믿겠느냐? |
| 13  | 하늘에서 내려온 자, |
|     | 곧 인자 외에는 하늘에 올라간 자가 없다. |
| 14  | 모세가 광야에서 뱀을 든 것 같이, 인자도 들려야 한다. |
| 15  | 그래서 그를 믿는 사람은 모두 영생을 얻게 하신다." |
| 16  | "하나님께서 세상을 이처럼 사랑하셔서 독생자를 주셨다. |
|     | 이는 그를 믿는 사람마다 멸망하지 않고, |
|     | 영생을 얻게 하려 하심이다. |
| 17  | 하나님께서 그 아들을 세상에 보내신 것은, |
|     | 세상을 심판하시려 함이 아니고, |
|     | 그를 통하여 세상이 구원을 받게 하려 하심이다. |
| 18  | 아들을 믿는 사람은 심판을 받지 않지만, |
|     | 믿지 않는 사람은 하나님의 독생자의 이름을 믿지 않으므로 |
|     | 벌써 심판을 받았다. |
| 19  | 그 심판은 이것이다. |
|     | 빛이 세상에 왔으나, 사람들이 자기 행위가 악하므로, |
|     | 빛보다 어두움을 더 사랑하는 것이다. |
| 20  | 악을 행하는 자들은 빛을 미워하고, 빛으로 나아오지 않는다. |
|     | 자기의 행위가 드러날까 두렵기 때문이다. |
| 21  | 그러나 진리를 따르는 사람은 빛으로 나아온다. |
|     | 자기의 행위가 하나님 안에서 행한 것임을 나타내려 함이다." |

### 그는 흥하고 나는 쇠하여야 한다

22 그 후에 예수께서 제자들과 함께 유대 땅에 가셔서,
　　거기서 세례를 주셨다.
23 요한도 살렘 가까운 애논에서 세례를 주었다.
　　거기에 물이 많았으므로, 사람들이 거기서 세례를 받았다.

24 (요한이 아직 감옥에 갇히지 아니하였다.)
25 요한의 제자들이 어떤 유대인과 정결예식에 관하여 다투었다.
26 그들이 요한에게 와서 말했다.
"랍비여. 선생님과 함께 요단강 저편에 있던 분, 곧 선생님이 증언하시던 그분이 세례를 주니, 사람들이 다 그에게로 갑니다."
27 요한이 말했다.
"만일 하늘이 주시지 않으면, 사람이 아무것도 받을 수 없다.
28 내가 '나는 그리스도가 아니라, 그분 앞에 보내심을 받은 자' 라고 말했다.
이것을 증언할 사람은 너희들이다.
29 신부를 취하는 자는 신랑이지만,
그 곁에 서서 신랑의 음성을 듣는 친구가 크게 기뻐한다.
나는 이러한 기쁨이 충만하다.
30 그는 흥하여야 하고, 나는 쇠하여야 한다."

## 하늘로부터 오시는 분

31 "위에서 오시는 분은 만물 위에 계시고,
땅에서 태어난 사람은 땅에 속하여 땅의 것을 말한다.
하늘에서 오시는 분은 만물 위에 계신다.
32 그분이 보고 들은 것을 증언하시는데도,
그 증언을 받아들이는 사람이 없다.
33 그분의 증언을 받아들이는 사람은,
하나님께서 참되심을 인정한다.
34 하나님께서 보내신 사람은 하나님의 말씀으로 말한다.
하나님께서 성령을 한없이 주시기 때문이다.
35 아버지께서 아들을 사랑하셔서 만물을 다 그의 손에 주셨다.
36 아들을 믿는 자에게는 영생이 있다.
그러나 아들에게 순종하지 않는 사람은 영생을 보지 못하고
도리어 하나님의 진노가 그 위에 머물 것이다."

## 제4장

### 사마리아 여자와 말하다

1 예수께서 제자로 삼고 세례 주신 사람의 숫자가 요한보다 많다는 소식을 바리새인들이 들은 줄을 주께서 아셨다.
2 (예수께서 친히 세례를 주신 것이 아니라 제자들이 준 것이다.)
3 예수께서 유대를 떠나 다시 갈릴리로 가실 때,
4 사마리아를 통과해야 했다.
5 예수께서 사마리아에 있는 수가라는 동네에 이르렀다.
그곳은 야곱이 그 아들 요셉에게 준 땅에서 가깝고,
야곱의 우물도 있었다.
6 예수께서 가시는 길에 피곤하여 우물 곁에 앉으셨다.
그때가 낮 12시쯤이었는데,
7 사마리아 여자 한 사람이 물을 길으러 왔다.
예수께서 그 여자에게 말씀하셨다.
"물 좀 다오."
8 (제자들이 먹을 것을 사러 그 동네에 들어가고 없었다.)
9 사마리아 여자가 말했다.
"당신은 유대인인데,
어째서 사마리아 여자인 나에게 물을 달라고 합니까?"
(유대인이 사마리아인과 상종하지 않았다.)
10 예수께서 대답하셨다.
"네가 만일 하나님의 선물이 무엇이고, 또 네게 물 좀 달라고 하는 사람이 누구인지 알았다면, 네가 그에게 물을 달라고 했을 것이다.
그러면 그가 네게 생수를 주었을 것이다."
11 여자가 말했다.
"주여. 물 긷는 그릇도 없고, 이 우물은 깊은데, 어디서 생수를 구합니까?
12  우리 조상 야곱이 이 우물을 우리에게 주었고,

또 자기와 자기 아들들과 짐승이 다 여기서 물을 마셨는데,
당신이 야곱보다 대단하십니까?"
13 예수께서 대답하셨다.
"이 물을 마시는 사람은 다시 목이 마르지만,
14 내가 주는 물을 마시는 사람은 영원히 목마르지 않을 것이다.
내가 주는 물은 그 속에서 영생하도록 솟아나는 샘물이다."
15 여자가 말했다.
"주여. 제게도 이런 물을 주십시오.
그래서 제가 다시 목마르지도 않고,
또 여기까지 물 길으러 오지 않게 해 주십시오."
16 예수께서 말씀하셨다.
"가서 네 남편을 불러오너라."
17 여자가 대답하였다.
"저는 남편이 없습니다."
예수께서 말씀하셨다.
"네가 남편이 없다는 말이 옳다.
18 네게 남편이 다섯 명 있었으나,
지금 있는 사람도 네 남편이 아니니, 네 말이 옳다."
19 여자가 말했다.
"주여. 제가 보니 당신은 선지자이십니다.
20 우리 조상들은 이 산에서 예배드렸는데,
당신들은 예배할 곳이 예루살렘에 있다고 합니다."
21 예수께서 말씀하셨다.
"여자야. 내 말을 믿어라.
이 산에서도 말고, 예루살렘에서도 말고,
너희가 아버지께 예배드릴 때가 온다.
22 너희는 알지 못하는 것을 예배하고, 우리는 아는 것을 예배한다.
구원이 유대인에게서 나오기 때문이다.
23 아버지께 참으로 예배하는 사람들은 영과 진리로 예배드릴 때가 온

다. 바로 지금이다.
아버지께서는 자기에게 이렇게 예배하는 사람들을 찾으신다.

24 하나님은 영이시니,
예배하는 사람은 영과 진리로 예배드려야 한다."

25 여자가 말했다.
"제가 메시야, 곧 그리스도라고 하는 분이 오실 줄 알고 있습니다.
그분께서 오시면 우리에게 모든 것을 알려주실 것입니다."

26 예수께서 말씀하셨다.
"네게 말하고 있는 내가 그다."

27 이때 제자들이 돌아와서,
예수께서 여자와 말씀하시는 것을 보고 놀랐다.
그러나 '무엇을 구하십니까?', '왜 그 여자와 말씀하십니까?' 하고
묻는 사람이 없었다.

28 여자가 물동이를 버려두고, 동네에 들어가서 사람들에게 말했다.

29 "내가 이제까지 살아온 모든 일을 내게 말해준 분이 계신다.
와 보아라. 이분이 그리스도가 아니냐?"

30 사람들이 동네에서 나와 예수께로 왔다.

31 그 사이에 제자들이 예수께 말씀드렸다.
"랍비여. 음식을 좀 잡수십시오."

32 예수께서 말씀하셨다.
"내게는 너희가 알지 못하는 양식이 있다."

33 제자들이 말했다.
"누가 잡수실 것을 드렸나 보다."

34 예수께서 말씀하셨다.
"나의 양식은 나를 보내신 분의 뜻을 행하고,
그분의 일을 온전히 이루는 것이다.

35 너희는 넉 달이 지나야 추수할 때가 된다고 하지 않느냐?
내가 너희에게 말한다.
눈을 들어 밭을 보아라. 희어져 추수할 때가 되었다.

36 거두는 사람이 이미 삯을 받고 영생에 이르는 열매를 모은다.
　　이는 뿌리는 자와 거두는 자가 함께 즐거워하게 하려는 것이다.
37 그래서 한 사람이 심고, 다른 사람이 거둔다는 말이 옳다.
38 내가 너희가 노력하지 아니한 것을 거두라고 보냈다.
　　다른 사람들은 노력하였고, 너희는 그들이 노력한 것에 참여하였다.”
39 그 여자가 '내가 살아온 모든 일을 예수께서 말씀하셨다.'고 증언하므로, 그 동네에서 많은 사마리아인이 예수를 믿었다.
40 사마리아인들이 예수께 와서 자기들과 함께 계시자고 청하므로, 예수께서 거기서 이틀을 더 머무셨다.
41 예수의 말씀을 듣고 믿는 사람이 더욱 많아졌다.
42 그들이 그 여자에게 말했다.
　　"이제 우리가 믿는 것은 네 말 때문이 아니다.
　　우리가 그분의 말씀을 직접 듣고,
　　그분이 참으로 세상의 구주이신 줄 알게 되었기 때문이다."

## 왕의 신하의 아들을 고치다

43 이틀 후 예수께서 거기를 떠나 갈릴리로 가셨다.
44 (예수께서 "선지자가 고향에서는 높임을 받지 못한다."고 하셨다.)
45 갈릴리에 도착하시니 갈릴리 사람들이 예수를 영접하였다.
　　이는 그들이 명절에 예루살렘에 갔다가,
　　예수께서 예루살렘에서 하신 일을 모두 보았기 때문이다.
46 예수께서 또다시 갈릴리 가나에 가셨다.
　　전에 물로 포도주를 만드신 곳이다.
　　거기에 왕의 신하가 있었는데, 그 아들이 가버나움에서 병이 들었다.
47 그가 예수께서 유대에서부터 갈릴리로 오셨다는 말을 듣고
　　예수께 찾아가서 사정하였다.
　　"제 아들이 병으로 다 죽게 되었습니다.
　　　제발 오셔서 아들을 고쳐 주십시오."
48 예수께서 말씀하셨다.

"너희는 표적과 기적을 보지 못하면 도무지 믿지 않는구나."
49 신하가 말했다.
"주여. 제 아이가 죽기 전에 내려오십시오."
50 예수께서 말씀하셨다.
"가라. 네 아들이 살아날 것이다."
그가 예수께서 하신 말씀을 믿고 돌아갔다.
51 그가 집으로 가는 도중에, 종들을 만났는데,
종들이 그에게 아이가 나았다고 말했다.
52 그가 종들에게 아들이 나은 시간을 물으니,
어제 오후 1시에 열이 떨어졌다고 대답했다.
53 그는 예수께서 '네 아들이 살아날 것이다.' 하고 말씀하신 그 시간에 아들이 나은 줄 알았다.
그래서 그와 그 온 집안이 다 믿었다.
54 이것은 예수께서 유대에서 갈릴리로 오신 후 행하신 두 번째 표적이다.

## 제5장

### 38년된 병자

1 그 후 예수께서 유대인의 명절에 예루살렘에 올라가셨다.
2 예루살렘에 있는 양문 곁에 베데스다라 하는 연못이 있고,
  거기에 행각(기둥) 다섯 개가 있었다.
3 그 안에 많은 눈먼 사람, 다리 저는 사람, 중풍병자들이 누워서
  물이 움직이기를 기다렸다.
4 (천사가 가끔 연못에 내려와 물을 움직이는데,
  그 직후에 연못에 먼저 들어가는 사람은 어떤 병에 걸렸든지 나았다.)
5 거기에 병든 지 38년 된 사람이 있었다.
6 예수께서 그가 병들어 오래 누워 있는 줄 아시고 말씀하셨다.
  "네가 낫기를 원하느냐?"
7 병자가 대답하였다.
  "주여. 물이 움직일 때 저를 연못에 넣어 줄 사람이 없습니다.
   제가 내려가는 동안에 다른 사람이 먼저 연못에 내려갑니다."
8 예수께서 말씀하셨다.
  "일어나 네 자리를 들고 걸어라."
9 그 사람이 즉시 병이 나아서 자리를 들고 걸어갔다.
  이날은 안식일이었다.
10 유대인들이 병이 나은 사람에게 말했다.
  "오늘은 안식일인데, 네가 자리를 들고 가는 것은 옳지 않다."
11 그 사람이 대답하였다.
  "저를 고치신 그분이 저에게 자리를 들고 걸으라고 했습니다."
12 유대인들이 물었다.
  "네게 자리를 들고 걸으라고 한 사람이 누구냐?"
13 그 사람은 그가 누구신지 알지 못했다.
  거기에 사람이 많았고, 예수께서는 이미 피하셨기 때문이다.
14 그 후 예수께서 성전에서 그 사람을 만나 말씀하셨다.

"네 병이 다 나았다.
　더 심한 병이 생기지 않도록 다시는 죄를 짓지 마라."
15　그가 유대인들에게 가서, 자기를 고친 분이 예수라고 알렸다.
16　유대인들은 예수께서 안식일에 이러한 일을 하신다는 이유로
　　예수를 박해하기 시작하였다.
17　예수께서 그들에게 말했다.
　"내 아버지께서 이제까지 일하시니, 나도 일한다."
18　유대인들이 이 말 때문에 더욱 예수를 죽이려고 하였다.
　　이는 예수께서 안식일을 범할 뿐 아니라,
　　하나님을 자기 아버지라고 하여,
　　자기를 하나님과 동등하다고 말씀하셨기 때문이다.

**아들의 권한**

19　그러므로 예수께서 그들에게 말씀하셨다.
　"내가 진실로 진실로 너희에게 말한다.
　아버지께서 하시는 일을 보지 않고서는,
　아들이 아무것도 마음대로 할 수 없다.
　아들은 아버지께서 행하시는 그대로 행한다.
20　아버지께서 아들을 사랑하셔서,
　자기가 행하시는 것을 아들에게 다 보여주시고,
　또 더 큰 일을 보여주셔서 너희를 놀라게 하실 것이다.
21　아버지께서 죽은 자들을 일으켜 살리신 것 같이,
　아들도 자기가 원하는 사람들을 살린다.
22　아버지께서 아무도 심판하지 않으시고,
　심판을 아들에게 다 맡기셨다.
23　이는 모든 사람이 아버지를 공경하는 것 같이,
　아들을 공경하게 하려함이다.
　아들을 공경하지 않는 사람은,
　아들을 보내신 아버지도 공경하지 않는다.

24    내가 진실로 진실로 너희에게 말한다.
      내 말을 듣고 나를 보내신 분을 믿는 사람은 영생을 얻었고,
      심판에 이르지 않는다.
      그는 사망에서 생명으로 옮겼다.
25    내가 진실로 진실로 너희에게 말한다.
      죽은 자들이 하나님의 아들의 음성을 들을 때가 온다.
      바로 지금이다. 그 음성을 듣는 자는 살 것이다.
26    아버지께서 자기 속에 생명이 있는 것 같이,
      아들에게도 그 속에 생명이 있게 하시고,
27    또 인자라는 이유로 아들에게 심판하는 권세도 주셨다.
28    이 말을 듣고 놀라지 마라.
      무덤 속에 있는 사람이 모두 아들의 음성을 들을 때가 온다.
29    선한 일을 한 사람은 생명의 부활로,
      악한 일을 한 사람은 심판의 부활로 나올 것이다."

## 예수를 믿게 하는 증언

30    "내가 아무것도 마음대로 심판하지 않고, 들은 대로 심판한다.
      내 뜻대로 하지 않고, 나를 보내신 분의 뜻대로 한다.
      그러므로 나의 심판은 공정하다.
31    만일 내가 나에 대해 증언하면, 내 증언은 참되지 않을 수 있다.
32    그러나 나를 위하여 증언하시는 분이 따로 있다.
      나는 그의 증언이 참된 줄 안다.
33    너희가 요한에게 사람을 보내니,
      요한이 진리에 대하여 증언하였다.
34    나는 사람의 증언이 필요 없다.
      그러나 너희가 구원을 얻도록 내가 이 말을 한다.
35    요한은 켜서 비추는 등불이다.
      너희가 잠시 그의 빛 안에 있는 것을 즐거워하였다.
36    그러나 내게는 요한의 증언보다 더 큰 증언이 있다.

아버지께서 내게 하라고 하신 일, 곧 내가 하는 그 일이,
아버지께서 나를 보내신 것을 나를 위해 증언한다.
37 또한 나를 보내신 아버지께서 친히 나를 위해 증언하셨다.
너희는 한 번도 아버지의 음성을 듣지 못하였고,
그 모습도 보지 못하였고,
38 그분의 말씀이 너희 속에 거하지도 않았다.
이는 그분이 보내신 자를 너희가 믿지 않기 때문이다.
39 너희가 성경에서 영생을 얻는 줄 알고, 성경을 열심히 연구하는데,
이 성경이 바로 나에 대하여 증언한다.
40 그러나 너희는 영생을 얻기 위해 내게 오는 것을 거부한다.
41 나는 사람에게서 영광을 취하지 않는다.
42 그러나 나는 너희 마음속에 하나님을 사랑하는 것이 없음을 안다.
43 내가 내 아버지의 이름으로 오니, 너희가 나를 영접하지 않는다.
만일 다른 사람이 자기 이름으로 오면, 너희가 그를 영접할 것이다.
44 너희가 서로에게서 영광을 취하고,
유일하신 하나님께로부터 오는 영광을 구하지 않는다.
그러니 어떻게 나를 믿을 수 있겠느냐?
45 내가 너희를 아버지께 고소한다고 생각하지 마라.
너희를 고소하는 분이 따로 있다.
바로 너희가 소망을 두고 있는 모세다.
46 만일 너희가 모세를 믿었다면, 또 나를 믿었을 것이다.
그가 나에 대하여 기록하였기 때문이다.
47 그러나 너희가 모세의 글도 믿지 않는데, 어떻게 내 말을 믿겠느냐?"

## 제6장

### 5,000명을 먹이다

1 그 후 예수께서 갈릴리 바다[2], 곧 디베랴 바다 건너편으로 가셨다.
2 예수께서 병자들을 고치시는 표적을 보고, 큰 무리가 따라왔다.
3 예수께서 산에 올라가서 제자들과 함께 앉으셨다.
4 마침 유대인의 명절인 유월절이 다가왔다.
5 예수께서 눈을 들어 큰 무리가 자기에게 오는 것을 보고,
  빌립에게 말씀하셨다.
  "우리가 어디서 빵을 사서 이 사람들을 먹일 수 있겠느냐?"
6 이렇게 말씀하신 것은, 친히 어떻게 하실 것을 아시면서,
  빌립을 시험하시려 함이었다.
7 빌립이 대답하였다.
  "각 사람에게 조금씩만 주려고 해도 2,000만 원[3] 어치의 떡이 필요
  합니다."
8 제자 중 하나인 시몬 베드로의 동생 안드레가 예수께 여쭈었다.
9 "한 아이가 보리빵 다섯 개와 물고기 두 마리를 가지고 있습니다만,
  이것이 이 많은 사람에게 무슨 도움이 되겠습니까?"
10 예수께서 말씀하셨다.
  "사람들을 바닥에 앉혀라."
  그곳 잔디에 사람들이 다 앉으니 5,000명 쯤 되었다.
11 예수께서 빵을 들고 감사기도를 하신 후에,
  앉아 있는 사람들에게 빵을 나눠주시고, 물고기도 그렇게 하셨다.
12 그들이 모두 배부르게 먹은 후에,
  예수께서 제자들에게 말씀하셨다.
  "먹고 남은 조각을 다 거두고, 하나도 버리지 마라."

---

2) 바다는 갈릴리 호수를 뜻한다.
3) 원문에는 200데나리온이라고 되어 있다. 1데나리온은 근로자의 일당인데, 편의상 10만 원으로
  환산하였다.

13  이에 남은 조각을 거두니,
   보리빵 다섯 개로 먹고 남은 조각이 열두 바구니에 가득 찼다.
14  사람들이 예수께서 행하신 이 표적을 보고 말했다.
   "이분은 참으로 세상에 오실 그 선지자구나."
15  예수께서 그들이 와서 자기를 붙잡아 임금 삼으려는 줄 아시고,
   혼자 산으로 떠나셨다.

## 바다 위로 걷다

16  날이 저물자, 제자들이 바다에 내려갔다.
17  그들이 배를 타고 바다를 건너 가버나움으로 가는데,
   날은 어두워졌고, 예수께서는 그들에게 오시지 않았다.
18  거센 바람이 불고 파도가 일어났다.
19  제자들이 노를 저어 10리쯤 가다가,
   예수께서 바다 위를 걸어서 배 가까이 오시는 것을 보고 겁이 났다.
20  예수께서 말씀하셨다.
   "나다. 두려워하지 마라."
21  이에 그들이 기뻐하며 예수를 배로 모셨다.
   배는 곧 그들이 가려고 하던 땅으로 갔다.

## 생명의 빵

22  이튿날 바다 건너편에 서 있던 무리가, 거기에 배가 한 척 밖에 없었던 것과, 또 어제 예수께서 제자들과 함께 그 배를 타지 않으시고, 제자들만 가는 것을 보았는데,
23  (그때 디베랴에서 온 배들이, 주께서 많은 사람을 먹인 그곳 가까이 왔다.)
24  무리가 거기에 예수도 안계시고, 제자들도 없는 것을 알고,
   배를 타고 예수를 찾으러 가버나움으로 갔다.
25  그들이 바다 건너편에서 예수를 만나자 물었다.
   "랍비여. 언제 여기 오셨습니까?"

26  예수께서 대답하셨다.
    "내가 진실로 진실로 너희에게 말한다.
    너희가 나를 찾는 것은 표적을 보았기 때문이 아니라,
    빵을 먹고 배가 불렀기 때문이다.
27  너희는 썩는 양식을 위하여 일하지 말고,
    영원히 있는 양식을 위해 일해라.
    인자가 이 양식을 너희에게 줄 것이다.
    인자는 아버지 하나님께서 인치신 자다."
28  그들이 물었다.
    "우리가 하나님의 일을 하려면 어떻게 해야 합니까?"
29  예수께서 대답하셨다.
    "하나님께서 보내신 자를 믿는것이 하나님의 일이다."
30  그들이 물었다.
    "우리가 보고 믿을 수 있도록 무슨 표적을 보여주시겠습니까?
    무슨 일을 하시려는 것입니까?
31  성경에는 '하늘에서 빵을 주어 그들에게 먹게 하였다.' 하였고,
    우리 조상들은 광야에서 만나를 먹었습니다."
32  예수께서 말씀하셨다.
    "내가 진실로 진실로 너희에게 말한다.
    하늘에서 내려온 빵은 모세가 준 것이 아니고,
    내 아버지께서 너희에게 주신 것이다.
33  하나님의 빵은 하늘에서 내려와 세상에 생명을 주는 것이다."
34  그들이 말했다.
    "주여. 그 빵을 우리에게 주십시오."
35  예수께서 말씀하셨다.
    "내가 바로 생명의 빵이다.
    내게 오는 자는 결코 굶주리지 않고,
    나를 믿는 자는 영원히 목마르지 않을 것이다.
36  그러나 내가 너희에게

'너희는 나를 보고도 믿지 않는다.'고 했다.

37 아버지께서 내게 주시는 사람은 다 내게로 올 것이요.
내게 오는 사람은 내가 절대 쫓아내지 않는다.

38 내가 하늘에서 내려온 것은, 내 뜻을 행하려함이 아니고,
나를 보내신 분의 뜻을 행하려 함이다.

39 나를 보내신 분의 뜻은,
내게 주신 사람 중에 내가 하나도 잃어버리지 않고,
마지막 날에 다시 살리는 것이다.

40 내 아버지의 뜻은,
아들을 믿는 사람마다 영생을 얻는 것이다.
마지막 날에 내가 그들을 다시 살릴 것이다."

41 예수께서 자기를 '하늘에서 내려온 빵'이라고 하시므로,
유대인들이 수군거렸다.

42 "이 사람은 요셉의 아들 예수가 아니냐?
그 부모를 우리가 아는데,
어떻게 자기가 하늘에서 내려왔다고 하느냐?"

43 예수께서 대답하셨다.
"너희는 서로 수군거리지 마라.

44 나를 보내신 아버지께서 이끌지 않으시면,
아무도 내게 올 수 없다.
그러나 내게 오는 사람은 내가 마지막 날에 다시 살릴 것이다.

45 선지자의 글에
'그들이 다 하나님의 가르치심을 받으리라.'고 기록되어 있다.
아버지께 가르침을 받은 사람은 다 내게로 온다.

46 이것은 아버지를 본 사람이 있다는 말이 아니다.
오직 하나님에게서 온 자만 아버지를 보았다.

47 진실로 진실로 너희에게 말한다.
믿는 자는 영생을 얻었다.

48 나는 생명의 빵이다.

49  너희 조상들은 광야에서 만나를 먹고도 죽었지만,
50  여기 하늘에서 내려온 빵이 있으니,
    사람이 이 빵을 먹으면 죽지 않는다.
51  나는 하늘에서 내려온 살아있는 빵이다.
    사람이 이 빵을 먹으면 영생할 것이다.
    내가 줄 빵, 곧 세상의 생명을 위하여 주는 빵은 내 살이다."
52  그러자 유대인들이 서로 다투었다.
    "이 사람이 어떻게 자기 살을 먹으라고 우리에게 주겠느냐?"
53  예수께서 말씀하셨다.
    "내가 진실로 진실로 너희에게 말한다.
    인자의 살을 먹지 않고, 인자의 피를 마시지 않으면,
    너희 속에 생명이 없다.
54  내 살을 먹고, 내 피를 마시는 사람은 영생이 있고,
    마지막 날에 내가 그를 다시 살릴 것이다.
55  내 살은 참된 양식이고, 내 피는 참된 음료다.
56  내 살을 먹고, 내 피를 마시는 사람은 내 안에 있고,
    나도 그의 안에 있다.
57  살아계신 아버지께서 나를 보내셔서,
    내가 아버지로 말미암아 사는 것 같이,
    나를 먹는 그 사람도 나로 말미암아 살 것이다.
58  이것이 하늘에서 내려온 빵이다.
    너희 조상들이 먹고 죽은 그것과 다르다.
    이 빵을 먹는 사람은 영원히 살 것이다."
59  이것은 예수께서 가버나움 회당에서 가르치실 때에 하신 말씀이다.

**영생의 말씀**

60  제자 중 여럿이 이 말씀을 듣고 말했다.
    "이 말씀은 참 어렵다. 누가 알아들을 수 있을까?"
61  예수께서 제자들이 이 말씀에 대해 수군거리는 줄 알고 말씀하셨다.

"이 말이 너희에게 걸림이 되느냐?

62 만일 인자가 이전에 있었던 그곳으로 올라가는 것을 너희가 본다면, 어떻게 하겠느냐?

63 살리는 것은 영이므로, 육은 무익하다.
내가 너희에게 하는 말이 영이고, 생명이다.
그러나 너희 중에 믿지 않는 사람들이 있다."

64 예수께서는 자기를 믿지 않는 자들이 누구이며,
자기를 팔 자가 누구인지 처음부터 알고 계셨다.

65 예수께서 또 말씀하셨다.
"그러므로 내가 전에 너희에게 말했다.
'내 아버지께서 오게 하시지 않으면, 아무도 내게 올 수 없다.'"

66 예수의 제자 중에서 많은 사람이 떠나고, 다시는 그와 함께 다니지 않았다.

67 예수께서 열두 제자에게 물으셨다.
"너희도 가겠느냐?"

68 시몬 베드로가 대답하였다.
"주여. 영생의 말씀이 여기 계시는데, 우리가 누구에게로 가겠습니까?

68 우리가 주는 하나님의 거룩하신 분이신 줄 믿고 압니다."

69 예수께서 대답하셨다.
"내가 너희 열두 사람을 선택하지 않았느냐?
그러나 너희 중 한 사람은 마귀다."

70 이것은 가룟 시몬의 아들 유다를 가리킨 것이다.
그는 열둘 중 하나로 예수를 팔 사람이었다.

## 제7장

### 형제들도 예수를 믿지 않다

1 그 후 예수께서 갈릴리에만 다니시고, 유대에는 가지 않으려고 하셨다. 유대인들이 죽이려고 했기 때문이다.
2 유대인의 명절인 초막절이 다가왔다.
3 예수의 형제들이 예수께 말했다.
 "당신이 행하시는 일을 제자들도 볼 수 있도록, 유대로 가십시오.
4 스스로 나타나기를 원하면서 묻혀서 일하는 사람이 없습니다. 큰 일을 하시려면 자신을 세상에 나타내십시오."
5 그 형제들도 예수를 믿지 않았기 때문에 이렇게 말한 것이다.
6 예수께서 말씀하셨다.
 "나의 때는 아직 오지 않았지만, 너희 때는 늘 준비되어 있다.
7 세상이 너희를 미워하지 않고, 나를 미워한다. 이는 내가 세상의 일을 악하다고 증언하기 때문이다.
8 너희는 명절에 올라가라. 나는 아직 때가 되지 않았으므로, 이번 명절에 올라가지 않겠다."
9 이렇게 말씀하시고, 갈릴리에 남으셨다.

### 명절을 지키러 가다

10 그 형제들이 명절에 올라간 후, 예수께서도 아무도 몰래 올라가셨다.
11 명절 동안 유대인들이 예수를 찾았다.
12 무리들이 예수에 대하여 이런저런 말을 하였다.
 어떤 사람은 '좋은 사람이다.' 라고 하고,
 어떤 사람은 '아니다. 그가 우리를 속이고 있다.' 고 하였다.
13 그러나 유대인들이 두려워서 드러내놓고 예수를 말하는 사람이 없었다.
14 명절 중간이 되었을 때, 예수께서 성전에 올라가서 가르치셨다.
15 유대인들이 놀라서 말했다.
 "이 사람은 배우지도 않았는데, 어떻게 글을 아느냐?"

16 예수께서 대답하셨다.
　　"내 가르침은 내 것이 아니고, 나를 보내신 분의 것이다.
17 사람이 하나님의 뜻을 행하려고 하면,
　　이 가르침이 하나님에게서 왔는지,
　　내가 마음대로 말하는지 알 것이다.
18 마음대로 말하는 사람은 자기의 영광만 구하지만,
　　보내신 분의 영광을 구하는 사람은 참되고, 그 속에 불의가 없다.
19 모세가 너희에게 율법을 주지 않았느냐?
　　그러나 너희 중에 율법을 지키는 자가 없다.
　　너희가 어찌하여 나를 죽이려 하느냐?"
20 무리가 대답하였다.
　　"당신이 귀신 들렸소. 누가 당신을 죽이려 합니까?"
21 예수께서 대답하셨다.
　　"내가 한 가지 일을 행하니, 너희가 모두 놀라는구나.
22 모세가 너희에게 할례를 주었으므로
　　너희가 안식일에도 할례를 준다.
　　(그러나 할례는 모세가 아니라, 조상들에게서 난 것이다.)
23 모세의 율법을 범하지 않으려고, 안식일에도 할례를 받는데,
　　내가 안식일에 사람을 고쳤다고 너희가 나에게 화를 내느냐?
24 외모로만 판단하지 말고, 공정하게 판단해라."

**예수를 잡으려는 사람들**

25 예루살렘 사람 중에서 어떤 사람이 말했다.
　　"이 사람은 관리들이 죽이려고 하는 바로 그 사람 아니냐?
26 이 사람이 공개적으로 떠드는데도, 그들이 아무 말도 하지 않는 것을 보니, 관리들이 이 사람을 그리스도라고 인정하는 것 아니냐?
27 우리는 이 사람이 어디서 왔는지 알지만,
　　그리스도가 어디서 오시는지 아는 사람은 없다."
28 예수께서 성전에서 가르치시며 크게 외치셨다.

"너희는 나를 알고, 내가 어디서 온 것도 안다.
내가 스스로 온 것이 아니라, 참되신 분이 나를 보내셨다.
29 너희는 그분을 알지 못하지만, 나는 그분을 안다.
나는 그분에게서 났고, 그분이 나를 보내셨다."
30 이에 그들이 예수를 잡으려고 하였으나,
예수께 손을 대는 사람이 없었다.
아직 그의 때가 되지 않았기 때문이다.
31 무리 중 많은 사람이 예수를 믿고 말했다.
"그리스도께서 오실지라도,
행하실 표적이 이 사람이 행한 것보다 많을까?"
32 무리가 예수에 대하여 수군거리는 것을 바리새인들이 들었다.
대제사장들과 바리새인들이 예수를 잡으려고 하인들을 보냈다.
33 예수께서 말씀하셨다.
"내가 너희와 함께 조금만 더 있다가, 나를 보내신 분에게 돌아갈 것이다.
34 그러면 너희는 나를 찾아도 만나지 못하고,
내가 있는 곳에 오지도 못할 것이다."
35 이에 유대인들이 서로 물었다.
"이 사람이 어디로 가기에, 우리가 만나지 못한다고 말하느냐?
혹시 흩어져 사는 사람들에게 가서 그리스인을 가르칠 생각인가?
36 '나를 찾아도 만나지 못할 것이고, 나 있는 곳에 오지도 못할 것이다.'
하는 말은 또 무슨 말이냐?"

## 배에서 생수의 강이 흘러나오리라

37 명절 끝날, 곧 큰 날에 예수께서 서서 외치셨다.
"누구든지 목마르거든 내게로 와서 마셔라.
38 나를 믿는 자는 성경에서 말한 것 같이,
그 배에서 생수의 강물이 흘러나올 것이다."
39 이는 그분을 믿는 자들이 받을 성령을 가리켜 말씀하신 것이다.

(예수께서 아직 영광을 받지 못하셨으므로, 성령이 아직 그들에게 계시지 아니하셨다.)

40 이 말씀을 들은 무리 중
어떤 사람은 '이 사람이 참으로 그 선지자다.' 라고 하고
41 어떤 사람은 '이 사람은 그리스도다.' 라고 하고,
어떤 사람들은 '그리스도가 어떻게 갈릴리에서 나오겠느냐
42 성경에, 그리스도는 다윗의 씨로, 또 다윗이 살던 동네 베들레헴에서 나오리라 하지 않았느냐?' 하여,
43 예수 때문에 무리 중에서 논쟁이 벌어졌다.
44 그중에 예수를 잡으려는 사람도 있었으나, 손을 대는 사람이 없었다.

### 대제사장들과 바리새인들의 불신앙

45 하속들이 대제사장들과 바리새인들에게로 돌아오니,
그들이 물었다.
"너희가 어찌하여 예수를 잡아 오지 않았느냐?"
46 하속들이 대답하였다.
"그 사람처럼 말하는 사람은 지금까지 본 적이 없습니다."
47 바리새인들이 대답하였다.
"너희도 미혹되었느냐?
48  당국자들이나 바리새인 중에 그를 믿는 사람이 있느냐? 없다.
49  율법을 알지 못하는 이 무리는 저주를 받은 자들이다."
50 그들 중 한 사람,
곧 전에 예수께 왔던 니고데모가 그들에게 말했다.
51 "우리 율법은, 사람의 말만 듣고,
그 행한 일을 알아보지도 않고 판결부터 하느냐?"
52 그들이 대답하였다.
"너도 갈릴리에서 왔느냐? 성경을 자세히 읽어봐라.
갈릴리에서는 선지자가 나오지 못한다."
53 [그들이 다 자기 집으로 돌아갔다.

## 제8장

### 간음하다가 잡혀온 여자

1 예수께서 감람산으로 가셨다.
2 아침에 다시 성전으로 들어오시니. 백성들이 다 나아왔다.
  예수께서 앉아서 그들을 가르치셨다.
3 서기관들과 바리새인들이 간음하다가 잡힌 한 여자를 끌고 와서 한 가운데 세우고,
4 예수께 말했다.
  "선생님. 이 여자가 간음하다가 잡혔습니다.
5   모세는 율법에서 이러한 여자를 돌로 치라고 명했습니다.
  선생님은 어떻게 하시겠습니까?"
6 그들은 예수를 고소할 구실을 찾기 위하여 이렇게 물은 것이다.
  그러자 예수께서 몸을 굽혀 손가락으로 땅에 무언가를 쓰셨다.
7 그들이 예수께 계속 질문하자,
  예수께서 일어나 말씀하셨다.
  "너희 중에 죄 없는 사람이 먼저 돌로 쳐라."
8 그리고 다시 몸을 굽혀 손가락으로 땅에 쓰셨다.
9 그들이 이 말씀을 듣고 양심의 가책을 받아 어른부터 젊은이까지 하나씩 하나씩 나가고, 오직 예수와 여자만 남았다.
10 예수께서 일어나셔서 여자 외에 아무도 없는 것을 보시고 말씀하셨다.
  "여자야. 사람들이 다 어디 갔느냐?
    너를 정죄한 사람이 없느냐?"
11 여자가 대답하였다.
  "주여. 없습니다."
  예수께서 말씀하셨다.
  "나도 너를 정죄하지 않겠다. 가서 다시는 죄를 짓지 마라"]

**나는 세상의 빛**

12  예수께서 또 말씀하셨다.
　　"나는 세상의 빛이다.
　　　나를 따르는 사람은 어두움 속에 다니지 않고,
　　　생명의 빛을 얻을 것이다."
13  바리새인들이 말했다.
　　"당신이 당신을 위해 증언하니, 당신의 증언은 참되지 않소."
14  예수께서 대답하셨다.
　　"내가 나를 위해 증언해도 내 증언은 참되다.
　　나는 내가 어디서 와서, 어디로 가는지 알기 때문이다.
　　그러나 너희는 내가 어디서 와서, 어디로 가는지 모른다.
15  너희는 사람의 기준대로 판단하지만, 나는 아무도 판단하지 않는다.
16  내가 나를 판단해도 내 판단은 참되다.
　　이는 내가 혼자가 아니라,
　　나를 보내신 아버지께서 나와 함께 계시기 때문이다.
17  너희 율법에도 두 사람이 증언하면 참되다고 기록하였다.
18  내가 나를 위하여 증언하고,
　　또 나를 보내신 아버지도 나를 위하여 증언하신다."
19  그들이 물었다.
　　"당신의 아버지가 어디 있소?"
　　예수께서 대답하셨다.
　　"너희는 나를 알지 못하고, 내 아버지도 알지 못한다
　　나를 알았더라면, 내 아버지도 알았을 것이다."
20  이 말씀은 예수께서 성전에서 가르치실 때, 연보궤 앞에서 하셨다.
　　그러나 예수를 잡는 사람이 없었다.
　　그의 때가 아직 이르지 않았기 때문이다.

**내가 가는 곳**

21  예수께서 다시 말씀하셨다.

"나는 떠난다. 너희는 나를 찾다가 너희 죄 가운데서 죽겠고,
내가 가는 곳에 올 수 없다."
22 유대인들이 말했다.
"저 사람이 '내가 가는 곳에 너희는 올 수 없다.' 고 하니,
혹시 자살하려는가?"
23 예수께서 말씀하셨다.
"너희는 아래에서 났고, 나는 위에서 났다.
너희는 이 세상에 속하고, 나는 이 세상에 속하지 않는다.
24 그래서 내가 너희에게 말했다.
'너희는 너희 죄 가운데서 죽을 것이다.'
너희가 만일 '내가 그' 인 것을 믿지 않으면, 너희가 죄 가운데서
죽을 것이다."
25 그들은 물었다.
"당신은 누구시오?"
예수께서 말씀하셨다.
"나는 처음부터 너희에게 말하여 온 자다.
26 내가 너희에게 말하고 판단할 것이 많다.
그러나 나를 보내신 분이 참되시므로,
내가 그분에게 들은 것을 세상에 말한다."
27 그들은 그것이 아버지를 가리켜 하신 말씀인 줄 깨닫지 못하였다.
28 이에 예수께서 말씀하셨다.
"너희는 인자를 든 후에야, 내가 그인 줄을 알고,
또 내가 아무것도 마음대로 말하지 않고,
오직 아버지께서 가르쳐주신 대로 말하는 줄도 알것이다.
29 나를 보내신 그분이 나와 함께 계신다.
내가 항상 그분이 기뻐하시는 일을 행하므로,
그분은 나를 혼자 두지 않으신다."
30 예수께서 이 말씀을 하시자, 많은 사람이 예수를 믿었다.

**진리가 너희를 자유롭게 하리라**

31  예수께서 자기를 믿은 유대인들에게 말씀하셨다.
   "너희가 내 말에 거하면, 너희가 참으로 내 제자가 될 것이다.
32   너희가 진리를 알아라.
   진리가 너희를 자유롭게 할 것이다."
33  그들이 예수께 대답하였다.
   "우리는 아브라함의 자손이고, 남의 종이 된 적이 없는데,
   어찌하여 우리가 자유롭게 된다고 말하시오?"
34  예수께서 말씀하셨다.
   "진실로 진실로 너희에게 말한다.
   죄를 짓는 사람은 다 죄의 종이다.
35   종은 그 집에 영원히 살지 못하지만, 아들은 영원히 산다.
36   그러므로 아들이 너희를 자유롭게 하면,
   너희가 참으로 자유로울 것이다.
37   나도 너희가 아브라함의 자손인 줄은 안다.
   그러나 내 말이 너희 속에 있을 곳이 없으므로,
   너희가 나를 죽이려고 한다.
38   나는 내 아버지에게서 본 것을 말하고,
   너희는 너희 아비에게 들은 대로 행한다."

**너희 아비는 마귀다**

39  그들이 말했다.
   "우리 아버지는 아브라함이요."
   예수께서 말씀하셨다.
   "너희가 아브라함의 자손이면, 아브라함이 한 일을 했을 터인데,
40   너희는 지금 하나님께 들은 진리를 말하는 나를 죽이려 한다.
   아브라함은 이렇게 하지 않았다.
   너희는 너희 아비가 한 일을 하고 있다."
41  그들이 대답하였다.

"우리가 음란한데서 태어나지 않았소.
우리 아버지는 한 분 뿐이시니, 곧 하나님이요."
42 예수께서 말씀하셨다.
"하나님이 너희 아버지라면, 너희가 나를 사랑하였을 것이다.
내가 하나님에게서 와서 지금 여기 있다.
내가 마음대로 온 것이 아니라, 아버지께서 나를 보내셨다.
43 너희가 어찌하여 내 말을 깨닫지 못하느냐?
이는 내 말을 들을 줄 모르기 때문이다.
44 너희는 너희 아비 마귀에게 났으니
너희도 너희 아비의 욕심대로 행하려고 한다.
마귀는 처음부터 살인자요,
그 속에 진리가 없으므로, 진리에 서지 못하고,
거짓말을 할 때마다 자기 것으로 말한다.
이는 그가 거짓말쟁이고, 거짓의 아비이기 때문이다.
45 내가 진리를 말하므로, 너희가 나를 믿지 않는다.
46 너희 중 누가 나를 죄가 있다고 증명하겠느냐?
내가 진리를 말하는데, 어찌하여 나를 믿지 않느냐?
47 하나님께 속한 사람은 하나님의 말씀을 듣는다.
너희가 그 말씀을 듣지 않는 것은,
너희가 하나님께 속하지 않기 때문이다."

## 아브라함이 있기 전부터 내가 있다

48 유대인들이 말했다.
"우리가 당신을 보고 '사마리아인이다', '귀신이 들렸다' 하는 말이 잘못되었소?"
49 예수께서 대답하셨다.
"나는 귀신 들린 것이 아니다.
내 아버지를 공경하는데, 너희가 나를 멸시하는구나.
50 나는 나의 영광을 구하지 않는다.

그 영광을 구하고, 판단하시는 분이 계신다.
51 진실로 진실로 너희에게 말한다.
사람이 내 말을 지키면 영원히 죽음을 보지 않을 것이다."
52 유대인들이 말했다.
"지금 당신이 귀신 들린 줄 알았소.
아브라함과 선지자들도 죽었는데,
당신은 '내 말을 지키면 영원히 죽음을 보지 않을 것이다.' 하니,
53 당신이 이미 죽은 우리 조상 아브라함보다 크다는 말이오?
선지자들도 다 죽었는데, 당신은 당신을 누구라고 생각하시오?"
54 예수께서 대답하셨다.
"내가 내게 영광을 돌리면 내 영광은 아무것도 아니지만,
내게 영광을 돌리시는 분은 내 아버지시다.
바로 너희가 너희 하나님이라고 하는 그분이다.
55 너희는 그분을 알지 못하지만, 나는 그분을 안다.
내가 그분을 알지 못한다고 하면,
나도 너희와 같이 거짓말쟁이겠지만
나는 그분을 알고, 또 그분의 말씀을 지킨다.
56 너희 조상 아브라함은 나의 때 볼 것을 즐거워하다가,
마침내 보고 기뻐하였다."
57 유대인들이 말했다.
"당신이 아직 50세도 못 되었는데, 아브라함을 보았다는 말이오?"
58 예수께서 말씀하셨다.
"진실로 진실로 너희에게 말한다.
아브라함이 태어나기 전부터 내가 있었다."
59 이에 그들이 돌을 들어 예수를 치려고 하였다.
그러나 예수께서는 숨어서 성전에서 나가셨다.

## 제9장

### 태어날 때부터 눈먼 사람을 고치다

1 예수께서 길을 가시다가 태어날 때부터 눈먼 사람을 보셨다.
2 제자들이 물었다.
   "랍비여. 이 사람이 눈먼 것이 누구 죄 때문입니까?
   자기 죄 때문입니까? 그 부모의 죄 때문입니까?"
3 예수께서 대답하셨다.
   "이 사람이나 그 부모의 죄 때문이 아니라
   하나님께서 하시는 일을 그에게 나타내시려는 것이다.
4  때가 낮이므로 낮 동안에 나를 보내신 분의 일을 해야 한다.
   밤이 되면 그때는 아무도 일할 수 없다.
5  내가 세상에 있는 동안에는, 내가 세상의 빛이다."
6 예수께서 땅에 침을 뱉어 진흙을 이겨 그의 눈에 바르시고,
7 말씀하셨다.
   "실로암 못에 가서 씻어라."
   (실로암은 보냄을 받았다는 뜻이다.)
   이에 그 사람이 가서 씻고, 눈이 밝아져서 돌아왔다.
8 이웃들과 전에 그가 구걸하던 것을 보았던 사람들이 말했다.
   "이 사람은 여기 앉아서 구걸하던 그 사람 아니냐?"
9 어떤 사람은 '그 사람이 맞다.' 고 하고,
   다른 사람은 '그와 비슷한 사람이다.' 라고 하였다.
   그러나 그 사람은 '내가 그 사람이요.' 하였다.
10 그들이 물었다.
   "어떻게 눈을 뜨게 되었느냐?"
11 그 사람이 대답하였다.
   "예수라는 분이 진흙을 이겨 내 눈에 바르고,
    실로암에 가서 씻어라고 해서, 가서 씻었더니 보게 되었소."
12 그들이 '그가 어디 있느냐?' 고 묻자, 그 사람은 모른다고 했다.

**눈먼 사람과 바리새인들**

13  그들이 그 사람을 데리고 바리새인들에게 갔다.
14  예수께서 진흙을 이겨 눈을 뜨게 하신 날은 안식일이었다.
15  바리새인들도 그에게 어떻게 보게 되었느냐고 물으니,
    그 사람이 말했다.
    "그분이 진흙을 내 눈에 바르고, 내가 씻으니 보게 되었습니다."
16  어떤 바리새인은, "그 사람은 안식일을 지키지 않으니, 하나님에게서 온 사람이 아니다." 하고,
    다른 사람은 "죄인이 어떻게 이런 표적을 행할 수 있느냐?" 하여 서로 논쟁이 벌어졌다.
17  그들이 눈멀었던 사람에게 다시 물었다.
    "네 눈을 뜨게 한 그를 너는 어떤 사람이라고 생각하느냐?"
    그 사람이 대답했다.
    "선지자라고 생각합니다."
18  유대인들은 그 사람이 눈이 멀었다가 보게 된 것을 믿지 않고,
    그 부모를 불러서 물었다.
19  "이 사람이 태어날 때부터 눈이 멀었다는 너희 아들이 맞느냐?
    그러면 지금은 어떻게 보게 되었느냐?"
20  그 부모가 대답하였다.
    "이 사람이 우리 아들이 맞고, 태어날 때부터 눈이 멀었습니다.
21  그러나 지금 그가 어떻게 보게 되었는지, 또 누가 그 눈을 뜨게 하였는지 우리는 모릅니다. 그에게 물어보시오.
    그가 다 컸으니 자기 일을 말할 수 있을 것입니다."
22  그 부모가 이렇게 말한 까닭은,
    유대인들이 예수를 그리스도로 시인하는 자는 누구든지 출교하기로 결의하였으므로, 그들이 무서웠기 때문이다.
23  그러므로 그 부모가 '그가 다 컸으니, 그에게 물어보시오.' 라고 하였다.
24  이에 유대인들이 눈이 멀었던 사람을 다시 불러 말했다.
    "너는 영광을 하나님께 돌려라. 우리는 그 사람이 죄인인 줄 안다."

25 그 사람이 대답하였다.
 "나는 그분이 죄인인지 모릅니다.
  내가 아는 것은 내가 전에는 눈이 멀었다가 지금은 보는 것뿐입니다."
26 유대인들이 물었다.
 "그가 네게 무엇을 했느냐? 네 눈을 어떻게 뜨게 했느냐?"
27 그가 대답하였다.
 "내가 이미 여러 번 말했는데도 듣지 않고, 왜 또 물으십니까?
  당신들도 그의 제자가 되려고 합니까?"
28 유대인들이 욕하며 말했다.
 "너는 그 사람의 제자이지만, 우리는 모세의 제자다.
29  우리는 하나님께서 모세에게 말씀하신 줄은 알지만,
  이 사람은 어디서 왔는지 모른다."
30 그 사람이 말했다.
 "이상하다. 그분이 내 눈을 뜨게 했는데도,
  당신들은 그분이 어디서 왔는지 모른다는 말입니까?
31  우리는 하나님께서 죄인들의 말을 듣지 않으시고,
  경건하여 그의 뜻대로 행하는 자의 말은 들으시는 줄 압니다.
32  창세 이후로 태어날 때부터 눈먼 사람의 눈을 뜨게 했다는 말을 듣지 못했습니다.
33  이 사람이 하나님에게서 오신 것이 아니면,
  아무 일도 할 수 없었을 것입니다."
34 그들은 "온전히 죄 가운데 태어난 놈이 감히 우리를 가르치느냐?"
 하고, 그 사람을 쫓아냈다.

**눈먼 사람이었으면 죄가 없으려니와**

35 예수께서 그 소식을 들으시고, 그를 만나 물으셨다.
 "네가 인자를 믿느냐?"
36 그 사람이 대답하였다.

"주여. 그분이 누구십니까? 제가 믿겠습니다."

37 예수께서 말씀하셨다.

"네가 그를 보았다. 그가 지금 너와 말하고 있다."

38 그 사람이 "주여. 제가 믿습니다." 하고, 예수께 절하였다.

39 예수께서 말씀하셨다.

"내가 심판을 하려고 이 세상에 왔다.

눈먼 사람들은 보게 하고, 보는 자들은 눈멀게 하려 한다."

40 곁에 있던 바리새인들이 이 말씀을 듣고 물었다.

"우리도 눈먼 사람이란 말이요?"

41 예수께서 말씀하셨다.

"너희가 눈먼 사람이라면 죄가 없겠지만,

본다고 하니, 너희의 죄가 그대로 있다."

# 제10장

## 양의 우리 비유

1  "내가 진실로 진실로 너희에게 말한다.
    양의 우리에 문으로 들어가지 않고
    담을 넘어가는 자는 도둑이고 강도다.
2  문으로 들어가는 사람이 양의 목자다.
3  문지기는 목자를 위해 문을 열고, 양은 그의 음성을 듣는다.
    목자는 자기 양의 이름을 각각 불러 인도하여 낸다.
4  목자가 자기 양을 다 내어놓은 후에 앞서가면,
    양들이 그의 음성을 알기 때문에 목자를 따라온다.
5  그러나 다른 사람의 음성은 알지 못하기 때문에,
    그를 따라가지 않고 도망간다."
6  예수께서 그들에게 이 비유로 말씀하셨으나,
    그들은 그 말씀이 무슨 뜻인지 알지 못했다.

## 선한 목자

7  그러므로 예수께서 다시 말씀하셨다.
    "내가 진실로 진실로 너희에게 말한다.
    나는 양의 문이다.
8  나보다 먼저 온 자는 모두 도둑이고 강도다.
    그래서 양들이 그들의 말을 듣지 않는다.
9  나는 문이다.
    누구든지 나로 말미암아 들어가면 구원을 받고,
    또 들어가고 나오며 꼴을 얻는다.
10  도둑이 오는 것은 도둑질하고, 죽이고, 멸망시키려는 것 뿐이다.
    내가 온 것은 양이 생명을 얻고, 더 풍성하게 얻게 하려 함이다.
11  나는 선한 목자다.
    선한 목자는 양들을 위하여 목숨을 버린다.

12 삯꾼은 목자도 아니고, 양도 자기 양이 아니므로
　　이리가 오는 것을 보면, 양을 버리고 달아난다.
　　그러면 이리가 양을 물어 가고, 또 흩어버린다.
13 그는 양을 돌보지 않는 삯꾼이기 때문에 달아난다.
14 나는 선한 목자다.
　　나는 내 양을 알고, 양도 나를 안다.
15 마치 아버지께서 나를 아시고, 내가 아버지를 아는 것과 같다.
　　나는 양을 위해 목숨을 버린다.
16 또 이 우리에 있지 않은 다른 양들도 내가 인도해야 한다.
　　그들도 내 음성을 듣고 한 무리가 되어, 한 목자에게 있을 것이다.
17 아버지께서 나를 사랑하시는 것은
　　내가 다시 얻기 위해, 내 목숨을 버리기 때문이다.
18 내게서 목숨을 빼앗는 자가 있는 것이 아니라,
　　내가 스스로 버린다.
　　나는 버릴 권세도 있고, 다시 얻을 권세도 있다.
　　나는 이 계명을 내 아버지에게서 받았다."
19 이 말씀 때문에 유대인들 사이에 다시 다툼이 일어났다.
20 많은 사람들이 말했다.
　　"귀신 들려 미친사람의 말을 왜 듣고 있느냐?"
21 다른 사람들은 이렇게 말했다.
　　"이 말은 귀신 들린 사람의 말이 아니다.
　　귀신이 눈먼 사람의 눈을 뜨게 할 수 있느냐?"

## 유대인들이 예수를 돌로 치려 하다

22 예루살렘에 수전절이 되었다. 때는 겨울이었다.
23 예수께서 성전 안에 있는 솔로몬 행각에서 거닐고 계셨다.
24 유대인들이 예수를 에워싸고 말했다.
　　"당신이 언제까지 우리 마음에 의문을 일으킬거요?
　　당신이 그리스도면 분명하게 말씀하시오."

25 예수께서 대답하셨다.
"내가 너희에게 말했는데도, 믿지 않는구나.
내가 내 아버지의 이름으로 행하는 일들이 나를 증명한다.
26 그러나 너희가 내 양이 아니므로 믿지 않는다.
27 내 양은 내 음성을 듣는다.
나는 그들을 알고, 그들은 나를 따른다.
28 내가 그들에게 영생을 주므로, 그들은 절대 망하지 않는다.
또 그들을 내 손에서 빼앗을 자가 없다.
29 그들을 내게 주신 내 아버지는 만유보다 크시므로,
아무도 아버지 손에서 그들을 빼앗을 수 없다.
30 나와 아버지는 하나다."
31 유대인들이 다시 돌을 들어 예수를 치려고 하므로
32 예수께서 말씀하셨다.
"내가 아버지로 말미암아 많은 선한 일을 너희에게 보여주었다.
그중 어떤 일 때문에 나를 돌로 치려고 하느냐?"
33 그들이 대답하였다.
"선한 일 때문이 아니라, 신성모독 때문이오.
당신이 사람이면서 하나님이라고 하고 있소.".
34 예수께서 말씀하셨다.
"너희 율법에도 '내가 너희를 신이라 하였노라.' 하지 않았느냐?
35 성경은 폐하지 못한다.
그 성경이 하나님의 말씀을 받은 사람들을 신이라고 하였다.
36 그렇다면 아버지께서 거룩하게 하여 세상에 보내신 자가
'나는 하나님의 아들이다.' 라고 한 것을, 어찌 신성모독이라 하느냐?
37 만일 내가 내 아버지의 일을 행하지 않았으면, 나를 믿지 마라.
38 그러나 그 일을 행하면, 나를 믿지 않더라도 그 일은 믿어라.
그러면 너희가 아버지께서 내 안에 계시고,
내가 아버지 안에 있음을 깨달아 알 것이다."
39 그들이 다시 예수를 잡으려 하였으나,

예수께서는 그 손에서 벗어나 나가셨다.
40 예수께서 다시 요단강 저편,
  요한이 처음으로 세례 주던 곳에 가셔서 거기 거하셨다.
41 많은 사람이 예수께 왔다가 말했다.
  "요한은 아무 표적도 행하지 않았으나,
   요한이 사람을 가리켜 말한 것은 다 참되구나."
42 그리하여 거기서 많은 사람이 예수를 믿었다.

# 제11장

## 죽은 나사로를 살리다

1 한 병든 자가 있었다.
   그는 마리아와 마르다 자매의 동네인 베다니에 사는 나사로였다.
2 이 마리아는 주께 향유를 붓고, 머리카락으로 주의 발을 닦던 여자고,
   병든 나사로는 그의 오빠였다.
3 이에 그 누이들이 예수께 사람을 보내어 말했다.
   "주여. 보십시오. 주께서 사랑하시는 자가 병들었습니다."
4 예수께서 이 말을 듣고 말씀하셨다.
   "이 병은 죽을병이 아니라, 하나님의 영광을 위한 병이다.
   하나님의 아들이 이 일로 영광을 받을 것이다."
5 예수께서 마르다 자매와 나사로를 사랑하셨다.
6 예수께서 나사로가 병들었다는 말을 들으시고도,
   계시던 곳에 이틀을 더 머무셨다,
7 그 후 제자들에게 말씀하셨다.
   "유대로 다시 가자."
8 제자들이 말했다.
   "랍비여. 얼마 전에도 유대인들이 선생님을 돌로 치려고 했는데,
   또 거기로 가시렵니까?"
9 예수께서 대답하셨다.
   "낮이 12시간 아니냐?
   사람이 낮에 다니면 이 세상의 빛을 보므로 실족하지 않고
10   밤에 다니면 빛이 그 사람 안에 없으므로 실족한다."
11 예수께서 이 말씀을 하신 후에 또 말씀하셨다.
   "우리 친구 나사로가 잠들었다. 내가 그를 깨우러 간다."
12 제자들이 말했다.
   "주여. 잠들었으면 낫겠습니다."
13 예수께서는 그의 죽음을 말씀하셨으나,

제자들은 잠들어 쉬는 것을 말씀하신다고 생각했다.
14 이에 예수께서 분명하게 말씀하셨다.
"나사로는 죽었다.
15 내가 거기에 있지 않은 것이 너희를 위해 다행이다.
그래야 너희가 믿을 것 아니냐? 이제 그에게 가자."
16 디두모라고도 하는 도마가 다른 제자들에게 말했다.
"우리도 주와 함께 죽으러 가자."

## 나는 부활이요 생명이니

17 예수께서 오셔서 보시니,
나사로가 무덤에 들어간 지 이미 4일이나 되었다.
18 베다니는 예루살렘에서 한 5리쯤 되는 곳에 있었다.
19 많은 유대인들이 마르다와 마리아에게 그 오빠의 일로 조문하러 와 있었다.
20 마르다는 예수께서 오신다는 말을 듣고 곧 나가 맞이하였으나,
마리아는 집에 앉아 있었다.
21 마르다가 예수께 말했다.
"주께서 여기 계셨으면, 제 오빠가 죽지 않았을 것입니다.
22 그러나 이제라도 주께서 무엇이든지 하나님께 구하시면
하나님께서 이루어주실 줄 압니다."
23 예수께서 말씀하셨다.
"네 오빠는 다시 살아날 것이다."
24 마르다가 말했다.
"마지막 날 부활때에 다시 살아날 줄은 제가 압니다."
25 예수께서 말씀하셨다.
"나는 부활이고, 생명이다.
나를 믿는 사람은 죽어도 살겠고
26 무릇 살아서 나를 믿는 자는 영원히 죽지 않는다.
이것을 네가 믿느냐?"

27  마르다가 말했다.
    "주여. 그렇습니다. 주는 그리스도시오,
     세상에 오시는 하나님의 아들이신 줄 제가 믿습니다."
28  마르다가 이 말을 하고 돌아가서 마리아에게 가만히 말했다.
    "선생님께서 오셔서 너를 부르신다."
29  마리아가 이 말을 듣고, 급히 일어나 예수께 나아갔다.
30  예수께서는 아직 마을로 들어오지 아니하시고,
    마르다가 맞이하던 곳에 계셨다.
31  마리아와 함께 집에서 조문하던 유대인들은 그가 급히 일어나 나가는
    것을 보고, 곡하러 무덤에 간다고 생각하고 따라갔다.
32  마리아가 예수께서 계신 곳에 와서 그 발 앞에 엎드려 말했다.
    "주께서 여기 계셨더라면 제 오빠가 죽지 않았을 것입니다."
33  예수께서 마리아가 울고, 또 함께 온 유대인들도 우는 것을 보시고,
    비통하고 불쌍한 마음이 들어 물으셨다.
34  "나사로를 어디에 두었느냐?"
    그들이 대답하였다.
    "주여. 와서 보십시오."
35  예수께서 눈물을 흘리셨다.
36  이에 유대인들이 말했다.
    "주께서 나사로를 참 사랑하셨구나."
37  그중 어떤 사람이 말했다.
    "눈먼 사람의 눈을 뜨게 하신 분이 나사로를 죽지 않게 할 수는 없었
    느냐?"
38  이에 예수께서 다시 비통한 마음으로 무덤으로 가셨다.
    그 무덤은 입구를 돌로 막은 동굴이었다.
39  예수께서 말씀하셨다.
    "돌을 옮겨라."
    그 죽은 자의 누이 마르다가 말했다.
    "주여. 죽은 지 벌써 4일이나 되어 냄새가 납니다."

40  예수께서 말씀하셨다.
    "'네가 믿으면 하나님의 영광을 보리라.' 고 내가 말하지 않았느냐?"
41  그들이 돌을 옮겨 놓으니,
    예수께서 눈을 들어 우러러보시고 말씀하셨다.
    "아버지여. 제 말을 들어주시니 감사합니다.
42   언제나 제 말을 들어주시는 줄 제가 알고 있습니다.
    그러나 이 말씀은 둘러서 있는 무리를 위한 것입니다.
    곧 아버지께서 저를 보내신 것을 그들로 믿게 하려고 합니다."
43  예수께서 이 말씀을 하시고 큰 소리로 부르셨다,
    "나사로야. 나오너라."
44  죽은 나사로가 손발은 베로 묶이고, 얼굴은 수건에 싸여 나왔다.
    예수께서 말씀하셨다.
    "그를 풀어 돌아다니게 해라."

## 예수를 죽이려는 모의

45  마리아에게 조문하러 왔다가 예수께서 하시는 일을 본 많은 유대인들이 예수를 믿었다.
46  그중 어떤 자는 바리새인들에게 가서 예수께서 하신 일을 신고하였다.
47  대제사장들과 바리새인들이 공회를 모아 말했다.
    "이 사람이 많은 표적을 행하니, 우리가 어떻게 하면 좋겠느냐?
48   만일 그를 이대로 두면, 모든 사람이 그를 믿을 것이고,
    그러면 로마인들이 와서 우리 땅과 민족을 빼앗아 갈 것이다."
49  그중 한 사람, 그 해의 대제사장인 가야바가 그들에게 말했다.
    "너희가 아무것도 모르는구나.
50   한 사람이 백성을 위해 죽어서 온 민족이 망하지 않는 것이 너희에게 유익하다고 생각하지 않느냐?"
51  이 말은 가야바 스스로 생각한 것이 아니라,
    그가 그해의 대제사장이므로,
    예수께서 그 민족뿐 아니라

52 하나님의 흩어진 자녀를 모아 하나가 되게 하기 위하여 죽으실 것을 예언한 것이다.
53 그날부터 그들이 예수를 죽이기로 모의하였다.
54 그러므로 예수께서 다시 유대인 가운데 드러나게 다니지 않으시고, 거기서 떠나 빈 들에서 가까운 에브라임 동네에 가서 제자들과 함께 머무셨다.
55 유대인의 유월절이 다가오자, 많은 사람이 자기를 성결하게 하려고 유월절 전에 예루살렘으로 올라갔다.
56 사람들이 예루살렘에서 예수를 찾으며 성전에 서서 말했다. "너희 생각에는 어떠냐? 그가 이번 명절에 오시지 않겠느냐?"
57 이는 대제사장들과 바리새인들이 사람들에게 예수 있는 곳을 알면 신고하라고 명령하였기 때문이다.

## 제12장

### 예수의 발에 향유를 붓다
1 유월절 6일 전에 예수께서 베다니에 가셨다.
   이곳은 예수께서 죽은 자 가운데서 살리신 나사로가 사는 곳이다.
2 거기서 예수를 위해 잔치를 벌였다.
   마르다는 일을 하고,
   나사로는 예수와 함께 앉아 사람들과 식사를 하고 있었다.
3 마리아가 지극히 비싼 향유, 곧 순전한 나드 한근을 가지고 와서,
   예수의 발에 붓고, 자기 머리카락으로 그 발을 닦았다.
   그러자 향유 향기가 집에 가득했다.
4 제자 중 하나로 장차 예수를 배반할 가룟 유다가 야단을 쳤다.
5 "왜 이 향유를 3,000만 원[4]에 팔아,
   그 돈을 가난한 사람들에게 주지 않았느냐?"
6 그가 이렇게 말한 것은 가난한 사람들을 생각하기 때문이 아니라,
   그가 돈궤를 관리하면서 거기에 넣은 돈을 훔쳐가곤 했기 때문이었다.
7 예수께서 말씀하셨다.
   "가만히 두어라. 그가 나의 장례를 위해 그것을 간직하게 해라.
8    가난한 사람들은 너희와 항상 함께 있지만,
     나는 언제까지나 너희와 함께 있지 않을 것이다."

### 나사로를 죽이려고 모의하다
9 유대인의 큰 무리가 예수께서 베다니에 계신 줄 알고 찾아왔다.
   이는 예수뿐만 아니라,
   죽은 자 가운데서 살리신 나사로도 보려 함이었다.
10 대제사장들이 나사로까지 죽이려고 모의 하였다.
11 이는 나사로 때문에 많은 유대인들이 예수를 믿었기 때문이다.

---
[4] 원문에는 300데나리온이라고 되어 있다.

## 예루살렘으로 가다

12  그 이튿날 명절에 올라온 큰 무리가,
    예수께서 예루살렘으로 오신다는 말을 듣고
13  종려나무 가지를 들고 예수를 맞으러 나가 외쳤다.
    "호산나. 찬송하리로다.
     주의 이름으로 오시는 분, 곧 이스라엘의 왕이시여."
14  예수께서 한 어린 나귀를 보고 그 위에 올라타셨다.
15  이는 기록된 바와 같다.
    '시온의 딸아. 두려워하지 마라.
     보아라. 너의 왕이 나귀 새끼를 타고 오신다.'
16  제자들은 처음에 이 일을 깨닫지 못하였으나,
    예수께서 영광을 받으신 후에야, 이것이 예수에 관한 것이고,
    또 사람들이 예수께 이같이 했다는 것을 깨달았다.
17  예수께서 나사로를 무덤에서 불러내어 죽은 자 가운데서 살리실 때에,
    함께 있던 무리가 그 일을 증언하였다.
18  무리가 예수를 맞이한 것은,
    예수께서 이런 표적을 행하셨다는 말을 들었기 때문이다.
19  바리새인들이 서로 말했다.
    "보아라. 너희가 하는 일이 다 소용없다.
     온 세상이 그를 따르고 있다."

## 한 알의 밀

20  명절에 예배하러 올라온 사람 중에 그리스인들도 몇 명 있었다.
21  그들이 갈릴리 벳새다 사람 빌립에게 가서 요청하였다.
    "우리가 예수를 뵙고 싶습니다."
22  빌립이 안드레에게 가서 말하고,
    안드레와 빌립이 예수께 가서 여쭈니
23  예수께서 대답하셨다.
    "인자가 영광을 받을 때가 되었구나.

24  내가 진실로 진실로 너희에게 말한다.
    한 알의 밀이 땅에 떨어져 죽지 않으면 한 알 그대로 있고,
    죽으면 많은 열매를 맺는다.
25  자기 생명을 사랑하는 사람은 잃어버릴 것이요.
    이 세상에서 자기 생명을 미워하는 사람은 영원히 보존할 것이다.
26  나를 섬기려면 나를 따라오더라.
    내가 있는 곳에 나를 섬기는 사람도 거기 있을 것이다.
    사람이 나를 섬기면, 내 아버지께서 그를 귀히 여기실 것이다."

## 인자가 들려야 한다

27  "지금 내 마음이 괴로우니, 무슨 말을 해야 할까?
    '아버지여. 저를 구원하여 이 시간을 면하게 해 주십시오.' 할까?
    아니다. 내가 이 일을 위하여 이때에 왔다.
    아버지여. 아버지의 이름을 영광스럽게 하소서."
28  하늘에서 소리가 났다.
    "내가 이미 영광스럽게 하였고, 또다시 영광스럽게 하겠다."
29  곁에 서서 들은 무리는 "천둥이 울었다." 하고,
    또 다른 사람들은 "천사가 그에게 말했다." 고 했다.
30  예수께서 대답하셨다.
    "이 소리는 나를 위한 것이 아니고, 너희를 위한 것이다.
31  이제 이 세상에 대한 심판의 때가 되었다.
    이 세상의 임금이 쫓겨날 것이다.
32  그러니 내가 땅에서 들리면, 모든 사람을 내게로 이끌겠다."
33  이것은 자기가 어떻게 죽으실 것을 암시하신 것이다.
34  무리가 대답하였다.
    "우리 율법에는 그리스도가 영원히 계신다고 하였는데,
    당신은 어째서 인자가 들려야 한다고 말하시오?
    이 인자가 누구요?"
35  예수께서 말씀하셨다.

"잠시동안 빛이 너희 중에 있으니,
　　빛이 있을 동안에 다녀 어두움에 붙잡히지 않게 해라.
　　어두움 속을 다니는 사람은 자기가 어디로 가는지 모른다.
36　너희에게 아직 빛이 있는 동안에 빛을 믿어라.
　　그러면 너희가 빛의 아들이 될 것이다."
예수께서 이 말씀을 하시고, 그들을 떠나 숨으셨다.

### 유대사람들의 불신앙

37 예수께서 이렇게 많은 표적을 그들 앞에서 행하셨으나,
　　그들은 예수를 믿지 않았다.
38 이는 선지자 이사야의 말씀을 이루려 하심이었다.
　　"주여. 우리에게 들은 말을 누가 믿었으며,
　　주의 팔이 누구에게 나타났습니까?"
39 그들이 믿지 못한 이유에 대하여 이사야가 또 말했다.
40 "주께서 그들의 눈을 멀게 하시고, 그들의 마음을 완고하게 하셨다.
　　이는 그들이 눈으로 보고, 마음으로 깨닫고
　　돌이켜 내게 고침을 받지 못하게 하려 함이다."
41 이사야는 주의 영광을 보고, 주를 가리켜 이렇게 예언한 것이다.
42 관원 중에도 예수를 믿는 사람이 많았으나,
　　바리새인들 때문에 공개적으로 말하지 못했다.
　　이는 출교를 당할까 두려웠기 때문이다.
43 그들은 사람의 영광을 하나님의 영광보다 사랑했던 것이다.

### 마지막 날과 심판

44 예수께서 외치셨다.
　　"나를 믿는 사람은 나를 믿는 것이 아니라,
　　나를 보내신 분을 믿는 것이고
45　나를 보는 사람은, 나를 보내신 분을 보는 것이다.
46　내가 빛으로 세상에 왔다.

나를 믿는 사람이 어두움에 거하지 않게 하려 함이다.
47  사람이 내 말을 듣고 지키지 않아도, 내가 그를 심판하지 않는다.
내가 세상을 심판하러 온 것이 아니라, 구원하러 왔기 때문이다.
48  나를 저버리고, 내 말을 받아들이지 않는 사람을 심판하실 이가 따로 있다.
곧 내가 하는 그 말이 마지막 날에 그 사람을 심판할 것이다.
49  내가 마음대로 말하지 않는다.
나를 보내신 아버지께서 내게 무엇을, 어떻게 말하라고 명령하셨다.
50  나는 그 명령이 영생인 줄 안다.
그러므로 내가 말한 것은 내 아버지께서 내게 말씀하신 그대로다.”

## 제13장

### 제자들의 발을 씻다

1 유월절 전이었다.
  예수께서 이 세상을 떠나 아버지께로 돌아가실 때가 된 줄 아시고,
  세상에 있는 자기 사람들을 사랑하시되 끝까지 사랑하셨다.
2 저녁 식사 중에 마귀가 시몬의 아들 가룟 유다의 마음에 예수를 팔 생각을 넣었다.
3 예수께서는 아버지께서 모든 것을 자기 손에 맡기신 것과
  또 자기가 하나님에게서 와서 하나님께로 돌아갈 것을 아시고,
4 자리에서 일어나 겉옷을 벗고, 수건을 허리에 두르시고
5 대야에 물을 담아 제자들의 발을 씻으시고, 수건으로 발을 닦으셨다.
6 시몬 베드로 차례가 되니, 베드로가 말했다.
  "주여. 주께서 제 발을 씻으려 하십니까?"
7 예수께서 대답하셨다.
  "내가 하는 것을 네가 지금은 몰라도 나중에는 알게 될 것이다."
8 베드로가 말했다.
  "제 발을 절대 씻지 마십시오."
  예수께서 대답하셨다.
  "내가 너를 씻지 않으면, 네가 나와 상관이 없다."
9 시몬 베드로가 말했다.
  "주여. 그렇다면 제 발뿐 아니라 손과 머리도 씻어 주십시오."
10 예수께서 말씀하셨다.
  "이미 목욕한 사람은 발만 씻으면 된다. 온몸이 깨끗하기 때문이다.
   너희가 깨끗하지만, 모두가 깨끗한 것은 아니다."
11 예수께서는 자기를 팔 사람이 누구인지 아셨다.
  그래서 모두가 깨끗한 것은 아니라고 하신 것이다.
12 예수께서 제자들의 발을 다 씻으신 후에 겉옷을 입으시고,
  다시 앉아 그들에게 말씀하셨다.

"내가 너희에게 행한 일을 알겠느냐?
13 너희가 나를 선생이라 또는 주라고 하는데, 너희 말이 옳다.
　　내가 그러하다.
14 내가 주와 선생이 되어 너희 발을 씻었으니,
　　너희도 서로 발을 씻어 주는 것이 옳다.
15 내가 너희에게 행한 것 같이 너희도 행하게 하려고
　　내가 본을 보였다.
16 내가 진실로 진실로 너희에게 말한다.
　　종이 상전보다 크지 못하고,
　　보냄 받은 사람이 보낸 사람보다 크지 못하다.
17 너희가 이것을 알고 그대로 행하면 복이 있다."
18 "내가 너희 모두를 가리켜 말하는 것이 아니다.
　　나는 내가 선택한 사람들이 누구인지 안다.
　　그러나 '내 빵을 먹는 자가 내게 발꿈치를 들었다.' 는 성경이 이루어질 것이다.
19 그 일이 일어나기 전에 미리 너희에게 말하는 것은,
　　그 일이 일어났을 때, 내가 그인 줄 너희로 믿게 하려 함이다.
20 내가 진실로 진실로 너희에게 말한다.
　　내가 보낸 사람을 영접하는 사람은 나를 영접하는 것이고,
　　나를 영접하는 사람은 나를 보내신 분을 영접하는 것이다."

## 너희 중 하나가 나를 팔리라

21 예수께서 이 말씀을 하시고 나서, 괴로워하시며 말씀하셨다.
　　"내가 진실로 진실로 너희에게 말한다.
　　너희 중 하나가 나를 팔 것이다."
22 제자들이 "누구를 말씀하시는가?" 하고 서로 쳐다보았다.
23 예수의 제자 중 하나,
　　곧 예수께서 사랑하시는 자(요한)가 예수의 곁에 기대어 앉아 있었다.
24 시몬 베드로가 요한에게 머릿짓을 하여 말했다.

"말씀하신 자가 누구인지 여쭈어봐라."
25  요한이 예수께 그대로 기대어 물었다.
"주여. 그가 누구입니까?"
26  예수께서 대답하셨다.
"내가 빵 한 조각을 찍어서 주는 자가 그다."
그리고 곧 한 조각을 찍어서 가룟 시몬의 아들 유다에게 주셨다.
27  유다가 빵조각을 받자마자, 사탄이 그 속에 들어갔다.
이에 예수께서 유다에게 말씀하셨다.
"네가 하려는 일을 속히 해라."
28  예수께서 무슨 뜻으로 이 말씀을 하셨는지,
거기 앉은 사람 중에 아는 사람이 없었다.
29  어떤 사람은, 유다가 돈궤를 맡았으므로 명절에 쓸 물건을 사라고 하시거나, 가난한 사람들에게 무엇을 주라고 하시는 줄로 생각했다.
30  유다가 그 빵 조각을 받고 곧 나갔다. 그때는 밤이었다.

## 새 계명

31  유다가 나간 후, 예수께서 말씀하셨다.
"지금 인자가 영광을 받았고,
하나님께서도 인자로 인하여 영광을 받으셨다.
32  만일 하나님께서 인자로 인하여 영광을 받으셨으면,
하나님께서도 자기로 인하여 인자에게 영광을 주실 것이다.
곧 주실 것이다.
33  애들아. 내가 잠시 너희와 함께 있을 것이다.
너희가 나를 찾겠지만, 내가 전에 유대인들에게 '너희는 내가 가는 곳에 올 수 없다' 고 말한 것 같이, 지금 너희에게도 말한다.
34  새 계명을 너희에게 준다. 서로 사랑해라.
내가 너희를 사랑한 것 같이, 너희도 서로 사랑해라.
35  너희가 서로 사랑하면,
이로써 모든 사람이 너희가 내 제자인 줄 알 것이다."

**시몬 베드로가 부인할 것을 예고하다**

37 시몬 베드로가 말했다.
　"주여. 어디로 가십니까?"
　예수께서 대답하셨다.
　"내가 가는 곳에 네가 지금은 따라 올 수 없지만,
　나중에는 따라 올 것이다."
38 베드로가 말했다.
　"주여. 제가 지금은 어째서 따라 갈 수 없습니까?
　주를 위하여 제 목숨을 버리겠습니다."
39 예수께서 말씀하셨다.
　"네가 나를 위하여 네 목숨을 버리겠느냐?
　내가 진실로 진실로 네게 말한다.
　닭이 울기 전에 네가 세 번 나를 부인할 것이다."

## 제14장

### 길이요 진리요 생명이니

1  "너희는 마음에 근심하지 마라.
　　하나님을 믿으니, 또 나를 믿어라.
2  내 아버지 집에 있을 곳이 많다.
　　그렇지 않으면 너희에게 말했을 것이다.
　　내가 너희를 위하여 처소를 준비하러 간다.
3  내가 가서 너희를 위하여 처소를 준비하고,
　　다시 와서 너희를 내게 영접하여,
　　내가 있는 곳에 너희도 함께 있게 하겠다.
4  내가 어디로 가는지 그 길을 너희가 알고 있다."
5  도마가 말했다.
　　"주여. 주께서 어디로 가시는지 저희가 알지 못하는데,
　　그 길을 우리가 어찌 알겠습니까?."
6  예수께서 말씀하셨다.
　　"내가 곧 그 길이요, 그 진리요, 그 생명이다.
　　나로 말미암지 않고는 아버지께 올 자가 없다.
7  너희가 나를 알았더라면, 내 아버지도 알았을 것이다.
　　그러나 이제는 너희가 아버지를 알았고, 또 보았다."
8  빌립이 말했다.
　　"주여. 아버지를 우리에게 보여주십시오. 그러면 충분합니다."
9  예수께서 말씀하셨다.
　　"빌립아. 내가 이렇게 오래 너희와 함께 있었는데도,
　　네가 아직도 나를 알지 못하느냐?
　　나를 본 사람은 아버지를 본 것이다.
　　그런데 어찌하여 아버지를 보여 달라고 하느냐?
10  내가 아버지 안에 있고, 아버지가 내 안에 계신 것을,
　　네가 믿지 않느냐?

|   | 내가 너희에게 하는 말은 내가 마음대로 하는 말이 아니다. |
|---|---|
|   | 아버지께서 내 안에 계셔서 그분의 일을 하시는 것이다. |
| 11 | 내가 아버지 안에 있고, 아버지께서 내 안에 계심을 믿어라. |
|   | 그렇지 못하겠거든 내가 하는 그 일을 보고 믿어라. |
| 12 | 내가 진실로 진실로 너희에게 말한다. |
|   | 나를 믿는 사람은 내가 하는 일을 자기도 하고, |
|   | 그보다 큰 일도 할 것이다. |
|   | 이는 내가 아버지께로 가기 때문이다. |
| 13 | 너희가 내 이름으로 무엇을 구하든지 내가 이루어 주겠다. |
|   | 그래서 아버지께서 아들로 인하여 영광을 받으시게 하겠다. |
| 14 | 너희가 내 이름으로 무엇이든지 내게 구하면, 내가 이루어 주겠다." |

## 성령의 약속

| 15 | "너희가 나를 사랑한다면, 내 계명을 지킬 것이다. |
|---|---|
| 16 | 내가 아버지께 구하면 |
|   | 아버지께서 또 다른 보혜사를 너희에게 보내셔서, |
|   | 영원토록 너희와 함께 있게 하실 것이다. |
| 17 | 그분은 진리의 영이다. |
|   | 세상은 그를 받아들이지 못한다. |
|   | 그분을 보지도 못하고, 알지도 못하기 때문이다. |
|   | 그러나 너희는 보혜사를 안다. |
|   | 그분이 너희와 함께 계시고, |
|   | 또 너희 속에 계실 것이기 때문이다. |
| 18 | 내가 너희를 고아와 같이 버려두지 않고, 너희에게 오겠다. |
| 19 | 조금만 있으면 세상은 다시 나를 보지 못하겠지만, |
|   | 너희는 나를 볼 것이다. |
|   | 이는 내가 살아있고, 너희도 살것이기 때문이다. |
| 20 | 그날에는 내가 아버지 안에, 너희가 내 안에, |
|   | 내가 너희 안에 있음을 너희가 알 것이다. |

21    내 계명을 받아서 지키는 사람이라야 나를 사랑하는 사람이다.
      나를 사랑하는 사람은 내 아버지께 사랑을 받을 것이다.
      나도 그를 사랑하고, 그에게 나를 나타낼 것이다."
22    가룟 사람 아닌 유다가 말했다.
      "주여. 주께서 어찌하여 자신을 저희에게는 나타내시고,
      세상에는 나타내지 않으려 하십니까?"
23    예수께서 대답하셨다.
      "나를 사랑하는 사람은 내 말을 지킬 것이다.
      그러면 내 아버지께서 그를 사랑하실 것이요,
      우리가 그에게 가서 거처를 그와 함께 할 것이다.
24    나를 사랑하지 않는 사람은 내 말을 지키지 않는다.
      너희가 듣는 말은 내 말이 아니고,
      나를 보내신 아버지의 말씀이다."

**보혜사**

25    "내가 아직 너희와 함께 있을 때, 이 말을 너희에게 하였다.
26    그러나 보혜사, 곧 아버지께서 내 이름으로 보내실 성령께서
      너희에게 모든 것을 가르치시고,
      내가 너희에게 말한 모든 것을 생각나게 하실 것이다.
27    내가 평안을 너희에게 준다.
      곧 나의 평안을 너희에게 준다.
      내가 너희에게 주는 평안은 세상이 주는 것과 같지 않다.
      너희는 마음에 근심하지 말고, 두려워하지도 마라.
28    내가 갔다가 너희에게 돌아온다고 하는 말을 너희가 들었다.
      너희가 나를 사랑하였다면,
      내가 아버지께 가는 것을 기뻐하였을 것이다.
      아버지께서는 나보다 크시기 때문이다.
29    내가 이제 일이 일어나기 전에 너희에게 이 말을 하는 것은,
      이 일이 일어났을 때 너희로 믿게 하려함이다.

30 이제부터 내가 너희와 말을 많이 하지 않겠다.
　　이 세상 임금이 오기 때문이다.
　　그러나 그는 나를 어떻게 할 권한이 없고,
31 다만 나는 내가 아버지를 사랑하는 것과
　　또 내가 아버지께서 명령하신 대로 행한다는 것을 세상이 알게 하려함이다.
　　일어나라. 여기를 떠나자.”

## 제15장

### 나는 참 포도나무

1 '나는 참 포도나무요, 내 아버지는 농부다.
2 무릇 내게 붙어 있으면서도 과실을 맺지 아니하는 가지는
 아버지께서 제거하시고,
 무릇 과실을 맺는 가지는 과실을 더 맺게 하려고 깨끗이 하신다.
3 너희는 내가 해 준 말로 이미 깨끗해졌다.
4 내 안에 거해라. 나도 너희 안에 거하겠다.
 가지가 포도나무에 붙어 있지 않으면 과실을 맺을 수 없는 것 같이,
 너희도 내 안에 있지 않으면 그렇게 된다.
5 나는 포도나무요, 너희는 가지다.
 그가 내 안에, 내가 그 안에 있으면, 과실을 많이 맺는다.
 그러나 나를 떠나면 너희가 아무것도 할 수 없다.
6 사람이 내 안에 거하지 않으면, 가지처럼 밖에 버려져 마른다.
 사람들이 이것을 모아서 불에 던져 태울 것이다.
7 너희가 내 안에 거하고, 내 말이 너희 안에 거하면,
 무엇이든지 구해라. 그러면 이루어질 것이다.
8 너희가 과실을 많이 맺으면, 내 아버지께서 영광을 받으실 것이요
 너희는 내 제자가 될 것이다.
9 아버지께서 나를 사랑하신 것 같이, 나도 너희를 사랑하였으니,
 너희는 나의 사랑 안에 거해라.
10 내가 아버지의 계명을 지키고, 그의 사랑 안에 거하는 것 같이,
 너희도 내 계명을 지키면, 내 사랑 안에 거할 것이다."
11 "내가 이것을 너희에게 말하는 것은,
 내 기쁨이 너희 안에 있어, 너희 기쁨을 충만하게 하려 함이다.
12 내 계명은 이것이다.
 곧 내가 너희를 사랑한 것 같이 너희도 서로 사랑해라.
13 사람이 친구를 위해 자기 목숨을 버리는 것보다 더 큰 사랑이 없다.

14  너희가 내 명령대로 행하면 나의 친구다.
15  이제부터는 내가 너희를 종이라고 부르지 않겠다.
    종은 주인이 하는 일을 알지 못한다.
    내가 너희를 친구라고 불렀다.
    내가 내 아버지께 들은 것을 너희에게 다 알게 하였기 때문이다.
16  너희가 나를 선택한 것이 아니라, 내가 너희를 선택하여 세웠다.
    이는 너희가 가서 과실을 맺고, 또 너희 과실이 항상 있게 하여,
    내 이름으로 아버지께 무엇을 구하든지 다 받게 하려 함이다.
17  이것이 나의 명령이다.
    서로 사랑해라."

## 세상이 너희를 미워할 것이다

18  "세상이 너희를 미워하면, 너희보다 먼저 나를 미워한 줄을 알아라.
19  너희가 세상에 속했으면,
    세상이 자기의 것이라 하여 사랑했겠지만,
    너희가 세상에 속한 사람이 아니라, 내가 선택한 사람이므로,
    세상이 너희를 미워한다.
20  내가 너희에게, '종이 주인보다 크지 않다.' 고 한 말을 기억해라.
    사람들이 나를 핍박하였으니, 너희도 핍박할 것이고,
    내 말을 지켰으니, 너희 말도 지킬 것이다.
21  그러나 사람들이 내 이름 때문에 이 모든 일을 너희에게 할 것이다.
    이는 그들이 나를 보내신 분을 알지 못하기 때문이다.
22  내가 와서 그들에게 말하지 않았더라면, 죄가 없었겠지만,
    이제는 그 죄를 핑계할 수 없다.
23  나를 미워하는 사람은 내 아버지도 미워한다.
24  내가 아무도 하지 못한 일을 그들 중에서 하지 않았더라면,
    그들이 죄가 없었을 것이다.
    지금은 그들이 나와 내 아버지를 보았고, 또 미워하였다.
25  그러나 이것은 '그들이 이유 없이 나를 미워하였다.' 는 율법의 말

말씀을 이루려 함이다.
26 내가 아버지께로서 너희에게 보낼 보혜사,
곧 아버지께로부터 나오시는 진리의 성령이 오실때에
그가 나에 대해 증언하실 것이다.
27 너희도 처음부터 나와 함께 있었으므로, 증언하여야 한다."

## 제16장

**성령의 일**

1 예수께서 말씀하셨다.
   "너희가 실족하지 않도록 내가 너희에게 이 말을 한다.
2 사람들이 너희를 출교할 뿐 아니라, 때가 되면, 너희를 죽이는 사람이 그것을 하나님을 섬기는 일이라고 생각할 것이다.
3 그들이 이런 일을 하는것은, 아버지와 나를 알지 못하기 때문이다.
4 오직 내가 너희에게 이 말을 하는 것은,
   그때가 되면, 내가 너희에게 말한 이것을 기억나게 하려 함이요,
   처음부터 이 말을 하지 않은 것은, 내가 너희와 함께 있었기 때문이다.
5 나는 지금 나를 보내신 분께로 간다.
   그런데 너희 중에 아무도 내게 어디로 가는지 묻는 자가 없고
6 도리어 내가 이 말을 하므로, 너희 마음에 근심이 가득하구나.
7 그러나 내가 너희에게 진실을 말한다.
   내가 떠나가는 것이 너희에게 유익하다.
   내가 떠나가지 않으면 보혜사가 너희에게 오시지 않고,
   떠나가면 내가 보혜사를 너희에게 보낼 것이다.
8 그가 오시면, 죄와 의와 심판에 대하여 세상을 책망하실 것이다.
9 죄에 대하여라 함은, 그들이 나를 믿지 아니함이요,
10 의에 대하여라 함은,
   내가 아버지께로 가서, 너희가 나를 다시 보지 못함이요,
11 심판에 대하여라 함은, 이 세상 임금이 심판을 받았음이다.
12 내가 아직도 너희에게 말할 것이 많지만, 지금은 너희가 감당할 수 없다.
13 그러나 진리의 성령이 오시면,
   그가 너희를 모든 진리 가운데로 인도하실 것이다.
   그분은 마음대로 말씀하지 않고 오직 들은 것만 말씀하시고,

또 장래 일을 너희에게 말씀하실 것이다.
14  그가 내 영광을 나타내실 것이고,
    내 것을 가지고 너희에게 알게 할 것이다.
15  무릇 아버지께 있는 것은 다 내 것이다.
    그러므로 내가 말했다.
    '성령이 내 것을 가지고 너희에게 알게 할 것이다.'"

## 근심이 기쁨으로 변할 것이다

16  예수께서 말씀하셨다.
    "조금 있으면 너희가 나를 보지 못하겠고,
    또 조금 있으면 나를 볼 것이다."
17  제자들이 서로 말했다.
    "'조금 있으면 나를 보지 못하겠고, 또 조금 있으면 나를 볼 것이다.'
        하시고, 또 '내가 아버지께로 간다.' 고 하시는데,
        이것이 무슨 말씀이냐?
18  또 '조금 있으면' 이라고 한 것은 무슨 말씀이냐?
    무슨 말씀을 하시는지 모르겠다."
19  예수께서는 그것을 아시고 말씀하셨다.
    "내가 '조금 있으면 나를 보지 못하고, 또 조금 있으면 나를 볼 것이다.' 라고 말한 것 때문에 서로 묻느냐?
20  내가 진실로 진실로 너희에게 말한다.
    너희는 곡하고 애통하겠으나, 세상은 기뻐할 것이다.
    너희는 근심하겠으나, 너희 근심이 도리어 기쁨이 될 것이다.
21  여자가 해산하게 되면, 그때가 되었다고 근심하지만,
    아이를 낳으면, 아이가 세상에 태어난 기쁨 때문에 그 고통을 다시 기억하지 않는다.
22  지금은 너희가 근심하나, 내가 너희를 다시 볼 것이다.
    그러면 너희 마음이 기쁠 것이고,
    너희 기쁨을 빼앗을 자가 없을 것이다.

23  그날에는 너희가 내게 아무것도 묻지 않을 것이다.
　　내가 진실로 진실로 너희에게 말한다.
　　너희가 무엇이든지 아버지께 구하는 것을,
　　아버지께서 내 이름으로 주실 것이다.
24  지금까지는 너희가 내 이름으로 아무것도 구하지 않았으나,
　　구해라. 그러면 받을 것이고, 너희 기쁨이 충만할 것이다."

## 세상을 이겼다

25  예수께서 말씀하셨다
　　"내가 지금까지는 너희에게 비유로 말했지만,
　　때가 되면 다시는 비유로 말하지 않고,
　　아버지에 대한 것을 분명하게 말하겠다.
26  그날에는 너희가 내 이름으로 구할 것이다.
　　이 말은 내가 너희를 위하여 아버지께 구하겠다는 말이 아니다.
27  너희가 나를 사랑하고, 또 내가 하나님에게서 온 줄 믿었으므로,
　　아버지께서 친히 너희를 사랑하신다.
28  내가 아버지께로부터 나와서 세상에 왔고,
　　이제 세상을 떠나 다시 아버지께로 간다."
29  제자들이 말했다.
　　"지금은 분명하게 말씀하시고, 비유로 말씀하지 않으시니
30  우리가 지금에야 주께서 모든 것을 아시고,
　　또 사람들이 질문할 필요도 없는 줄 알겠습니다.
　　이로써 우리는 주께서 하나님께로부터 나오신 것을 믿습니다."
31  예수께서 대답하셨다.
　　"이제는 너희가 믿느냐?
32  보아라.
　　너희가 다 각각 자기 집으로 흩어지고, 나를 혼자 둘 때가 온다.
　　그때가 벌써 왔구나.
　　그러나 내가 혼자 있는 것이 아니라, 아버지께서 나와 함께 계신다.

31  내가 이것을 너희에게 말하는 것은,
   너희가 내 안에서 평안을 누리게 하려 함이다.
   이 세상에서는 너희가 환난을 당할 것이다.
   그러나 담대해라. 내가 세상을 이겼다."

## 제17장

**기도하다**

1 예수께서 이 말씀을 하시고 나서,
  눈을 들어 하늘을 우러러보시며 기도하셨다.
  "아버지여. 때가 되었습니다.
  아들을 영화롭게 하셔서,
  아들로 아버지를 영화롭게 하게 하소서.
2 아버지께서 아들에게 주신 모든 자에게 영생을 주게 하시려고,
  만민을 다스리는 권세를 아들에게 주셨습니다.
3 영생은 유일하신 참 하나님과
  하나님께서 보내신 예수 그리스도를 아는 것입니다.
4 아버지께서 제게 명하신 일을 제가 다 이루어,
  아버지를 이 세상에서 영화롭게 하였습니다.
5 아버지여!
  창세 전에 제가 아버지와 함께 누렸던 그 영광으로
  지금도 아버지 앞에서 저를 영화롭게 하소서.
6 세상에서 제게 주신 사람들에게 제가 아버지의 이름을 나타냈습니다.
  그들은 본래 아버지의 것이었는데, 아버지께서 제게 주셨고,
  그들은 아버지의 말씀을 지켰습니다.
7 지금 그들은 아버지께서 제게 주신 것이 모두
  아버지에게서 온 것인 줄 알았습니다.
8 저는 아버지께서 제게 주신 말씀들을 그들에게 주었습니다.
  그들은 이것을 받고, 제가 아버지에게서 온 줄 확실히 알았고,
  아버지께서 저를 보내신 것도 믿었습니다.
9 제가 그들을 위하여 빕니다.
  제가 비는 것은 세상을 위한 것이 아니라,
  아버지께서 제게 주신 사람들을 위한 것입니다.
  그들은 아버지의 것입니다.

10 제 것은 다 아버지의 것이고, 아버지의 것은 제 것입니다.
　　제가 그들로 말미암아 영광을 받았습니다.
11 저는 세상에 더 있지 않지만, 그들은 세상에 있고,
　　저는 아버지께로 갑니다.
　　거룩하신 아버지여!
　　제게 주신 아버지의 이름의 능력으로 그들을 보전하셔서,
　　우리가 하나인 것 같이, 그들도 하나 되게 하소서
12 제가 그들과 함께 있을 때에,
　　제게 주신 아버지의 이름으로 그들을 보전하고 지켰습니다.
　　그중 하나도 잃지 않고, 오직 멸망의 자식만 잃었습니다.
　　이것은 성경을 이루기 위한 것입니다.
13 지금 저는 아버지께로 갑니다.
　　제가 세상에서 이 말을 하는 것은,
　　제 기쁨이 그들 안에 충만하게 하려 함입니다.
14 제가 아버지의 말씀을 그들에게 주었더니,
　　세상은 그들을 미워합니다.
　　이는 제가 세상에 속하지 아니한 것 같이,
　　그들도 세상에 속하지 않기 때문입니다.
15 제가 기도하는 것은, 그들을 세상에서 데려가시라는 것이 아니라
　　오직 악에 빠지지 않게 지켜 달라는 것입니다.
16 제가 세상에 속하지 않은 것 같이,
　　그들도 세상에 속하지 않았습니다.
17 그들을 진리로 거룩하게 하소서.
　　아버지의 말씀은 진리입니다.
18 아버지께서 저를 세상에 보내신 것 같이,
　　저도 그들을 세상에 보냈습니다.
19 또 제가 그들을 위해 저를 거룩하게 하였습니다.
　　이는 그들도 진리로 거룩하게 하려는 것입니다.
20 제가 기도하는 것은, 이 사람들만 위한 것이 아닙니다.

그들의 말을 듣고 저를 믿는 사람들도 위한 것입니다.
21 아버지여!
아버지께서 제 안에, 제가 아버지 안에 있는 것 같이,
그들도 다 하나가 되어 우리 안에 있게 하소서.
그래서 아버지께서 저를 보내신 것을 세상이 믿게 하소서.
22 제게 주신 영광을 제가 그들에게 주었습니다.
이는 우리가 하나가 된 것 같이,
그들도 하나 되게 하려는 것입니다.
23 곧 제가 그들 안에 있고, 아버지께서 제 안에 계셔서
그들로 완전히 하나가 되게 하려는 것은,
아버지께서 저를 보내신 것과 또 저를 사랑하신 것 같이
그들도 사랑하시는 것을 세상이 알게 하려는 것입니다.
24 아버지여!
제게 주신 자들도 제가 있는 곳에 저와 함께 있게 하소서.
또 아버지께서 창세 전에 저를 사랑하셔서 제게 주신 저의 영광을
그들이 보게 하소서.
25 의로우신 아버지여!
세상이 아버지를 알지 못해도, 저는 아버지를 알았고,
그들도 아버지께서 저를 보내신 줄 알았습니다.
26 제가 아버지의 이름을 그들에게 알게 하였고,
또 알게 하겠습니다.
이는 저를 사랑하시는 아버지의 사랑이 그들 안에 있고,
저도 그들 안에 있게 하려는 것입니다"

## 제18장

### 잡히다

1 예수께서 이 기도를 마치시고,
   제자들과 함께 기드론 시내 건너편에 있는 동산에 들어가셨다.
2 그곳은 예수께서 제자들과 가끔 모이던 곳이므로
   예수를 파는 유다도 그곳을 알았다.
3 유다가 군인들과 대제사장들과 바리새인들이 보낸 하속들을 데리고,
   등불과 횃불과 무기를 가지고 그곳으로 왔다.
4 예수께서 앞으로 일어날 일을 다 아시고, 나아가 물으셨다.
   "너희가 누구를 찾느냐?"
5 그들이 "나사렛 예수"라고 대답하니,
   예수께서 "내가 그다."라고 하셨다.
   예수를 파는 유다도 그들과 함께 서있었다.
6 예수께서 그들에게 '내가 그다.'라고 하실 때에,
   그들이 뒤로 물러가서 땅에 엎드러졌다.
7 예수께서 그들에게 다시 누구를 찾느냐고 물으시니,
   그들이 "나사렛 예수"라고 하였다.
8 예수께서 말씀하셨다.
   "내가 너희에게 그라고 밝혔으니, 이 사람들은 보내주어라."
9 이는 '아버지께서 내게 주신 자 중 하나도 잃어버리지 않았다.'
   하신 말씀을 이루려 함이었다.
10 시몬 베드로가 칼을 빼어 대제사장의 종을 쳐서 오른쪽 귀를 베었다.
   그 종의 이름은 말고였다.
11 예수께서 베드로에게 말씀하셨다.
   "칼을 칼집에 꽂아라.
   아버지께서 주신 잔을 내가 마셔야 하지 않겠느냐?"

### 안나스에게 끌고가다

12 군인들과 천부장, 그리고 유대인의 하속들이 예수를 체포하고,
13 그를 결박하여 먼저 안나스에게로 끌고 갔다.
   안나스는 그 해의 대제사장인 가야바의 장인이었다.
14 가야바는 유대인들에게 '한 사람이 모든 백성들을 위해 죽는 것이 유익하다.'고 권고하던 사람이다.

### 베드로가 예수를 부인하다

15 시몬 베드로와 또 다른 제자 한 사람(요한)이 예수를 따라갔다.
   이 제자는 대제사장과 아는 사이라 예수와 함께 대제사장의 집 뜰에 들어가고, 베드로는 문밖에 서 있었다.
16 대제사장과 아는 그 제자가 나가서 문 지키는 여종에게 부탁하여 베드로를 데리고 안으로 들어갔다.
17 문 지키는 여종이 베드로에게 물었다.
   "너도 이 사람의 제자가 아니냐?"
   베드로가 대답했다.
   "나는 아니다."
18 그때 날이 추워서 종들과 하속들이 숯불을 피우고 서서 불을 쬐니, 베드로도 함께 서서 불을 쬐었다.

### 대제사장이 예수께 묻다

19 대제사장이 예수께 그의 제자들과 그의 가르침에 관해 물었다.
20 예수께서 대답하셨다.
   "내가 드러내놓고 세상에 말했다.
   언제나 모든 유대인들이 모이는 회당과 성전에서 가르쳤고, 아무것도 은밀히 말하지 않았다.
21 그런데 어찌하여 내게 묻느냐?
   내가 무슨 말을 하였는지, 들은 사람들에게 물어보아라.
   그들은 내가 한 말을 알고 있다."

22 예수께서 이 말씀을 하시니,
  곁에 서 있던 하속 하나가 손으로 예수를 때리며 말했다.
  "당신이 대제사장에게 이렇게 대답하면 되겠소?"
23 예수께서 대답하셨다.
  "내가 말을 잘못하였으면, 잘못했다는 증거를 대라.
   그러나 내 말이 옳으면, 네가 어찌하여 나를 때리느냐?"
24 안나스가 예수를 결박한 그대로 대제사장 가야바에게 보냈다.

**베드로가 다시 예수를 부인하다**
25 시몬 베드로가 서서 불을 쬐고 있는데, 사람들이 물었다.
  "너도 그 제자가 아니냐?"
  베드로가 부인하며 말했다.
  "나는 아니다."
26 대제사장의 종 하나는 베드로에게 귀가 잘린 사람의 친척이었다.
  그가 베드로에게 말했다.
  "네가 그 사람과 함께 동산에 있던 것을 내가 보았다."
27 베드로가 또 부인하니, 곧 닭이 울었다.

**빌라도 앞에 서다**
28 그들이 예수를 가야바의 집에서 총독의 관저로 끌고 갔다.
  그때는 새벽이었다.
  그들은 자기를 더럽히지 않고 유월절 음식을 먹으려고,
  관저에 들어가지 않았다.
29 그래서 빌라도가 밖으로 나가서 그들에게 물었다.
  "너희가 이 사람을 무슨 일로 고발하느냐?"
30 그들이 대답하였다.
  "이 사람이 행악자가 아니었으면, 당신에게 넘기지 않았을 것입니다."
31 빌라도가 말했다.
  "너희들이 이 사람을 데리고 가서 너희 법대로 재판해라."

유대인들이 말했다.
"우리에게는 사람 죽이는 권한이 없습니다."
32 이는 예수께서 자기가 어떻게 죽으실 것을 가리켜 하신 말씀을 이루려는 것이었다.
33 빌라도가 다시 관저에 들어가 예수를 불러 물었다.
"당신이 유대인의 왕이요?"
34 예수께서 대답하셨다.
"이는 네가 스스로 하는 말이냐?
다른 사람들이 나에 대해 말해준 것이냐?"
35 빌라도가 대답했다.
"내가 유대인이요?
당신 나라의 백성들과 대제사장들이 당신을 내게 넘겼소.
당신이 무슨 짓을 하였소?"
36 예수께서 대답하셨다.
"내 나라는 이 세상에 속한 것이 아니다.
만일 내 나라가 이 세상에 속한 것이었으면,
내 종들이 싸워 내가 유대인들에게 잡히지 않게 했을 것이다.
그러나 내 나라는 여기에 속한 것이 아니다."
37 빌라도가 말했다.
"당신이 왕이요?"
예수께서 대답하셨다.
"네 말과 같이 내가 왕이다.
나는 진리를 위해 났고, 진리를 증언하기 위해 세상에 왔다.
무릇 진리에 속한 자는 내 말을 듣는다."
38 빌라도가 물었다.
"진리가 무엇이요?"

**사형선고를 받다**

빌라도가 이 말을 하고, 다시 유대인들에게 나가서 말했다.

"나는 이 사람에게서 아무 죄도 찾지 못했다.
39  유월절이 되면 내가 너희에게 한 명을 풀어주는 관례가 있다. 너희는 내가 유대인의 왕을 풀어주기를 바라느냐?"
40  그들이 소리 질렀다.
"아니요. 이 사람 말고 바라바를 풀어주시오."
바라바는 강도였다.

## 제19장

1 이에 빌라도가 예수를 데리고 가서 채찍질하였다.
2 군병들이 가시로 면류관을 엮어 예수의 머리에 씌우고,
 자색 옷을 입혔다.
3 그리고 예수의 앞에 와서 "유대인의 왕이여. 평안할지어다." 하며,
 손바닥으로 뺨을 때렸다.
4 빌라도가 다시 밖에 나가 말했다.
 "보아라. 이 사람을 너희에게 데리고 오겠다.
  내가 그에게서 아무 죄도 찾지 못한 것을 너희에게 알게 하겠다."
5 이에 예수께서 가시 면류관을 쓰고, 자색 옷을 입고 나오셨다.
 빌라도가 그들에게 말했다.
 "보아라. 이 사람이다."
6 대제사장들과 하속들이 예수를 보고 소리 질렀다.
 "십자가에 못 박으시오. 십자가에 못 박으시오."
 빌라도가 말했다.
 "너희가 친히 데리고 가서 십자가에 못 박아라.
  나는 그에게서 죄를 찾지 못했다."
7 유대인들이 대답했다.
 "우리의 법대로 하면 그는 당연히 죽어야 합니다.
  자기를 하나님 아들이라고 했기 때문입니다."
8 빌라도가 이 말을 듣고 더욱 두려워하여
9 다시 관저로 들어가서 예수께 물었다.
 "당신이 어디서 왔소?"
 예수께서 아무 대답도 하지 않으셨다.
10 빌라도가 말했다.
 "내게 말하지 않을 작정이요?
  내가 당신을 풀어줄 권세도 있고,
  십자가에 못 박을 권세도 있는 줄 모르시오?"

11 예수께서 대답하셨다.
 "위에서 주지 아니하셨더라면, 나를 죽일 권세가 없었을 것이다.
 그러므로 나를 너에게 넘긴 사람의 죄는 더 크다."
12 빌라도가 예수를 풀어주려고 애를 썼으나,
 유대인들은 더욱 크게 소리 질렀다.
 "이 사람을 풀어주면 당신은 가이사(황제)의 충신이 아닙니다.
 무릇 자기를 왕이라 하는 자는 황제에게 반역하는 것입니다."
13 빌라도가 이 말을 듣고 예수를 끌고 나와서,
 박석(히브리 말로 가바다) 이라는 곳에서 재판석에 앉았다.
14 이날은 유월절 준비일이고, 때는 낮 12시였다.
 빌라도가 유대인들에게 말했다.
 "보아라. 너희의 왕이다."
15 그들이 소리 질렀다.
 "없애 버리시오. 없애 버리시오. 십자가에 못 박으시오."
 빌라도가 말했다.
 "나보고 너희 왕을 십자가에 못 박으라고 하느냐?"
 대제사장들이 대답하였다.
 "황제 외에는 우리에게 왕이 없습니다."
16 빌라도가 예수를 십자가에 못 박으라고 그들에게 넘겨주었다.

**십자가에 못 박히다**

17 그들이 예수를 데리고 나갔다.
 예수께서 자기 십자가를 지고 해골 (히브리 말로 골고다) 이라는 곳으로 나오셨다.
18 그들이 거기서 예수를 십자가에 못 박았다.
 다른 두 사람도 예수의 좌우편에서 각각 십자가에 못 박았다.
19 빌라도가 패를 써서 십자가 위에 붙였는데,
 '나사렛 예수, 유대인의 왕' 이라고 기록되었다.
20 예수께서 못 박히신 곳이 예루살렘 성에서 가까이 있었기 때문에

많은 유대인이 이 패를 읽었는데,
히브리어와 로마어와 그리스어로 적혀 있었다.
21 유대인의 대제사장들이 빌라도에게 말했다.
　" '유대인의 왕' 이라고 쓰지 말고,
　'자칭 유대인의 왕' 이라고 쓰시오."
22 빌라도가 말했다.
　"내가 쓸 것을 썼다."
23 군인들이 예수를 십자가에 못 박은 후,
예수의 겉옷을 네 개로 나누어 하나씩 가지고, 속옷도 나누었다.
이 속옷은 꿰매지 않고 위에서부터 통으로 짠 것이었다.
24 군인들이 서로 말했다.
　"이것을 찢지 말고, 누가 가질지 제비 뽑자."
이는 '그들이 내 겉옷을 나누고, 내 속옷을 제비 뽑나이다.' 한 성경 말씀이 이루게 하려 함이었다.
25 예수의 십자가 곁에 그 어머니, 이모, 글로바의 아내 마리아, 그리고 막달라 마리아가 서 있었다.
26 예수께서 그 어머니와 사랑하시는 제자(요한)가 곁에 서 있는 것을 보시고, 그 어머니에게 말씀하셨다.
　"어머니. 보십시오. 당신의 아들입니다."
27 또 그 제자에게 말씀하셨다.
　"보아라. 네 어머니다."
그때부터 그 제자가 예수의 어머니를 자기 집에 모셨다.

## 영혼이 떠나가다

28 그 후에 예수께서 모든 일이 다 이루어진 것을 아시고,
성경을 이루려 말씀하셨다.
　"내가 목마르다."
29 거기에 신 포도주가 가득 담긴 그릇이 있었다.
사람들이 신 포도주를 적신 해융(스펀지)을 우슬초에 꿰어

예수의 입에 댔다.
30 예수께서 신 포도주를 받으신 후 말씀하셨다.
"다 이루었다."
그리고 머리를 숙이시고, 영혼이 떠나가셨다.

**창으로 옆구리를 찌르다**
31 이날은 준비일이었고, 다음날은 특별한 안식일이었다.
유대인들이 그 안식일에 시체들을 십자가에 두지 않으려고,
빌라도에게 그들의 다리를 꺾어 시체를 치워 달라고 요청하였다.
32 군병들이 가서 예수와 함께 못 박힌 첫째 사람과 또 다른 사람의 다리를 꺾었다.
33 그러나 예수께 와서는 벌써 죽은 것을 보고 다리를 꺾지 않았다.
34 그중 한 군병이 창으로 예수의 옆구리를 찌르니, 피와 물이 흘러나왔다.
35 (이것은 직접 본 자가 증언하였으니, 그 증언은 틀림없다.
그는 자기 말이 진실한 줄 알고, 사람들이 믿게 하려고 증언했다.)
36 이 일이 일어난 것은, '그 뼈가 하나도 꺾이지 아니하리라.' 한 성경을 이루려는 것이었다.
37 또 다른 성경에는 '그들이 그 찌른 사람을 보리라.'고 하였다.

**새 무덤에 묻다**
38 아리마대 사람 요셉은 예수의 제자이지만,
유대인을 두려워하여 그 사실을 숨기고 있었다.
이 일이 있은 후 그가 빌라도에게 예수의 시체를 달라고 하니, 빌라도가 허락하였다.
이에 요셉이 가서 예수의 시체를 모셔갔다.
39 전에 밤에 예수께 찾아왔던 니고데모도 몰약과 침향 섞은 것을 100근쯤 가지고 왔다.
40 이에 그들이 예수의 시체를 모셔다가

유대인의 장례법대로 향품과 함께 세마포로 쌌다.
41 예수께서 십자가에 못 박히신 곳에 동산이 있었는데, 그 동산에 아무도 묻힌 일이 없는 새 무덤이 있었다.
42 이날은 유대인의 준비일이고, 또 무덤이 가까이 있었으므로 예수를 거기에 모셨다.

## 제20장

### 부활

1 안식 후 첫날 이른 아침, 아직 어두울 때에,
 막달라 마리아가 무덤에 와서, 돌이 무덤에서 옮겨진 것을 보았다.
2 그가 시몬 베드로와 예수께서 사랑하시던 그 다른 제자(요한)에게 달려가서 말했다.
 "누가 주님을 무덤에서 가져가서 어디 두었는지 우리가 모르겠다."
3 베드로와 그 다른 제자가 무덤으로 갔다.
4 두 사람이 같이 달려갔는데,
 그 다른 제자가 베드로보다 더 빨리 달려 무덤에 먼저 도착했다.
5 그가 몸을 굽혀 세마포가 놓여 있는 것을 보았으나,
 안으로 들어가지는 않았다.
6 시몬 베드로도 뒤따라와서 무덤에 들어가 보니,
 세마포가 놓여 있고,
7 또 머리를 쌌던 수건은 세마포와 따로 개켜 있었다.
8 그때에 무덤에 먼저 왔던 그 다른 제자도 안으로 들어가서 보고 믿었다.
9 (그들은 성경에 예수께서 죽은 자 가운데서 다시 살아나리라 하신 말씀을 아직 깨닫지 못하였다.)
10 이에 두 제자가 자기 집으로 돌아갔다.

### 막달라 마리아에게 나타나다

11 마리아는 무덤 밖에 서서 울다가, 몸을 구부려 무덤 안을 들여다보니,
12 흰옷 입은 천사 둘이 예수의 시체가 있던 곳에 앉아 있었다.
 그중 한 천사는 머리맡에, 다른 천사는 발치에 있었다.
13 천사들이 말했다.
 "여자야. 왜 우느냐?"
 마리아가 대답하였다.
 "누가 내 주를 가져다가 어디에 두었는지 모르겠습니다."

14 마리아가 이 말을 하고 돌아서서 예수를 보았으나,
예수신 줄 알지 못했다.
15 예수께서 말씀하셨다.
"여자야. 왜 우느냐? 누구를 찾느냐?"
마리아는 그가 동산지기인 줄 알고 말했다.
"주여. 당신이 옮겨갔으면 어디 두었는지 알려주세요.
내가 모시고 가겠습니다."
16 예수께서 "마리아야!" 하고 부르셨다.
마리아가 돌아서서 히브리말로 "랍오니" 하였다.
(이는 선생님이라는 뜻이다)
17 예수께서 말씀하셨다.
"나를 만지지 마라. 내가 아직 아버지께로 올라가지 못했다.
너는 내 형제들에게 가서, 내가 내 아버지 곧 너희 아버지,
내 하나님 곧 너희 하나님께로 올라간다고 전해라."
18 막달라 마리아가 제자들에게 가서 자기가 주를 보았다 하고,
또 주께서 자기에게 이렇게 말씀하셨다고 알렸다.

## 제자들에게 나타나다

19 이날 곧 안식 후 첫날 저녁에,
제자들이 유대인들이 두려워서 모인 곳의 문을 다 닫았다.
그때 예수께서 오셔서 그들 가운데 서서 말씀하셨다.
"너희에게 평강이 있을지어다."
20 그리고 두 손과 옆구리를 보여주시니, 제자들이 주를 보고 기뻐하였다.
21 예수께서 또 말씀하셨다.
"너희에게 평강이 있어라.
아버지께서 나를 보내신 것 같이, 나도 너희를 보낸다."
22 이 말씀을 하시고 나서, 그들을 향해 숨을 내쉬며 말씀하셨다.
"성령을 받아라.

23  너희가 누구의 죄든지 용서하면, 그들이 용서받을 것이요,
   너희가 용서하지 않으면, 그대로 있을 것이다."

## 도마의 의심

24 열두 제자 중 하나인 디두모라 하는 도마는
   예수께서 오셨을 때 그 자리에 없었다.
25 다른 제자들이 그에게 "우리가 주를 보았다."고 하니,
   도마가 말했다.
   "내가 그 손의 못 자국을 보고, 내 손가락을 그 못 자국에 넣고,
   내 손을 그 옆구리에 넣어보지 않고는 못 믿겠다."
26 8일 후, 제자들이 다시 집 안에 있을 때, 도마도 함께 있었다.
   문들이 닫혀 있었는데, 예수께서 오셔서 가운데 서서 말씀하셨다.
   "너희에게 평강이 있어라."
27 그리고 도마에게 말씀하셨다.
   "네 손가락을 이리 내밀어 내 손을 만져보고,
   네 손을 내밀어 내 옆구리에 넣어보아라.
   그래서 믿음 없는 사람이 되지 말고 믿는 사람이 되어라."
28 도마가 대답하였다.
   "나의 주, 나의 하나님이시여"
29 예수께서 말씀하셨다.
   "너는 나를 보았기 때문에 믿느냐?
   보지 못하고 믿는 사람들은 복되다."

## 이 책을 기록한 목적

30 예수께서는 제자들 앞에서 이 책에 기록되지 않은 다른 표적도 많이
   행하셨다.
31 그런데 이것을 기록한 목적은,
   너희들이 예수께서 하나님의 아들 그리스도이심을 믿고,
   또 너희들이 믿음으로 그 이름을 힘입어 생명을 얻게 하려 함이다.

# 제21장

**일곱 제자에게 나타나다**

1 그 후 예수께서 디베랴 호수에서 또 제자들에게 자기를 나타내셨다.
그 일은 이러하다.

2 시몬 베드로, 디두모라고 하는 도마, 갈릴리 사람 나다나엘,
세베대의 아들들, 또 다른 제자 둘이 함께 있었는데

3 시몬 베드로가 "나는 물고기 잡으러 간다."고 하니,
다른 제자들도 "우리도 함께 가겠다."고 하였다.
그들이 나가서 배를 타고 나갔으나,
그날 밤에 그들은 물고기를 한 마리도 잡지 못했다.

4 날이 밝을 무렵 예수께서 바닷가에 서 계셨다,
그러나 제자들은 그가 예수이신 줄 알아보지 못했다.

5 예수께서 말씀하셨다.
"얘들아. 너희에게 물고기가 있느냐?"
그들이 없다고 대답했다.

6 예수께서 말씀하셨다.
"그물을 배 오른쪽에 던져라. 그러면 잡힐 것이다."
이에 그물을 던지니, 물고기가 많이 잡혀 그물을 올릴 수 없었다.

7 예수께서 사랑하시는 그 제자가 베드로에게 말했다.
"주님이시다"
시몬 베드로가 옷을 벗고 있다가 그 말을 듣고 겉옷을 입고 바다로 뛰어내렸다.

8 다른 제자들은 작은 배를 타고 가서 물고기가 가득한 그물을 끌고 왔다.

9 육지에 올라와 보니, 숯불이 있고, 그 위에 생선과 빵이 있었다.

10 예수께서 말씀하셨다.
"지금 잡은 물고기를 좀 가져오너라."

11 시몬 베드로가 배에 올라 그물을 육지에 끌어 올렸다.
그물 안에 큰 물고기가 153마리나 있었으나 그물이 찢어지지 않았다.

12 예수께서 제자들에게 말씀하셨다.
"와서 아침밥을 먹어라."
제자들은 예수이신 줄 알았으므로
'당신이 누구십니까?' 하고 묻는 자가 없었다.
13 예수께서 오셔서 그들에게 빵을 주시고, 생선도 주셨다.
14 예수께서 죽은 자 가운데서 살아나신 후에 제자들에게 나타나신 것은 이것이 세 번째였다.

## 내 양을 먹이라

15 그들이 아침밥을 먹은 후, 예수께서 시몬 베드로에게 물으셨다.
"요한의 아들 시몬아.
네가 이 사람들보다 나를 더 사랑하느냐?"
베드로가 대답하였다.
"주여. 그렇습니다. 제가 주를 사랑하는 줄 주께서 아십니다."
예수께서 말씀하셨다.
"내 어린 양을 먹이라."
16 예수께서 또 물으셨다.
"요한의 아들 시몬아. 네가 나를 사랑하느냐?"
베드로가 대답하였다.
"주여. 그렇습니다. 제가 주를 사랑하는 줄을 주께서 아십니다."
예수께서 말씀하셨다.
"내 양을 치라."
17 예수께서 세 번째 물으셨다.
"요한의 아들 시몬아. 네가 나를 사랑하느냐?"
주께서 세 번이나 네가 나를 사랑하느냐고 물으시므로,
베드로가 근심하여 말했다.
"주여. 주께서 모든 것을 아십니다.
제가 주를 사랑하는 줄을 주께서 아십니다."
예수께서 말씀하셨다.

"내 양을 먹이라."
18 "내가 진실로 진실로 네게 말한다.
　네가 젊어서는 스스로 띠 띠고, 원하는 곳으로 다녔지만,
　늙어서는 남들이 네 팔을 벌리고, 내게 띠를 띠우고,
　원하지 않은 곳으로 데려갈 것이다."
19 예수께서 이 말씀을 하신 것은, 베드로가 어떠한 죽음으로 하나님께 영광을 돌릴 것을 가리키신 것이다.
　이 말씀을 하시고 베드로에게 말씀하셨다.
　"나를 따라라"

## 예수께서 사랑하시는 그 제자

20 베드로가 돌아보니 예수께서 사랑하시는 그 제자가 따라오고 있었다.
　그는 만찬석에서 예수의 품에 기대어,
　'주여. 주를 파는 자가 누구입니까?' 하고 묻던 사람이다.
21 베드로가 그를 보고 예수께 여쭈었다.
　"주여. 이 사람은 어떻게 되겠습니까?"
22 예수께서 말씀하셨다.
　"내가 돌아올 때까지 그를 살아있게 하고자 한들, 너와 무슨 상관이냐? 너는 나를 따라오너라."
23 이 말씀이 형제들 사이에 퍼져나가, 이 제자는 죽지 않는다는 소문이 났다.
　그러나 예수께서는 '그가 죽지 않는다.' 고 말씀하신 것이 아니라,
　'내가 돌아올 때까지 그를 살아있게 하고자 한들 너와 무슨 상관이냐?' 하고 말씀하신 것뿐이다.
24 이 일들을 증언하고, 기록한 제자가 바로 이 사람이다.
　우리는 그의 증언이 참인 줄 안다.
25 예수께서 행하신 일이 이 외에도 많다.
　만일 그 일을 낱낱이 기록한다면
　이 세상이라도 이 기록된 책을 두기에 부족할 것이다.